日本の教育をどうデザインするか

Redesigning Japanese Education for the 21st Century

村田翼夫・上田学・岩槻知也 編著

東信堂

序　本書のねらい

本書刊行の経緯

　本書は、2013年に発行した『現代日本の教育課題―21世紀の方向性を探る』(東信堂) の続編として編集したものである。この『現代日本の教育課題』は、2010年に刊行した『バイリンガルテキスト：現代日本の教育―制度と内容―』(外国人教員研修留学生用テキスト) を引き継ぐものとして出版された。同書では、日本の教育を広く概観できるように教育制度、教育行政、社会教育、国際教育、ボランティア活動に加えて、教科教育（道徳教育、理科教育、情報教育）も視野に入れて、各分野の現状と問題点、短期的・長期的な課題と展望を明らかにすることを目的としていた。

　今回の『日本の教育をどうデザインするか』は、前回の『現代日本の教育課題』の内容をさらに深めようと再編を試みた。取り上げた分野も大体類似しているが、新しく「教員養成」、「青年教育」、教科では、「宗教教育」、「歴史教育」、「美術教育」、「体育」も対象とした。それにトピックスとして「学習指導要領改訂の動向」、「子どもの理科嫌いは教師の理科嫌い？」、「放射線はお化けか」、「TOKKATSU」なども掲載した。

　前書では、これらの教育分野における現状、ならびに改革の方向性を示した。社会的に何が問題であり、その症状はどのようなものであり、改善・是正を試みるべき箇所はどこであるかという診断をすることが主な意図であった。しかしながら、いかに診断が的確であっても、具体的にどのような方法が考えられるか、いかにすれば問題解決にいたるかという方途を示すことも必要になってくる。同時に、いくつかの問題については単に日本固有のもの

だけではなく、他国にあっても同様の問題があることも確認できる。社会的経済的文化的な背景が異なる他国の事例がそのまま日本にとって即効薬になるとはいえないにしても、参考材料として吟味していくという手法も有効であると考えられる。

　本書は、このような観点から各教育分野における改革の課題と具体的な問題解決方法、あるいはその方向性を示すことを主眼にして編集したものである。教育をめぐる各種各様の問題に関心をもっておられる関係者や教育を研究・学習されている方々のみならず、広く市井の方々にも視点を提供することを通じて、教育のあるべき姿にいたる道筋を提案するという意図のもとに作成している。このようなねらいのもとにそれぞれの領域のエキスパートに執筆を依頼し、現代教育のもつ問題とその解決に向けた提言をできる限り多面的に解明することを試みた。

　その際、現代社会の特色として、前書でも指摘したように国際化・グローバル化、情報化が進展し知識基盤社会になっていることを踏まえている。さらに、健常者と障がい者、外国人と日本人（異文化の人々）、多様な文化や社会的価値観をもった人々などが共に生活する共生社会となっていること、他方、富裕層と貧困層が社会的に分離する格差社会が表れていることを認識し、そのような特色をもつ社会における各分野の教育のあり方を探求した。

　日本の教育は、量的普及については他国と比べても遜色のない状況に達しているが、質的側面に着目すると数多くの未解決の問題が山積している。学校で習う知識に関しては、学校にいかなくても家庭、塾やスマホを通してでも学習可能になってきている。学校の役割とは何なのか、基本的に問われなければならないであろう。そうした観点も念頭に置きつつ現代教育の課題と解決の方途を究明している。

子どもの状況

　最近における子どもの状況を見ると、メディアを使ったゲームに夢中になり、携帯電話、スマホ、デジタル機器などのインターネットを活用して友人とコミュニケーションやゲーム遊びを行っている。Facebook や Twitter などの

ソーシャルメディアを使った情報交換も盛んである。場合によれば、そうしたサイトを使って、いじめの書き込み、誹謗中傷メールを友人に送りトラブルが発生するケースも見られる。また、ネットゲームに夢中になり、勉強時間や睡眠時間が減り疲労で健康を害するケースもある。要するに、友達との直接接触、共同生活の不足から社会性が発達せず、コミュニケーションが取り難くなっている。人間社会の維持発展には表現力、行動力とともに他人との意思疎通、交渉を行うことも不可欠である。そのために求められる社会性の欠如は大きな問題である。

　また、運動不足気味で、肥満の子、疲労・体調不良、アレルギーの子どもも多くなっている。運動で怪我するときも、頭部や顔面の怪我の割合が高いと指摘されている。

　現代社会が多言語化しているにもかかわらず、学校では英語しか教えず、隣国の韓国語、中国語も教えない。英語も実生活に役立つ生きた英語力を習得するにいたっていない。また、宗教を含めて異文化理解を深めようとしていない。一方で、多くの児童生徒が肝心の日本語の表現力さえ身につけていないことも危惧されている。

　このような現状をより的確に把握するために外国の子どもの実情と比較してみることが有効であろう。一例として、日本とタイにおける市民性に関する意識調査が2003～2004年に両国の小中高校生を対象に行われ、結果が公表されているので、それを見ることにする（平田利文編著『市民性教育の研究―日本とタイの比較』、東信堂、2007年、197～209頁）。外国語認識、グローバル化の理解、日本人としての道徳・誇りなどが注目される。調査対象の児童生徒数は、日本が1,092人、タイは2,469人であった。

　「あなたは、世界の人とつきあうためには外国語の学習は大切であると思いますか」との質問があった。日本、タイの児童生徒とも外国語学習を大切と思っているという回答が多かったが、「とても大切」の回答では、日本は51.6％にたいしタイは76.5％と割合が高く、「あまり大切でない」「大切でない」を総合すると、日本が7.3％で、タイは1.5％であった。外国語によるコミュニケーションに関してタイの児童生徒がより積極的であり、日本の児

童生徒は消極的であると指摘されている。

「21世紀の市民性に関連した事柄に関して見たり、聞いたりの経験があるか」という質問をしている。それには「国際社会、平和、人権、相互依存関係、持続的発展、共生」などが含まれている。日本の方がタイを上回っている項目は、「よくある」「ある」を含めると、「平和」(日本86.2%、タイ47.5%)、「人権」(日本78.2%、タイ47.2%)であった。一方、タイが日本を上回った項目は、「よくある」「ある」を含めて「相互依存関係」(日本30.1%、タイ87.8%)、「持続的発展」(日本23.6%、タイ73.5%)、「共生」(日本57.3%、タイ92.5%)であった。他の環境、開発、異文化理解、民主主義については大きな差異は認められなかった。

日本では、戦後、平和教育、人権教育が強調されてきた成果が表れているのであろう。他方、「相互依存関係」、「持続的発展」、「共生」といった、これからのグローバル化の進展にとって重要な課題に関しては、タイの児童生徒の方がより関心をもち、日本の教育ではあまり取り上げられていないように思われる。タイでは、過度な開発をいましめ、仏教的な中道思想に基づいて「足るを知る経済」(sufficient economy)が学校教育においても強調されており、それが持続的発展への関心に結びついていると思われる。

次に、「あなたは、日本人／タイ人としての道徳を守り、日本人／タイ人としての誇りをもって生活していますか」の質問がなされた。「十分している」「している」を合わせて日本は55.6%なのにたいし、タイは94.4%と高かった。日本の回答には「わからない」が31.4%もあった。日本では、従来、伝統文化を強調してきているが、それを誇りに思う意識と結びついていない。

上述のように外国のケースと比較すると、日本の子どもの状況・問題の特色が明らかになり、教育にたいする方向性や対処の方法も考えやすくなる。

どうデザインするか

では、教育の何をどのようにデザインすることが重要と考えているのか。本書の執筆者の間では、子どもの状況も考慮しつつ主に7つの課題が考察されている。

第一は、画一的教育の是正である。日本では、伝統的に集団中心主義の教育、画一的かつ硬直的な教育が行われてきた。外国語教育といっても英語教育一色で他の言語教育は配慮されず画一的に実施されてきている。学校では1人のクラス担任教師あるいは専科教員が30〜40人の児童生徒に一斉授業を行ってきている。しかも学校は年齢主義が基本になっていて自動進級制を採用している。学習内容の理解の程度を問わず進級させる。習熟度別学習も一部では実施されているが、学年枠を越えた指導は行われない。飛び級も認められていない。その結果、学習内容が理解できず、授業を聞こうともしない生徒が生じているのではないか。

　かつて、臨時教育審議会は、日本の教育が、画一性、硬直性、閉鎖性、非国際性に染まっていてその打破が課題であると指摘していた。それらの特質は今なお改善されていない。

　今後、国際化社会、グローバル化社会、及び情報化社会に対応した適切な教育を整備していくためには、基本的に異質のものを受け入れて日本文化と共存し、日本人・外国人が協働していけるような多元的教育システムを構築することが重要なのである。そして、日本において伝統的に規範、基準とされてきたものを大胆に変更し、教育システムを閉鎖型から開放型へ変えていかねばならない。

　第二は、地方の教育の活性化である。戦後の教育行政改革の主な狙いは地方分権化にあったはずであるが、それは未だに実現していない。地方や学校に自主性を認め、地方に根ざした教育を確立することは大きな課題である。それは、日本の全国共通の画一的な教育システムを改革して地方の特色を活かす多元的な教育システムを確立する方法でもある。地方の特色・産業・伝統工芸などを知らない子どもが多いといわれているので、地方の教育は一層重要であろう。教育行政分野のデザインとして、①住民が主体となる仕組み、②市町村中心の教員人事、③市町村の財政力の向上などが提案されている。それは最近の政策として重視される「地方創生」にとっても緊要な方策であろう。

　第三は、共生教育の確立である。一つは、健常児童生徒と障がい児童生

徒が共に学ぶことを目指すインクルーシブ教育の実現である。それにも通常学級での対応、通級による指導、特別支援学級の設立、特別支援学校との交流など各種の方法が試みられている。もう一つは、異文化を背景にもつ帰国・外国人児童生徒と日本人児童生徒、外国人留学生と日本人学生との交流、共同学習、共同生活を促進する多文化共生教育である。日本の学校では、従来、帰国・外国人児童生徒にたいし、日本人児童生徒と同じ学習方法・行動を取ることを念頭に適応教育に力点を置いてきた。ともすれば同化教育になりがちであった。今後は、各児童生徒の人格、文化（宗教、母語を含む）を尊重した共生教育を確立する必要がある。多文化をもつ世界の人々と交流し協調していくには、タイ人児童生徒のように外国語のコミュニケーションに積極的になり、相互依存関係、持続的発展、共生に関しても知る必要がある。また、前述の調査結果とも関連するが、異文化を知るとともに自分の伝統文化の特色を認識し、その伝統文化や日本国民としての誇りをもたせることも忘れてはなるまい。

　第四は、創造性教育の普及である。現代社会は脱工業化社会と呼ばれるように、規格製品の大量生産を目標とした工業社会から変化してきている。画一的に規格化された労働者より豊かなアイデアをもち多様な能力を発揮できる人材が要請される。いうなれば同じ質の能力をもつ者ではなく創造性豊かな個性をもった多様な人材育成が課題となっている。

　これからの科学技術革新の基礎力を養うはずの理科にたいして興味をもたない、理科嫌いの児童生徒が多いと報告されている。興味をもって学習できるような実験や観察が重視されていない。とくに高校レベルではその方法が取り入れられていない。今後、高校において日本史は必須科目になりそうであるが、歴史は暗記科目とみなされ敬遠されがちである。自分が生活している身近な地方の歴史を調べつつ学習するといった工夫がなされていない。創造性の涵養にとって身近な教科であるはずの美術・音楽の時間は短縮されている。

　日本の学校では、集団性を重んじて画一的な教育に終始していて、個別指導が徹底せず個性が重視されていない。その結果、自己表現、自己実現

を通して発揮されるはずの独自性・創造性が育っていない。創造性教育は、イギリスが実践しようとしているように、すべての児童生徒にたいしすべての教科において工夫されるべき課題である。

　第五は、共同体験の促進である。最近、子どもたちにはスマホ、携帯電話、デジタル機器などのインターネットを活用して友人とコミュニケーションやゲーム遊びを行っている子が多いという事であった。そして、友達同士、地域の人々と話し合ったり、遊んだり、運動やスポーツをしたりする直接交流の機会が少なくなっているという。そのため、あいさつの仕方も他人との交わり方も知らず社会性に欠けた子どもたちが多くなっていると危惧されている。その改善のため、学校における生活指導の強化、人格性を重んじた道徳教育の促進、特別活動の活性化などが必要である。しかし、基本的に、子ども同士、地域の人々との共同体験をもたせつつ、表現力を養うとともに、他人を人格的に尊重した行動、協調の仕方、必要なモラルやマナーを身につけることが重要であろう。その中には地域の行事への参加、仲間とのスポーツの実践やボランティア活動なども含まれよう。

　第六は、格差社会における教育支援である。格差社会の浸透にともない、子どもや若者の間に二極化が進行しているといわれる。貧困家庭やひとり親家庭の増加によって、要保護児童生徒とそれに準ずる子どもの数は、2012年度には6人に1人に達している。また、第5章で指摘されているように、貧困に陥り社会的困難を有する若者が増えているという深刻な問題も見られる。いわば、フリーター、ニート、引きこもりと呼ばれる若者の存在である。彼らは、十分な教育を受けられないままに、学校を離れ、低学力の問題を抱え、働く意欲・能力にも欠け、就職の機会も制限されている。こうした要保護児童生徒や若者をいかに支援していくか、大きな社会的、教育的問題である。

　第七は、教員の質の向上である。教育にとって大切なことは、優れた教員がよい教育を実践することである。質の高い教員を確保するためには、よりよい教育養成と教員研修が欠かせない。本書では、教員養成に焦点を当て、教員養成の改善問題を取り上げている。戦後、免許基準の引き上げが行わ

れたが、現在、「教員養成の修士レベル化」と「理論と実践の融合」が課題となっている。その必要性と具体的な方法が論じられている。

　教員がよい教育を行うためには、適切な勤務条件が確保されることも重要である。近年、教員の多忙化が指摘されているが、家庭・地域との連携、障がい児童生徒とのインクルーシブ教育の実践なども強調され、教員はますます忙しくなっている。こうした教員の負担増に加え、個別指導を充実しようとすれば教員を増やす必要があるのに、財務省は経済的負担の軽減を理由に教員数を減らそうとしている。これも教育にとって由々しき問題である。

　このように現代日本の教育には解決が迫られている課題が多い。それらの課題をどのように捉え、いかなる対処方法を考えてデザインするか。本書では、各執筆者が適切と思う方向、方策、方法を提示しているが、それも一種のアイデアである。他にもいろいろな考え方、やり方があり得るであろう。それは、読者の方でも思索し吟味していただきたい。本書における各デザインが、これからの教育改革、教育刷新にたいする契機になればよいと思っている。

　また、以上述べた課題についても本書で検討していない部分はまだ多く残されている。たとえば、多元的教育システムをいかに確立するかに関しては、考察することができなかった。多文化共生との関係では、民族教育の保障、外国人学校やインターナショナルスクールのあり方の検討も必要であろう。地方の活性化の必要性に言及したが、学校の自主性、教育運営の自由をいかに保障するかまでは触れていない。各教科において児童生徒の創造性をいかに発揮させるように工夫するべきなのかは、大きな研究課題である。子どもたちの共同体験、生活経験をいかに確保するか、要保護児童生徒をいかに支援していくかに関しても配慮できなかった。教員の質向上のためには教員養成、教員研修は重要であるが、前述のように教員の多忙化が問題になっている現状では負担軽減を含めた勤務条件の吟味も欠かせないと思われる。

教育という営みは多様であり、多元的であるため、論究されるべき領域はきわめて広く、われわれの今回の試みはそのわずかな部分を対象にしたに過ぎない。またその処方ともいうべき提言などについても、これだけで十分であるとは思っておらず、見落としている点や掘り下げが不足している箇所などが多々あると考えられる。他方では、本全体のトーンを統一するため、可能な限り調整してきたつもりであるが、まだまだ不揃いな箇所や不統一な局面が残っているのではないかという憂いをぬぐうことはできない。読者の方々からお気付きの点や批判、その他ご意見を頂戴することができれば、今後に有効に生かしていきたいと思っている。

　教育というものは社会の動きとともにその実態と機能を徐々に変容させていくという性格をもっており、同時に教育への期待やニーズも変化していくものであろう。そのため領域ごとに時間がたつとまた次の問題が発生し、その解決策をはからなければならないという繰り返しがあり、それらにたいして絶え間なく対処していかなければならない。その意味で教育のあり方を考えていくということは、絶えることなく発生する問題と常に向き合わなければならないという宿命をもっているといえよう。そのため現状の問題点を発見してその対処法を的確に把握し、治療法を提示すれば済むというものではなく、また次の問題に対処していくという一連の流れはこれから先も続いていくはずであり、本書がこのような流れの重要さを喚起することができ、あわせて今後もこのような作業が継続的に広く展開されていくその端緒となればという強い思いがある。

　末尾になったが、本書の刊行にあたり京都女子大学出版経費の一部助成を受けることができた。関係各位のご厚情に深く感謝したいと思う。同時に今日の厳しい出版事情にもかかわらず好意的に出版を引き受けていただいた東信堂の下田勝司氏には深甚の謝辞を献じたい。

　2016 年 3 月

村田翼夫・上田　学・岩槻知也

目次／日本の教育をどうデザインするか

序　本書のねらい……………………………（村田翼夫・上田　学・岩槻知也）…i

第Ⅰ部　教育システムをめぐるデザイン

第1章　教育行政の将来的展望……………………………………（上田　学）…5
　　　　──地域に根ざした教育の確立に向けて
1　はじめに …………………………………………………………………… 6
2　戦前の教育行政の特質 …………………………………………………… 6
3　戦後の教育改革時における教育行政制度のねらい …………………… 7
4　国の責任の強調─中央集権化への動き ………………………………… 9
5　地方分権の流れと集権的教育行政の見直し …………………………… 10
6　首長主導による教育行政への流れ ……………………………………… 12
7　地教行法の改定 …………………………………………………………… 14
8　教育行政の将来的展望─今後の方向性への提言 ……………………… 17

第2章　教員養成の今日的動向と将来のデザイン……………（谷川至孝）…25
1　はじめに …………………………………………………………………… 26
2　戦前の師範教育から戦後の二大原則へ ………………………………… 27
3　免許基準の引き上げと二大原則 ………………………………………… 29
4　「理論と実践の融合」と二大原則 ……………………………………… 34
5　終わりに─これからの教員養成のデザイン …………………………… 38

第3章　多文化共生社会における教育のあり方……………(村田翼夫)…45
　　　——個別指導の確立・アジア市民の育成を目指して
　1　多文化教育の現状と課題……………………………………………46
　2　多文化教育、アジア市民教育の試み………………………………53
　3　多元的教育システムの構築…………………………………………58

第4章　日本型インクルーシブ教育システムの構築…………(井坂行男)…69
　1　特別支援教育の現状と課題…………………………………………70
　2　インクルーシブ教育システムの構築………………………………78

第5章　青年教育のあり方の再検討……………………………(岩槻知也)…91
　　　——「社会的困難を有する若者」を中心にして
　1　はじめに—問題の所在………………………………………………92
　2　「社会的困難を有する若者」とは誰か—マクロな調査の結果から……94
　3　社会的困難を有する若者の学習支援とは何か……………………99
　　　—若者支援団体の事例調査から
　4　若者学習支援の制度化に向けて—イギリスの取り組みに学ぶ……105

第6章　ボランティア活動の新たなデザイン……………(内海成治)…115
　　　——日本とケニアの教育をめぐる事例から
　1　はじめに………………………………………………………………116
　2　東北にて………………………………………………………………116
　3　H中学校の生徒による避難者支援…………………………………117
　4　T高校の防災ボランティアと防災科学科…………………………120
　5　K高等学校の途上国への数学教育支援……………………………122
　6　カクマ難民キャンプでのNGOによる教育支援……………………124
　7　考察とまとめ…………………………………………………………132

第II部　学習分野をめぐるデザイン

トピックス1．学習指導要領改訂の動向 ……………………………（山口　満）…137

第7章　現代の教育改革における道徳教育……………………（堤　正史）…139
　　　　　──民主主義的道徳と型の教育との関連で
　1　道徳教育の二形態とその課題 …………………………………………… 140
　2　道徳教育改革を検証する─新自由主義と新保守主義 ………………… 142
　3　これからの道徳教育に求められること ………………………………… 153

第8章　多文化社会における宗教教育 ……………………（宮崎元裕）…167
　　　　　──寛容さと論理性を基調として
　1　宗教教育をめぐる状況 …………………………………………………… 168
　2　他宗教を尊重するイギリスの宗教教育 ………………………………… 174
　3　日本の宗教文化教育 ……………………………………………………… 178
　4　今後の日本における宗教教育のあり方 ………………………………… 180

第9章　歴史教育のあり方 ……………………………………（佐野通夫）…185
　　　　　──人が生きる歴史・「地域史」から考える
　1　歴史教育の課題 …………………………………………………………… 186
　2　日本の現状 ………………………………………………………………… 189
　3　歴史教育の主要な問題点─欠けている「なぜ」という問い ………… 198
　4　これからの歴史教育─他者とともに「歴史」を読む ………………… 202

トピックス2．子どもの理科嫌いは教師の理科嫌い？……………（内海博司）…207
トピックス3．放射線とお化け ………………………………………（内海博司）…210

第10章　ICTを活用した学習環境のデザイン ……………（久保田賢一）…213
　　　　　──21世紀に求められる能力の育成

- 1　テクノロジーの発展と社会の変化 …………………………………… 214
- 2　21世紀に求められる能力 ……………………………………………… 215
- 3　アクティブ・ラーニング ……………………………………………… 217
- 4　未整備なICT学習環境 ………………………………………………… 218
- 5　ICT活用の負の側面 …………………………………………………… 220
- 6　教育の情報化ビジョン ………………………………………………… 221
- 7　世界のICT教育の潮流 ………………………………………………… 223
- 8　ICTを活用した学習環境をデザインする─長期的な展望 ………… 225
- 9　まとめと展望 …………………………………………………………… 229

第11章　美術教育の新しい創造性に向けて ……………（山野てるひ）…233
　　　　　──文化芸術立国中期プランから考える

- 1　はじめに ………………………………………………………………… 234
- 2　文化芸術立国中期プランと小・中学校の図工・美術教育の現状 … 235
- 3　文化芸術立国施策の背景 ……………………………………………… 238
- 4　日本の子どもの芸術活動の様相 ……………………………………… 244
- 5　子どもの芸術活動の実態から見えてくるもの ……………………… 247
- 6　明日の学校美術教育をデザインする─"Art in Education"を手がかりに ……… 249

第12章　学校体育の将来像 ………………………………（森　博文）…261
　　　　　──子どもの体力向上と健康の増進を目指して

- 1　子どもの体力や健康をめぐる現状 …………………………………… 262
- 2　学習指導要領の変遷と学校体育 ……………………………………… 269
- 3　子どもの危機的状況への対応 ………………………………………… 277

トピックス4.　TOKKATSU ………………………………………（山口　満）…285

略歴一覧 ……………………………………………………………………… 287
索　　引 ……………………………………………………………………… 290

日本の教育をどうデザインするか

第Ⅰ部
教育システムをめぐるデザイン

第1章　教育行政の将来的展望
——地域に根ざした教育の確立に向けて

上田　学

本章のねらい

　現在、日本では多種多様な教育が提供され、世界的に見てもきわめて高い普及率を示している。このような状況は施設設備など物的な要素がほどよく提供され、同時に数多くの教職員が全国的に配備されるとともに、一定の経費の裏付けがあることを示している。しかしこれを可能にするためには、必要な業務と経費が適切に分担されていることが不可欠であろう。
　その主たる担い手として国と地方自治体があげられるが、それぞれの果たす役割の軽重は教育の使命と期待に即応して時代とともに変化してきた。現在の教育行政の基本的な枠組みはいわゆる戦後の教育改革時に導入されたものであり、その中核を担ったのは教育委員会であったことはよく知られている。地方分権と民衆統制を基盤としたこの制度は徐々にその機能を変質化させ、ごく最近まで国の主導のもとに地方がその業務を行うという形式がとられてきた。しかし近年の地方分権化の流れの中で首長主導が強調されるようになり、それを制度化するための法改定が行われた。この新しい仕組みが果たして教育の価値を実現するのに適切な制度なのかは慎重に吟味されなければならない。
　本章では、現在までの制度の推移を概観しながら、教育がより地域のニーズに対応して実施され、地域住民の意向がその運営に機敏に反映される仕組みが必要であり、あわせて地域に密着した教育が行われるための教員人事のあり方やそれを支える財政的な自立の必要性について言及していく。

1　はじめに

　国や地方自治体などの公的組織間の権限の分担関係、あるいは民間団体の関与をどのように調整するか、さらには全国的な教育の実施にかかわる経費について、公的財源への依存の程度と個人や家庭による経費負担との関係をどう調整するかなど、解決されなければならない課題は多い。

　教育の全国的な普及状況を維持し、さらにきめ細かくこれを展開していくためにはこれらの多元的要素を効果的に按分し、よりよき結果を輩出するように努めていかなければならない。この問題を解決していくためには国と地方自治体、民間団体などの関係する組織体の間の権限関係がこれまでどのように調整、整備されてきたかという事実認識を基礎にしながら、あるべき方向性を模索していくことが求められるであろう。

　本章では、教育行政の制度的発展の経緯と現在にいたるまでの問題点を踏まえながら、現状における役割と分担関係は果たしてあるべき姿なのか否か、教育の普及発展をはかるためにはこれを支える制度はいかにあるべきか、また、国や地方はどの程度関与すべきなのかなどについて近未来につながる制度設計の素案を検討していく。

2　戦前の教育行政の特質

　日本の教育の近代化は、1872年（明治5年）の「学制」からはじまる。全国的な教育の普及が近代化の基礎となるという認識のもとに、新しい制度が形成されていった。しかし、学校を全国に一斉に配置することは至難の業であり、実際には民間の資力をかり、あるいは江戸時代の施設をそのまま転用するなどによって次第に軌道に乗っていったのである。

　帝国憲法の発布により国の仕組みが確立していく過程と並行して、学校制度も次第に整備されていった。初代の文部大臣に就任した森有礼は、国の近代化に果たす教育の役割が非常に重要であることを認識し、この考えのもとに国が教育の運営・管理について強い関心と施策を展開するという基本的

様式が作り上げられたのである。

　では、この時点において各段階の学校の設置、運営、管理の主体はどのように構想されたのであろうか。市制・町村制について政府が発表した理由書の中に、教育にかかわる国の役割が明瞭に示されている（1888年、明治21年）。その中で市町村の基本的な役割はその地の住民に利することであるとし、その業務には地域に特有のものと、全国の公益にかかわるものから成り立っているとして、教育は後者に含まれると述べられていた。そのため市町村が学校を設置・管理するのは、国の業務の委任によるものと解釈されていたのである。

　教育をめぐる業務の分担関係については、市町村長の権限には「市町村ノ属スル国ノ教育事務ヲ管掌シ市町村立学校ヲ管理」（小学校令70条）することが求められ、それに必要な経費は市町村の負担とされた（同43条）。他方、国は教育の目的、方法、教科、教則、教科書、教員、生徒等に関する制度的な管理に責任を負うことになったのである。

　しかしながら、市町村の財政状況は一般的に脆弱であったことに加え、教育の普及とともに教育関係費用は次第に膨張していったため、経費を市町村の負担とする制度では現実に対応できないことが明確になっていった。この矛盾を解消するため、府県、国が経費を負担する仕組みが取り入れられていったのである。

　これらのことから戦前の制度下にあっては、教育についての責任は国がこれを担い、地方がその実施を担当するという意味で、きわめて中央集権的な形態を保ってきたといえる。別の面からこれをとらえると、市町村が教育を供給する主体として位置づけられていたが実質的には国からの強い監督のもとに置かれていたのである。

3　戦後の教育改革時における教育行政制度のねらい

　日本の敗戦とともに、政治経済をはじめとして多くの分野で改革が進められた。戦争遂行のために構築された戦時体制の廃止は当然のこととして、基

本的な方向は民主的で平和的な国づくりであった。憲法が一新され、平和主義を基調に基本的人権の尊重が掲げられた。教育もこのような新しい仕組みを支える国民を育成するために数々の制度改革が実行されたのである。

中でも教育業務を担う主体については、それまでの制度を抜本的に改め、地方を主体とすることが決定された。これを実施するために新たに導入されたのが、アメリカ式の「教育委員会」制度であった。その理由として戦前の教育への反省があり、「地方の実情に即する教育の発達を困難ならしめるとともに、教育者の創意と工夫を阻害し、ために教育は画一的形式的に流れざるをえなかった。又この制度の精神及びこの制度は、教育行政が教育内容の面にまで立ち入った干渉をなすことを可能にし、遂には時代の政治力に服して、極端な国家主義的又は軍国主義的イデオロギーによる教育・思想・学問の統制さえ容易に行われるにいたらしめた制度であった。更に、地方教育行政は，一般内務行政の一部として、教育に関して十分な経験と理解のない内務系統の官吏によって指導せられてきた」[1]という諸点がこれを如実に示している。このような観点から以後の教育は、①地方の実情に即応すること、②画一的な教育であってはならないこと、③教育行政が教育内容に干渉しないこと、④一般行政から一定の距離を保つこと、などを基調として改革が順次行われていったのである。

1947年（昭和22年）に制定された教育基本法には、「教育は不当な支配に服することなく、国民全体の直接責任を負っておこなわれる」(10条) べきことが明文化され、その具体的な方策として「公正な民意により地方の実情に即した教育行政を行う」(教育委員会法1条) ことを目指した教育委員会が設置されたのである[2]。教育の地方分権と民衆による教育管理というこの新しい仕組みは、いうまでもなく日本が初めて体験するものであった。

教育委員会は、1948年（昭和23年）に各都道府県及び五大市などに設置され、その後1952年（昭和27年）にはすべての市町村に教育委員会が設置されることになった。しかしながら、初めて導入されたこの制度にはいくつかの問題点が内包されていた。それは具体的には住民が教育代表を選出するという仕組みが定着せず、選挙そのものが低調であったこと、地方におけ

る政治的対立が選挙結果を左右し、教育の中立性への信頼感が損なわれる傾向にあったこと、さらには教育の発展を確保するために委員会に予算原案の作成権を付与したことなどであった。

このような問題を孕んだ教育委員会制度は、早くもその存廃が議論の対象となっていった。たとえば町村側は財政難を主たる理由に委員会そのものを返上する動きを見せていた[3]。新しい委員会制度はとくに市町村では重荷となり、早々に返上することを求める機運が強く、民意が反映される民主主義的な制度として順調に受け入れられたとは言い難い状況にあったのである。

4　国の責任の強調—中央集権化への動き

地方段階における制度の理想と現状との矛盾、教育委員の選挙方法、さらには教育の中立性をめぐる論議などによって、教育委員会制度の改定が政治的日程にのぼることになった。最終的には、教育委員会制度そのものの廃止は行われなかったものの、その仕組みと運営に関して大きな変更が加えられた。これを規定したのが「地方教育行政の組織及び運営に関する法律」である。具体的には、①教育委員は議会の同意を得て当該自治体の首長が任命する、②教育の政治的中立と教育行政の安定化をはかる、③教育行政と一般行政の調和をはかる、④国と地方との連携をはかる、などがその改定点であった[4]。同時に、国が府県ならびに市町村にたいして必要な指導・助言を行う（同法48条）、地方に法令の規定に違反など不適正な事務があれば国が是正措置を要求できる（同法49、50条）、など国が地方にたいして優位な立場にあることが規定されている。

さらにはこの法改定により、それまで市町村に帰属していた当該地区内の公立義務教育学校教職員の人事権が府県に移管されるとともに、教員給与の負担者の意向を優先させるべく義務教育学校の教職員定数についても国が規制をかけるようになり、地方の実情にあわせた教育サービスの提供とは程遠い状況となっていったのである。また、義務教育費国庫負担法や県費負担教職員の給与の半額負担（平成19年からは1/3負担）などの経費面だけで

なく、教育課程編成や教科書検定さらには各種の法令などによって国の責任が次第に強調されていったのである。

5 地方分権の流れと集権的教育行政の見直し

　中央集権的な制度や運営にたいする懸念や批判は当初からあったが、それらが本格的になってきたのは1980年（昭和55年）ころであり、これを象徴するのが「地方の時代」という言葉の流行であった。また、1993年（平成5年）に新たに登場した連立政権のもとで「規制緩和」が取り上げられるようになり、この動きは教育行政の面にも波及していった。

　1956年（昭和31年）以来展開されてきた教育行政制度にたいして、その見直しを提起したのが1998年（平成10年）に出された中央教育審議会の答申であった[5]。そこでは「各学校の自主性・自律性の確立と自らの責任と判断による創意工夫を凝らした特色ある学校づくり」を実現することが必要であるという観点から「学校及び教育行政に関する制度とその運用を見直す」ことを提案し、あわせて「各地方公共団体が主体的に施策を実施し」「教育行政における地方分権の観点も踏まえ、地方公共団体が責任をもって特色ある教育行政を展開していくことができるよう」にすることを求めていた。そのためにも「教育行政における国、都道府県及び市町村の役割分担を見直し、学校や地方公共団体の裁量の幅を拡大することが必要であり、行政改革や規制緩和の流れも踏まえ、国や都道府県の市町村や学校にたいする関与を必要最小限度のものとする」ことが提起され、地方が「地域に根ざした主体的かつ積極的な教育行政を展開することができるようにする」ことの必要性を指摘していた。

　答申では、それまでの中央主導による教育行政の運営がいくつかの局面において機能不全もしくは不具合を発生させ、教育の発展に支障をきたしてきたことを率直に認めている。ではこのような機能不全は何故に生じたのであろうか。それは、中央による関与が些末な部分にまで及び、地方が主体的な施策を展開することを妨げ、長きにわたる中央主導の行政システムが地方の

自主性の認識と当事者意識の育成を阻み、受け身の体質を生み出してきたためであり、このような風土では意欲に溢れる有能な人材が他領域に流出していくのもまた自然であった。その意味で国の主導性が強化されていくことと反比例して、地方による独自の政策の実施が妨げられ、次第に中央に依存する傾向を生み出したともいえる。中央からの指示や判断を待ち、安全を第一に消極的な対応策に終始するという傾向は、おおよそ全国的に蔓延し、その結果、教育行政が急激に変化する社会や技術革新にうまく対応できず、的確な方策を見ないまま混迷していったと考えられるのであり、これを放置できないと判断した国が、従来型の制度運営に見切りをつけて、新たな方策すなわち学校や地域に立脚した運営方式を提言したと考えてよい。

　このような現状への危機意識からすれば、地方ごとに置かれている教育委員会が本来期待されている業務を推進し、学校の独自性を確保するという方策と相まって活力ある教育行政が展開されるはずであった。

　このような地方分権化の流れは徐々に本格化していったが、教育行政のあり方をめぐる提言として注目されるのが、内閣府におかれた地方分権推進委員会であった。その中で同委員会が行った第三次勧告において教育委員会制度の問題点とその改革の方向を取り上げている。

　同勧告では「地方政府を確立するためには住民自治の側面を拡充し、…地域住民の意思を的確かつ鋭敏に反映する」ために自治体のマネジメント改革を進めていくことの重要性を説き、それとの関連で教育委員会の機能に疑問を呈している。その具体的な局面として、①委員会の業務の多くが事務局によって担われており会議が形骸化している、②合議制であるため機動性、弾力性に欠ける、③住民の意思を反映するよりも国、府県、市町村という縦の関係が重視されている、④事務局の多くが学校経験者であり閉鎖的である、などを指摘していた[6]。このような判断の根底には、教育委員会が全体として不活発であり、地域のニーズに的確に対応した行政活動を展開するにはいたっていないという認識があったものと考えられる。

6 首長主導による教育行政への流れ

(1) 大阪府・教育基本条例

　全国的に「地方分権化」の機運が高まる中で、地方自治体の果たすべき役割が確認されるようになり、「地方自治」を目指す動きはさらに加速していった。

　地方自治体には議会がおかれ、住民が議員を選挙によってこれを選ぶが、これとは別に首長（知事、市町村長）もまた住民が選出するという二元主義が採用されている。国の場合は、内閣総理大臣（首相）は国会の指名によって選出されるが（憲法67条）、「国会が国権の最高機関」(同41条) であることから、議会の優位性が揺るぎないものとなっている。これにたいし地方自治体の首長には条例案や予算案の提出権が付与されるなど、独任制の機関として大きな権限をもっている。しかし他方では、首長以外に執行機関が置かれることになっており、そこで独自に業務を行うことが定められている。この執行機関の一つが教育委員会である。ここから分かるように、それぞれの地域における教育行政は明らかに首長の権限から離れて執行されることが期待されている。このような制度の基本的構造があるにもかかわらず、大阪府では首長による教育への発言・指示等の介入の幅を大きくすることを目的とした「教育基本条例」が提案されたのである。「教育行政があまりに政治が遠ざけられ、教育に民意が十分に反映されてこなかったという不均衡な役割分担を改善し、政治が適切に教育行政における役割を果たし、民の力が確実に教育行政に及ばなければならない」というのがその基本的な視点である。教育委員会が不活発であり、民意を反映していないという世論を背景にして、教育行政に民意が反映されることが望ましいという一見もっともな見解を掲げている点に特徴があると考えられる。しかしながら、現行法によれば、教育委員は明らかに当該自治体の首長が議会の同意を得て任命されることになっているのであり、もし教育委員が不活発な状態であるとすれば、それを任命した首長の責任と見識こそが問われるはずである。また、首長がその地域における教育の方針や計画などの立案・実施に大きくかかわるようになれ

ば、首長の政治的立場が教育の領域に濃厚に反映されることにつながり、教育の政治的中立性を損なう可能性があることが指摘できよう。いずれにしても、教育委員会の業務にたいする不信感を追い風にしながら、首長が安易に教育の運営に深くかかわり、これを左右するような制度改革は決して許容されるものではない。

(2)「大津いじめ事件」

　地方分権化の中での教育行政のあり方に大きな影響を与えたのが、「大津いじめ事件」であった[7]。学校内でのいじめを苦にした中学生が自殺したこの事件は世間に大きな衝撃を与え、生徒間の人間関係、教員による指導、学校当局の責任にとどまらず、教育委員会のこの事件への対応などの問題点が多々指摘されたことは記憶に新しい。事件の詳細が報じられる中で、「教育委員が全然表にでてこない。責任者として失格。……市教委の対応は保護者の視点、世間の感覚とあまりにかけ離れている。教育委員は意見をいうだけになっていて、機能していない」などの委員会の対応やその役割にたいして激しい批判が浴びせられてきた[8]。

　この事件の全容と問題点の解明のために第三者委員会が組織され、2013年（平成25年）には報告書が公表されたのであるが、その中でも教育委員会の不手際が随所に指摘されている[9]。たとえば、「市教育委員会の危機管理の不十分さが目立つ」、「市教育委員会が県教育委員会に事件の報告を（事件後9カ月まで）していなかった」、「県に提出した報告書はA4 1枚に収まるという簡単なもので……報告の体をなしていない」、「本件事案において、委員各自は重要な情報の提供はされず、重要な意思決定において埒外におかれていた。……本来委員には生徒の権利を保障するために、当該地域の教育について積極的に意見を述べ役割を果たすという職責があるはずであるが、これまでの長い経過の中でそうした職責を十分に果たすことができない状況に置かれるようになった」、「今重要なことは教育長以下の事務局の独走をチェックすることであり、その一翼を担う存在として教育委員の存在は決して小さいものではない」。

たしかにこのような重大かつ緊急の事態に的確かつ迅速な対応をしなければならないにもかかわらず、それを怠ってきた教育委員会の一連の行動は厳しく批判されなければならない。しかし、報告書でその責任を追及されているのは教育委員会制度そのものではなく、ましてや教育委員の対応でもなかった。報告書によれば、教育委員会の機能不全と責任逃れの核心は委員会事務局であり、教育長の側にあると認定されているのであり、教育委員の役割や置かれている立場を疑問視もしくは委員会そのものの存在を否定するというものではなかった。また、「教育委員会事務局が……その職責と役割が十分果たせていなかった」などの指摘から分かるように、委員会の教育長をはじめとして事務局の側に事態の重大さを認識し、機敏に対応し、事実を公表するなどの必要な措置を講じなかった」ことが厳しく指摘されているのである。そのために同報告書では、教育委員会にはある程度の専門性を備えた委員を任命することが必要であること、また教育委員会事務局が執行する事柄を監査する部署を外部機関や教育委員会以外の執行機関に置くこと、＜首長からの独立性＞をしっかり担保しながらこれを行うこと、などを提言しているのであり、きわめて的確な指摘であるといえよう。しかし、事態は教育委員会の機能をより円滑化するための方策が検討されるのではなく、むしろ委員会制度そのものを大幅に改定する方向に進んでいったのである。このような動きと併行しながら、教育委員会にたいする首長の権限強化、さらには委員会制度そのものへの懐疑を訴えかけていった市長の行動は、その後の法改正に直結するものであった[10]。

7　地教行法の改定

　教育委員会にたいする批判が激しくなる中、政府は現行法を大幅に改定する準備を進めていった。そのきっかけは前述のような「大津市いじめ事件」であり、かねてから問題視されていた首長の責任を前提とした教育行政への関与をどの程度認めるべきかという論議であった[11]。教育委員会制度を定めた法律（地方教育行政の組織及び運営に関する法律）の一部改定案は、「地方

教育行政における責任の明確化、迅速な危機管理体制の構築、首長との連携の強化をはかるとともに、地方にたいする国の関与の見直しをはかる」ことを目的として 2014 年 6 月可決され、2015 年 4 月から実施されることになったのである。

　主要な改定点は、①教育委員長と教育長を一本化した新たな責任者（新教育長）を置き、首長がこれを任命する、②首長が議会同意を得て、新教育長を直接任命・罷免を行う、③教育長は教育委員会を代表する（任期は 3 年、なお委員は 4 年）、④首長は総合教育会議（首長、教育委員）を設けこれを招集する、⑤いじめによる自殺の防止等、児童生徒等の生命又は身体への被害の拡大（など）……緊急の必要がある場合に、文部科学大臣が教育委員会にたいして指示ができるようにする、などとなっている。これらの改定をこれまでの制度と比較していくと、以下のような問題点が指摘できるであろう。

　第一には、教育の政治的中立性が損なわれる可能性である。首長（知事、市町村長）の役割が強化され、教育行政の運営に介入する余地が拡大することは、表面的には地方の主権の強調を意味しているように見えるが、しかし首長は政治家であり、一般的な政治動向が教育に流入し、または首長個人の独善的な理解や理想が入り込んでくることが考えられる。首長の意見や判断は常に民意ではなく、まして首長はその教育観、教育構想等の是非によって選出されている訳ではない。多くの場合、その地における地域振興、経済政策、福祉サービスの充実等に係る多様な政策を掲げて当選したのであり、住民の相対的多数の支持を得たに過ぎず、また当人が掲げた政策がすべて支持されたとはいえないであろう。同時に選挙時において想定されていなかった事態にたいして示される首長の見解や提言が民意の反映というならば、選挙は候補者にすべてを白紙委任することを強要していることになり、民主主義をはき違えている暴論といえる。このように考えると教育行政に首長の発言力を強めるようにすることは、きわめてリスクの大きい選択であるといわなければならない。あるいはまた、特定の党派の政策が公然と教育委員会での論議に反映される可能性もあり、到底容認できるものではない。

　第二には、これまでの首長の責任との関係である。前述したようにこれま

での教育委員は1956年の法改正以来、ずっと首長が任命することになっていた。その委員たちが十分な活動を行ってこなかった、そのために教育員会が形骸化したというのは、活性化のために首長が有効な人選を行ってこなかったことを首肯していることになる。また委員の任命に際して、住民団体や福祉、医療、地元の商工会などのメンバーを機械的に割り振って、あたかもそれが住民の代表であるかのような錯覚を振りまいてきたことになり、責任は重大である。他方では、中央主導あるいは中央の意向に沿って無難に制度を運用するなど、縦系列の関係を強化し、地方分権の趣旨が作動しづらい状況を作り出してきた文部当局・政府の責任も無視できない。このような片肺的飛行にも似た異常な機能状況をその意図の有無を問わず作りだし、このような事態が正常でないという批判を行うことによって制度改革を提唱するというのは明らかにアンフェアであり、既成事実を作為的に作り上げ、これを前提として新たな制度改革を策定するのは本末転倒であるといわなければならない。

　第三に指摘できるのは、大津市でのいじめ事件にかかわる調査報告書に示されているように、不適切な対応をして世間から厳しい批判を浴びたのは、教育委員会制度ではなくその事務局の姿勢であり、判断であった。そこには明らかに「教委事務局の独善と隠ぺい体質」との指摘があったにもかかわらず、問題の焦点をすり替え、あたかも教育委員会制度そのものの問題、あるいは教育委員が適切に業務を遂行していないかのような批判は的外れであるといわなければならない。

　教育委員会事務局の無責任ともいえる体質の責任は、最終的には首長による職員監督の不行き届きであるといわざるを得ないが、その責任を不問にして首長自らが民意の総体であるかのように振る舞い、また発言力を誇示することによって事態の解決に導けるかのような発言は、明らかに自己撞着との誹りは免れないであろう。

　むしろ「民意」を最大限に尊重して教育行政機能を充実させることを目指すのであれば、教育委員を公選としたかつての仕組みが再検討されるべきであり、その実現が直ちに困難であれば、1978年以後数回にわたって実施された「準公選制」もまたその可能性があると考えられよう。

○教育委員の「準公選制」とは

　1978年（昭和53年）東京都中野区議会において、教育委員（すでに首長が議会の任命を経て任命するという「地教行法」が存在していた）候補者を区民による選挙によって選出するという「教育委員準公選条例」が可決された。それに基づいて委員候補者選挙が4回にわたって実施されたが、この条例は1995年に廃止され、それ以後は行われていない。これが「教育委員の準公選」と呼ばれるものである。この仕組みは教育委員の候補者を選挙によって住民が選び、その結果に基づいて首長が教育委員を任命するというものであったが、国は首長による候補者選定権に制約を加える違法なものであるとして、承認しなかった。しかし、地域の住民の意向をより的確に反映することが重要であるとすれば、このような試みが再考されてもよいと思われる。（中野区編『教育委員準公選の記録3』エイデル研究所、1990年参照のこと）

8　教育行政の将来的展望——今後の方向性への提言

　今後の教育行政が健全に発展し、所期の成果を生み出すための基本的な方向は地方分権の推進である。それは「地方の時代」が提唱され、また教育界にあっても「地方に根ざした教育」、あるいは「地域が子どもを育てる」という志向が追求されるという社会的かつ現代的な要請に叶っていると考えられるからである。そのためにも同じ地方とはいえ、より生活に密着した組織である市町村を基盤にした教育行政が望まれるであろう。しかしこのことは、国の役割を無にするという意味ではない。全国的な教育水準を維持し、教育運営に関するガイドラインを設定するとともに、市町村が積極的にその責務を果たせるような体制づくりをするという役割は決して無視できない。また、各種の新しい情報を適宜提供するなども全国の教育が活発に展開していくうえで不可欠であるといえよう。

　昭和20年代にこの市町村を基盤にした教育委員会制度がその本来の機能を発揮しなかったことによって、地教行法の制定となったことは先にも指摘した通りである。しかしながら、教育委員会制度が当初の期待通りに機能し

なかったのは、第一には、東西冷戦体制を反映して国内でも政治的対立が激しく、それが教育行政の運営とくに委員の選出に大きな影を落としたこと、第二には、市町村の財政的基盤を整備しないまま、教育行政当局に独自行政の推進を認めたため、一般行政との間に摩擦を発生させたこと、第三には、地方とくに市町村を基盤とした教育行政の意義が十分に理解されず、またそのために理解を推進させるに必要な措置がとられなかったことなどであった。そのうちいわゆる「冷戦時代」はすでに過去のものになり、第三点目にある教育委員会の役割についても時間の経過とともに、その意義と役割が定着してきていると判断される。では今後、どのような方向性と制度改革が求められるであろうか。

(1) 住民が主体となる仕組みの構築

　第一に指摘できることは、市町村の教育委員会制度が実効的な役割を果たすようにすることである。そのためには住民の代表として適切な人材が選出されることが望まれるのであり、その選出方法はかつてのような直接選挙もしくは候補者選挙などが考えられる。他方、今次の地教行法の改定によって制度化された首長による教育関与は、首長そのものが教育に関する民意を正確に反映しているとは言い難いため、住民代表のもとでの執行が望ましいといえる。しかし、この住民代表もこれまで多くのところで行われてきたように、名誉職や機関代表のような形式で選出されるべきではなく、地域の教育の直面する課題を十分に理解し、今後の方向性について見識をもつものが選ばれることが不可欠であろう。同時に、この教育委員が真に実行力を発揮し、住民代表としてふさわしい活動ができるために事務局による補佐と支援を欠かすことができない。これまで指摘されてきたように、教育界とは疎遠であった素人が教育委員に指名されるため、教育委員会の事務局が専門領域の情報を占有して委員会の判断を誘導し、あるいは組織の利益と権限を優先させるようなことがあってはならず、あくまでも「全体の奉仕者」であることを自覚して地域住民の利益のためにその業務を行っていくことが求められるであろう。

(2) 市町村中心の教員人事

　すでに述べたように、現代の教育課題は、「地方に根ざした教育」あるいは「地域が子どもを育てる」ことを実現することにある。地元社会を支える人材を育成していくことによって、地域の活性化や地方の力量が高まっていくであろう。このように地域に根ざした教育を行うための一つの方策として、学校教育の主たる担い手である教員の育成と配置もまた地元に密着して行われることが望まれよう。現行制度では政令指定都市は例外として、通常の市町村立の義務教育学校の教員はいわゆる県費負担教職員として、その人事権は府県がこれを行使する仕組みになっている。このような変則的な制度がとられている理由は、財政上の理由から市町村立の義務教育学校の教員の給与が府県と国によって負担されているためであり、教員の任免その他の人事上の権限は府県に属し、市町村はわずかに府県にたいして内申権を行使できるにとどまっている。このような制度のもとでは、地元や地域の実態に即した教育を実現するために、これらを中心的に担う教員をうまく配置することとは程遠いといわなければならない。これを実現するためには、人事権を市町村に移行させ、同時に給与の財源もまた市町村に委譲させるという措置が必要となろう。また現在教員の配置については、現行制度のように人事権、給与負担の権限が一致していないことを前提として、標準的な教員配置をはかるために「公立義務教育諸学校の学級編制及び教職員定数の標準に関する法律」が定められており、これをもとに教員数、学級規模が決定されているのであるが、市町村が独自に、また特色ある教育の実施することを可能にするためには、このような最低限の基準を設定するだけにとどめ、その範囲内では市町村の自由裁量とするという仕組みが構築されてもよいであろう。

　では、このような教員に関する人事権を市町村に移行させるという仕組みは、現行制度で可能なのであろうか。大阪府ではかつて府下に教育事務所が設置され、その事務所の管轄区域内での人事が行われていたのであるが、2012年度からは大阪北部の「豊能地区」（三市二町の総称）で独自に採用人

事を行う制度が実施されている。また教員採用については従前通り府の所轄下で行われているものの、人事異動にかかわっていた府下の教育事務所は2005年（平成17年）には廃止され、市町村がその権限を行使している。人口規模の小さい町村などでは、近隣区域と合同でこれを実施しているが、原則として当該市域内での人事異動が通例として行われている。このような手法もまた地域に密着した教育の実施に有効であると考えられる[12]。

(3) 市町村の財政力の向上

　市町村に当該地区内の教育行政権限を本格的に移管する場合には、当然のことながらその実施に要する経費の裏付けがなければ奏功しない。これを可能にするには、市町村の財政的能力を大幅に拡大することが不可欠である。同時にその執行が円滑かつ合理的に行われるためにも、これらの業務を担いうる人材の確保もまた求められるであろう。さらに行政効率を高め、住民にたいする責任を明確にするため行政評価は当然ながら行われる必要があるとともに、経費の執行にともなう行政効果を確認することが重要となろう。経費にかかわる問題でいえば、通常は予算案の形成とその決定過程に関心が集まることが多いが、それと同様に決算状況にもっと注意関心が集められるべきであろう。予定された行政行為が所期の成果を上げたか、目標達成との関係はどうであるのか、それによって次年度以後の予算編成に反映させるという仕組みもまた構築されるべきであろう。

　とはいえ、全国の市町村の中では町村が圧倒的に多く（54.0％）、また人口規模では3万人未満の自治体が市町村全体の54.6％を占めているという実態がある（図1－1）[13]。これを踏まえると、人口規模の小さい自治体とくに町村の行政能力をいかに高めるかが課題となるが、すでに全国的規模で自治体の再編成（「平成の大合併」：2005〜2006年）が実施されていることを前提とすれば、今後は人口規模の小さい自治体が近隣の自治体と共同して教育にかかわる事務を行うことも現実的な施策として展望できると思われる。

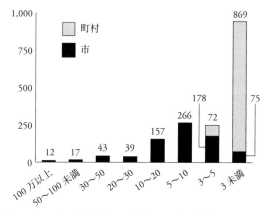

図1−1 人口規模別にみた全国の市町村数,2007年
総務省統計局『国勢調査報告』(2010年) より作成。

(4) 教育サービスの充実のための教育行政の総合化

　最後に、総合教育行政の推進をあげておきたい。地域に根ざした教育を進展させ、多様なニーズに対応した教育サービスを提供していくには教育界だけの情報では十分な成果があげられないことは当然であろう。そのため福祉、医療、産業、地域振興策、警察、消防など多元的な行政部門と情報を共有しながら、地域に密着した教育の推進をはかっていくことが望まれる。これは教育が行政の他部門の後塵を拝し、あるいは全体的な行政のバランスの中で教育行政が埋没化し、その独自性が損なわれることを意味するのではない。むしろ、独自に教育サービスを提供し、その成果を従前以上にあげるための手法であるという位置づけを確認しなければならない。

　イギリスでは2006年から、それまで地方自治体における教育サービス機能を担ってきた地方教育当局は周辺の行政領域たとえば児童福祉などにかかわる行政事務と教育部門とを統合することにより、その成果を一層高めるためという制度変更がなされた。その結果、従来の地方教育当局という名称は地方当局 (LA) と変更・再編成されて現在にいたっている。これもまた教育行政の総合化の必要性を検討するうえで、参考に値する一つの事例となるであろう。

○イギリスの教育行政の仕組みとは
　19世紀後半のイギリス（イングランド及びウェールズ）において、地方の公立学校の行政にかかわっていたのは学務委員会 School Board であったが、その権限を一層充実させるとともに、当該地区の地方自治体の責任を明確にすることを目的として制度改革が行われ、その結果登場したのが地方教育当局（Local Education Authoriy: LEA）であった。しかしながら、1980年代以後はその権限は次第に中央政府と個々の学校に委譲されていった。なお当該地区内の教育の振興のため児童福祉（Children's Services）などの分野と一体となった行政を展開するようになったため、現在名（地方当局、Local Authority）に変更されるにいたった。なお中央政府において同様に、それまでの教育技能省にかえて2006年から「子ども・学校・家庭省 Department for Children, Schools, and Families」（なお現在は教育省 Department for Education）が置かれるようになった。

注
1　教育法令研究会『教育基本法の解説』、1947年、国立書院、126頁。
2　教育基本法は昭和22年3月公布、教育委員会法は1948年7月公布。
3　「教委全廃など要望：全国町村長大会」、朝日新聞（1954年12月9日、朝刊1面）。
4　木田宏『新訂逐条解説・地方教育行政の組織及び運営に関する法律』、第一法規、1997年、15〜27頁。
5　中教審答申「今後の地方教育行政の在り方について」、1998年（平成10年）9月。
6　内閣府・地方分権推進委員会報告「自治立法権の拡大による「地方政府」の実現へ」（2009年10月）40〜42頁。
7　2011年10月、滋賀県大津市内の中学校に通っていた2年生（当時）の男子生徒が、いじめを苦に投身自殺した事件をさす。
8　読売新聞、2012年7月12日、夕刊。
9　正式名称は『大津市立中学校におけるいじめに関する第三者調査委員会・調査報告書』といい、平成25年1月31日に発表されている。
10　越直美『教室のいじめとたたかう』、ワニブックス、2014年、150頁。
11　「いじめ隠蔽する教育委員会ならいらない」、『日本経済新聞』社説、2012年（平成24年）7月22日。
12　このような市町村への教員人事権の一部移譲が実態として存在するが、大阪府下の公立義務教育諸学校の教員にたいする管理権限は府に属しており、同時にその給与負担を行なうという構造そのものには変更はない。

13 矢野恒太記念会編『日本国勢図絵 2015/16』、2015 年、71 頁。なお東京都の特別区はそれぞれ 1 市として計算されている。

●関連文献紹介
①時事通信社『教育委員会法　解説と資料』、時事通信社、1948 年
②木田宏『新訂逐条解説・地方教育行政の組織及び運営に関する法律』、第一法規、1977 年

　　上記の 2 冊は、教育委員会制度についてその趣旨を解説したものであり、①は発行年から分かる通り、制度発足時における関係者の理解をまとめたもの、②は昭和 31 年の制度改定時における文部省関係者の見解を示したものである。いずれもが制度の運営に深くかかわった人々の手によって書かれたものであるため、その考え方や理想などに直接触れることができるであろう。

③市川昭午『大阪維新の会「教育基本条例案」何が問題か』、教育開発研究所、2012 年

　　近年の教育委員会にたいする批判とあらたな制度構想に比較的大きなインパクトを与えたと考えられる大阪の動向について、その問題を明らかにし拙速な改革に警鐘を鳴らした文献である。制度批判の地盤を検討し、あるべき改革を展望するうえで有意義なものである。

④日本教育行政学会『首長主導改革と教育委員会制度』、福村出版、2014 年

　　戦後一貫して地方の教育行政を担ってきた教育委員会制度については、数々の批判や問題点が指摘されてきた。その流れの中で、昭和 31 年の法改正に続いて、2014 年の法改定によって幾多の修正が施されるようになった。今次の改定にいたる政治的、制度的な背景を数多くの視点により解説したのがこの文献である。複雑な現象を総合的に理解するために一読を勧めたい。

第2章　教員養成の今日的動向と将来のデザイン

谷川至孝

> **本章のねらい**
>
> 　戦前の教員養成制度は、型にはまって専門性も低い「師範タイプ」とよばれる教員を学校に送り出し、教育の国家統制を支えてきた。その反省から戦後、教員養成の二つの原則、①「開放制」：教員養成を専らとする学部・学科以外でも教員養成を可能にする、②「大学における教員養成」が提起され、今日の中央教育審議会答申でもその尊重がうたわれている。この二つの原則は教員の専門性を高め、多様な子どもに自律的に対応できる有能で多様な教員を養成することを目指すものであり、同時に教育の国家統制を防ぐものである。
> 　一方、近年の教員養成改革では二つの方向性が指摘できる。「免許基準の引き上げ」とりわけ教員養成の「修士レベル化」と「理論と実践の融合」＝学校現場での体験的な養成の重視、である。本章では、二つの戦後教員養成原則を尊重しつつ、二つの方向性を現実化する制度について検討する。具体的には、大学が提携して、「修士レベル化」やインターンシップを実施する大学コンソーシアム方式での教員養成や、大学院進学のための経済的支援の充実、教育委員会と大学とが「大学における教員養成」を尊重しつつ協力すること、等を提案する。また、特別支援教育や道徳、小学校の英語という新しい教育内容・方法への教員養成の対応、教員養成を担う大学教員の養成についても言及する。

1　はじめに

　教員の養成・採用・研修を検討する直近（2015 年 7 月 16 日）の中央教育審議会（以下中教審）教員養成部会中間まとめ「これからの学校教育を担う教員の資質能力の向上について」（以下「2015 年まとめ」）は、「今回の審議に当たっては、大学における養成の原則（教員養成は大学において行うことを基本とすること）及び開放制の原則（教員養成を目的とする学位課程に限らず、あらゆる学位課程において教職課程を設置し、教員養成を行うことができる）を維持することを前提とするものである」と記している。2012 年 8 月の中教審答申「教職生活の全体を通じた教員の資質能力の総合的な向上方策について」（以下「2012 年答申」）でも、2006 年 7 月の中教審答申「今後の教員養成・免許制度の在り方について」（以下「2006 年答申」）でも同様の記述が確認でき、この二つの原則は戦後の教員養成において今日まで一貫して尊重されている原則であるといえる。

　一方、戦後の教員養成制度の変遷とりわけ近年の動向をみたとき、次の二つの方向性を指摘することができる。第一は、免許基準の引き上げである。これは、戦後の教育職員免許法の改正で、教員免許の取得に必要な単位数の増加が進められ[1]、さらに「2012 年答申」では、教員養成の「修士レベル化」(修士レベルでの学修に基づく教員免許を教員免許の標準とする）が強く主張された。第二の方向性は学校現場での体験的な養成を重視する「理論と実践の融合」である。「2006 年答申」では「理論と実践の融合」という言葉が、「2012 年答申」では「理論と実践の往還」が頻繁に登場し、「2015 年まとめ」もこの言葉を引き継いで使用している。

　そこで本章では、この二つの方向性と戦後教員養成制度の二つの原則との関係性を検討し、それらが融和的に存在する制度を構想することによって、これからの教員養成・採用・研修制度をデザインする。なお、養成、採用、研修は教員のキャリア形成として一体のものと考えられるが、本章は紙幅の関係から「養成」を中心に論じることとする。

2　戦前の師範教育から戦後の二大原則へ

　戦前の教員養成制度を一括(くく)りにして論じることはできないが、おおむね次の通りまとめられる。小学校教員になるには①師範学校卒業(おおむね18歳)、②教員資格検定合格という二つのルートがあった。しかし、戦前を通じて小学校の授業は多数の代用教員（無資格教員、中等学校卒業者）によって担当され、師範学校への入学年齢の引き下げもあり、小学校教員としての質が担保されていたとは言い難い。中等学校教員については、高等師範学校卒業と検定によって免許状を授与される二つのルートがあった。しかし、加えて大学や専門学校で所定の単位を修めたものに無試験で教員免許が授与され、どのルートも本流とはいえない複雑な状況であり、その背景には「学者即教師」(教育的専門性は乏しくとも学問さえ修得していれば教師は務まる)とする教職観がうかがえる。このように中等学校教員についても教職の専門性の軽視が指摘できる。

　それでは、教員の社会的地位、状況はどうであったか。戦前の教育は「教育勅語」のもと、天皇の大権によって「国ノ事務」として中央集権的に実施され、教員は一般官吏に準ずる官吏待遇とされた。ただし、学校の施設・設備の設置・維持・管理等は経費負担を含めて市町村に委任され、教員の給与も地方負担であったため、実際の教員の待遇は一般官吏に比べて悪く、給与も低い状態にあった。このことが有能な教員を確保することができず、多くの代用教員を必要とする要因ともなっていたと考えられる。ところが、一方で教員は教育勅語の錦旗のもとに働く天皇の名代であり、教育勅語の先鋒者であった。つまり、教員は国家の官吏として、教育勅語に基づき国家が決定した教育の内容や方法を忠実に行使する存在であり、そこに教師の教育の自由という概念など入り込む余地はほとんどなかったといってよい。このように高度な専門性に基づく自律的な判断を戦前の教員は必ずしも必要とはされず、そしてこの教員の仕事ぶりは養成において充分な質保障がなされていなかったことと表裏一体をなす。こうして戦前の教員は「一旦緩急アレハ義勇公ニ奉シ以テ天壌無窮ノ皇運ヲ扶翼スヘシ」という教育勅語の御言(みこと)に基

づき、子どもたちを戦場に送り出す一役を担った。

それにたいし、戦後の二つの教員養成原則である「大学における教員養成」と「開放制」はどのような意味をもつのか。まず、「大学における教員養成」は、「免許状授与の基礎資格として大学の教育課程を修了し、教職に必要な単位を修得した者に教員の資格を認めるもの」[2]であり、大学教育を基礎資格とするという点だけをとってみても、強い教職の専門性への指向が理解できる。そしてこれは教育職員免許法が制定された1949年当時、世界的に先進的な制度であった[3]。

次に「開放制」原則は、「戦前の師範学校を中心にした免許状授与の閉鎖性を打破し、教員の免許状取得の機会を広く開放するしくみ」[4]であり、教育大学など教員養成系大学・学部だけではなく、多様な大学の多様な学部で多様な人材を養成することのできる制度を目指すものである。これは「師範タイプ」といわれ、真面目だが融通のきかないという共通した特徴を有する教員を輩出する、鋳型にはまった師範学校での教員養成への反省に基づくものであり、また、多様な子どもにはそれぞれの子どもにあった多様な教員が必要という、教育の営みの本質からも必然的に求められる重要な原則であるといえる。加えて、「開放制」原則により大量の免許状取得者を輩出することとなり、戦前のような無資格教員をなくすこともでき、教職の専門性の確保にも貢献することとなった。

さらに、この二つの原則に通底する理念は、教育の国家統制からの解放である。戦前、教育を受けることは国家にたいする国民の義務であった。その教育目的は「富国強兵」にあり、教育勅語で記された「朋友相信シ」や「智能ヲ啓發シ」や「德器ヲ成就シ」といった文言すべてが、お国のために役に立つ国民になることを意味し、そしてこの目的の遂行のために国家は教育を徹底的に統制した。それにたいし、戦後は憲法26条によって教育を受けることは国民の権利と明確に定められ、「教育の自由」が広く認められるようになり、教育の国家統制は後退した。そして、その「教育の自由」を担う教師には高度な専門性が求められる。なぜならば、「教育の自由」は「教師の恣意」を意味するものでは決してなく、教師の営みは教師がもつ高度な識見に基づ

くものでなくてはならないからである。「大学における養成」はまさしくこうした「高度な専門性」を備えた教員の養成を担保しようとするものである。また、師範学校における鋳型にはまった教員養成が、国家の教育目的を忠実に遂行する教員の養成を意味していたのにたいし、「開放制」に基づく多様な大学における多様な教員の養成は教育の国家統制を制約するものと考えられる。

3　免許基準の引き上げと二大原則

(1) 免許取得に必要な取得単位数の増加

　1949年に制定された教育職員免許法は、二つの教員養成原則を制度化する画期的な法律であった。具体的には次の通りである。①大学を除く幼稚園から高等学校にいたる国公私立のすべての学校の教員（加えて、1954年の改正によって廃止されるが校長、指導主事、教育長についても）には免許状が必要とされる。②大学で一定の単位を修得した者、または教育職員検定に合格した者に免許状が授与される。また、どの大学で学んでも、同法及び同法施行規則に基づく所定単位を修得すれば免許状を取得できる。③免許状の授与権者については、旧来の中央集権的傾向を廃し、都道府県とする。

　さらに、1953年の改正により課程認定制度が導入された。これは、同法が免許状授与に必要な課程を定め、それに基づき大学が教員養成の課程を申請し、文部大臣が認定する制度であり、従来の無制限な開放制を一定程度制約はするものの、専門性の確保という観点からは必要な改正であった。こうして、国・公・私立のいずれを問わず、教職課程を有するすべての大学で教員養成を行うこととする、教員養成の二大原則を基盤とした今日の制度の骨格が整備された。

　その後の同法の改正について二大原則の観点から見ていくと、まず、カリキュラムについて、1954年課程認定制度発足によって教員養成カリキュラムは定められ、その後「道徳教育の研究」が2単位追加されたものの、中央教育審議会や教育職員養成審議会の答申がたびたび出されたにもかかわらず、1984-87年の臨時教育審議会を経た1988年改正まで免許法に規定さ

表 2 − 1　教員免許取得に必要な取得単位数

	小学校				中学校				高校			
	教科	教職	教科・教職	計	教科	教職	教科・教職	計	教科	教職	教科・教職	計
1954年	16	32	×	48	甲40 乙32	14	×	甲54 乙46	甲62 乙52	14	×	甲76 乙66
1988年	18	41	×	59	40	19	×	59	40	19	×	59
1998年	8	41	10	59	20	31	8	59	20	23	16	59

1954年は1級、1988年と1998年は1種免許
「教科・教職」＝「教科又は教職に関する科目」
1954年の中学校及び高校は甲教科と乙教科に分かれる。
前田充明・上野芳太郎『新教育職員免許法施行規則・新教育職員免許法施行規則解説』、学芸図書、1954年。
田子健「私立大学を中心に」日本教師教育学会編『教師を目指す』、学文社、2002年等をもとに作成。

れた教職科目・単位数は変化しなかった。しかし、1988年と98年に二度の大きな改正が矢継ぎ早に行われる。この二つの改正で共通していることは**表 2 − 1**に示すとおり、免許取得に必要な取得単位数の増加、とりわけ「教職に関する専門科目」の増加である。ここで説明を要するのは、「教科に関する専門科目」の減少であるが、通常「教科に関する科目」は卒業に必要な単位としても認定されるため、その場合免許を取得するために「余分に」取得しなければならない単位数の合計は実質的には増加していることとなる。

　この1988年改正以来の取得単位数の増加は、「実践的指導力」の向上を目的としたものとされ、それにたいし、「実践的指導力」が単なる授業や指導のテクニックやノウハウを教え込むマニュアル的なものを意味するものとならないか、あるいは、法によって細かく単位の名称や内容が定められ、各大学の教員養成の理念や哲学に則してカリキュラムを構成するカリキュラムの自主的編成を阻んでいる、との指摘もある。しかし、基本的には教職の専門性の向上に寄与するものと考えられ、その観点から二つの教員養成原則とりわけ「大学における養成」原則と基盤を同じくするものといえる。

(2) 教員養成の「修士レベル化」

　1988年の教職免許法の改正で見過ごしてはならないことは、専修免許状

の新設である。これは、大学院修士課程修了程度を基礎資格とし、学部卒を基礎資格とする1種免許状よりも取得に必要な単位数が多いため、教職の専門性の向上を目指すものであることはいうまでもない。さらに、この専修免許状の新設は、専修免許状を教員免許の標準とするものではなかったが、時を経て本格的に議論される今日の教員養成の「修士レベル化」の基盤となるものでもあった。

　今日の「修士レベル化」の先駆けは、「2006年答申」で提言され、2007年の文部科学省令の改正に基づき翌年より設置が開始された「教職大学院」といえよう。これは、学部卒の学生を対象とした新人教員の養成と現職教員を対象としたスクールリーダー（中核的中堅教員）の養成の二つを主な目的とした大学院である。ここでもう一つ指摘しておかなければならないことは、「教職大学院」は単に教員養成の「修士レベル化」にとどまらず、この後述べる「理論と実践の融合」を教員養成理念の一つの柱としていることである。それは以下の点から確認できる。①45単位以上修得することが修了要件とされており、その内10単位以上は学校における実習が義務化されている。②実践的指導力育成の教育のため、市中の学校から「連携協力校」の設定が義務づけられている。③必要専任教員数の4割以上を、高度の実務能力、高度の教育上の指導能力、実務の経験、の三つを備えた「実務家教員」とすることが義務づけられている。

　ただし、この教職大学院は「修士レベル化」に導く一つの制度モデルであることにまちがいはないが、文部科学省の資料によると、教職大学院25校の2013年3月修了者総数は734人で、うち現職教員のまま入学してきた学生を除く修了者は372人、この内教員に就職した者（臨時的任用を含む）は346人に過ぎず、教職大学院の修了者だけでは「修士レベル化」にはほど遠い状況である。

　さて、「修士レベル化」を強く打ち出した中教審答申は「2012年答申」であった。この答申は2010年6月に諮問されたものであったから、その審議期間は民主党政権時代（2009年9月〜2012年12月）と完全に重なる。今日政権が代わり、答申が発表されたときのような現実味は損なわれているが、フ

ランスやフィンランドなどは「修士レベル化」されており、アメリカでは学部卒で教職についてもその後修士の学位が求められ、ドイツやスペインでは6年から7年かけて教師教育が行われている。こうした世界的な動向や「2015年まとめ」も「将来的には教員養成の大学院レベル化も視野に入れつつ」と述べていることから、「修士レベル化」は今後の教員養成制度を検討する際の方向性であることに変わりはない。

「2012年答申」の「修士レベル化」にかかわる内容は、次のようなものであった。修士課程修了レベルの「一般免許状（仮称）」と学士課程修了レベルの「基礎免許状（仮称）」との二つの免許を創設し、前者を標準的な免許状とし、「基礎免許状（仮称）」取得者は早期に「一般免許状（仮称）」の取得が期待される[5]。また、「当面の改善方策」としても、「修士レベル化」に向け、教職大学院の拡充や国立教員養成系修士課程の教職大学院を主体とした組織体制への移行、国公私立大学の一般の修士課程における教員養成カリキュラムの改革等も提言されている。

さらに、この答申でもう一つ見過ごせない点は、「修士レベル化」においても「理論と実践の往還」が繰り返し述べられていることである。たとえば、「一般免許状（仮称）」のカリキュラムについて、学校現場での実習をしながら一定期間ごとに実習での取り組みを振り返るプログラムが推奨されている。

以上のような教員養成の「修士レベル化」は、教員の専門性を高め、教育の改善に資するものであることはいうまでもなく、また、「教育の自由」の保障に貢献するものでもあり、首肯できる改革である。それでは、教員養成の「修士レベル化」は戦後教員養成制度の二つの原則と融和的にすすめることができるであろうか。まず、「大学における教員養成」原則と軌を一にすることは論をまたない。しかし、それは物理的に可能であろうか。「2012年答申」に示された参考資料を基に考えてみる。

まず、2011年度の教員採用者数に占める大学院修了者の割合及び実数は、小学校6.4%（746人）、中学校12.1%（869人）、高校22.5%（968人）である。大学院修了者は圧倒的に少なく、さらにすべての大学院修了者が専修免許状を取得しているとは限らないから、「修士レベル化」は現実的に前途多難

といえる。

表2－2　専修免許状の授与件数と新規学卒者の教員採用者数

	小学校	中学校	高校
授与件数（2010）	1,618	5,441	7,192
採用者数（2009）	6,558	3,305	2,097

中教審答申「教職生活の全体を通じた教員の資質能力の総合的な向上方策について（参考資料）」（2012年）をもとに作成。

　しかし、他のデータを見てみると必ずしも実現不可能ではないことも推測できる。**表2－2**は2010年度の専修免許状の授与件数と2009年の新規学卒者の教員採用者数である。「2012年答申」は「修士レベルの養成体制の整備は……教職大学院、国立教員養成系の修士課程の設置数や入学定員が毎年の教員採用数に比べ、圧倒的に少なく、量的な整備をどのように進めるのか留意する必要がある」と述べているが、表2－2の数字は、中学校と高校については専修免許状の授与件数が新規学卒教員採用者数を上回っていることを示しており、「修士レベル化」を新規学卒者に限って実施することは、小学校を除きあながち不可能ではない。もちろん、大学院での教員養成数を順次増やしていくことが必要なことはいうまでもない。

表2－3　課程認定を受けている大学・大学院の数と割合（2011年5月1日現在）

	大　学				大　学　院			
	国立	公立	私立	計	国立	公立	私立	計
大学等数	82	79	579	740	86	72	456	614
課程認定数	77	53	470	600	81	36	315	432
割合	93.9	67.1	81.1	81.1	94.2	50.0	69.1	70.4

中教審答申「教職生活の全体を通じた教員の資質能力の総合的な向上方策について（参考資料）」（2012年）をもとに作成。

　次に、「開放制」原則から考えたとき、**表2－3**のデータのほうが問題の深刻さを示している。表2－3は教員養成の課程認定を受けている大学及び大学院の数と割合である。国立においては学部と大学院の差はないが、私立

（公立も）では開きがある。教科による違い、小学校と中・高との違いがあり、概説的にしか述べられないが、「修士レベル化」することによって少なくとも一部の私学の大学院であらたに課程認定を受ける必要に迫られることとなり、その場合には一部私学が教員養成から撤退することも予想され、「開放制」に制限が加わることになりかねない。

　もう一つ指摘しておかなければならないことは、学生の経済的な問題である。「2012年答申」は「修士レベル化を進めるに際し、……優秀な人材が経済的理由により教員志望を諦めることのないよう、授業料減免や奨学金の活用等による学生の経済的負担の軽減についても留意する必要がある」と述べている。大学院の授業料の負担もさることながら、大学院2年間の間に学部卒で教員になった場合に得られるはずの収入が得られないこと、たとえ大学院で教員免許を取得しても就職が保障されているわけではないことを考えると、「修士レベル化」によって、経済的に困窮した学生の教員への道を閉ざすこととなりかねない。保護者の所得の多寡による子どもの大学進学率の影響は国公立大学よりも私立大学に大きい（保護者の所得が少なくなれば、子どもの私立大学への進学率は低くなる）ことは、今や学術的な常識である。私学の修士課程への進学はそれ以上に経済的に困窮した学生に大きな負担と困難を与えることとなり、それは、開放制原理の制限を意味する。

4　「理論と実践の融合」と二大原則

(1)「理論と実践の融合」の背景

　「2006年答申」は「理論と実践の融合」という言葉を繰り返し使用した。そこには図2－1に示すとおり、とりわけ小学校における教員採用者数の急増という背景がある[6]。つまり、従来、数年の講師経験を経て採用試験に合格するのが、教員になる主流のルートであった。この場合、講師経験が教員養成の役割を補ってきた。ところが今日では、主流ルートは変わらなくとも、合格実数が多いので、大量の新卒者が採用試験に合格し教職に就く。ここで問題とされたのが、果たしてこのような新卒教員が大学の4年間の教員養

第 2 章　教員養成の今日的動向と将来のデザイン　35

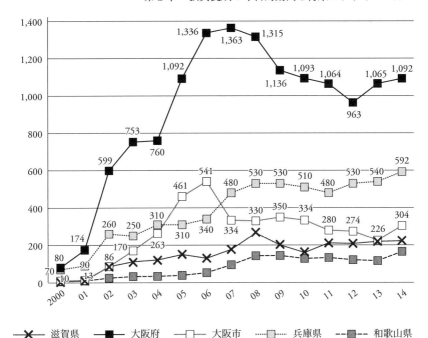

図 2 − 1　教員採用者数の推移（近畿地区小学校教員採用試験合格者数）
2010 年度以降、堺市が大阪府から独立して採用をはじめたが、2010 年度以降の大阪府の数字は大阪府と堺市の合計で示した。『教員養成セミナー』2000 年〜 2012 年それぞれ 7 月号、『同』2013 年、2014 年 6 月号をもとに作成。

成で教員として充分な力量を身につけているのか、中でも学校現場経験の少なさであった。つまり、これまでの教員養成が大学での講義中心であり、学校現場での経験に基づく養成が、教育実習の 3 〜 4 週間という期間に限られており、それは、国際的に見ても短い[7]。

　そこで、我が国でも教育実習を長期化すれば良いということになるが、教育実習の長期化は開放制原則とは両立しがたい。なぜならば、教員養成系学部でない一般の学部に所属して教育実習にいく学生は、教育実習期間中にも他の授業が開講されているから、教育実習が長くなればその期間それ以外の単位は取得困難となり、卒業にも影響を及ぼしかねないからである。さ

らに、「2012年答申」が「実習公害」とまで表現しているように、開放制原則に基づき、実際には教員にならない圧倒的多くの学生にも教育実習を開放しており、教育実習期間の短い現状でさえ学校現場に少なからずの負担と混乱を与えている。このような状況に鑑みても教育実習の長期化は現実には考えにくい。すなわち、「理論と実践の融合」という教員養成原理を教育実習の長期化で担保しようとすれば、開放制原則を制限せざるを得ない。

(2) インターンシップ、ボランティア、「教師養成塾」

そこで、教育実習の長期化に代わって、「理論と実践の融合」を担保する方策として登場してきたのが、学校へのインターンシップやボランティアである。インターンシップやボランティアがいつからはじまったか定かではないが、筆者がかつて在籍していた佛教大学は2004年度より京都市、京都府、大阪府、神戸市等と協定をむすび、まずはボランティアとして、そして2005年度からはインターンシップとして学生を学校に送り出しはじめた。それを先進的な事例として、全国私立大学教職課程研究連絡協議会で報告したのが2006年であった。従って、全国的に広まっていったのはこれ以降と考えられる。それが急速に普及した理由は、①教育実習を補足して学校現場を経験することにより、教員養成としての重要な役割を果たすこととなり、大学が積極的に取り入れたこと、②将来教員になることを真剣に志す限られた学生のみが参加することで学校現場の負担は限られ、むしろ、学校現場も熱心な学生を受け入れ児童・生徒の教育活動にうまく活用したこと、③教育委員会も教員採用急増時代の即戦力養成として積極的に制度化したことが指摘され、多くのステークホルダーにとって「ウィンウィン」の制度であった。

このインターンシップやボランティアについての詳細、そこにおける課題は**関連文献紹介**③を参照してほしいが、ここでは、その頃から同時に広まった教育委員会主催のいわゆる「教師養成塾」について論じたい。この「教師養成塾」は、教員採用の爆発的な増加を先駆けて経験した東京都教育委員会が2004年4月に開設した「東京都教師養成塾」が最初とされ、文部科学省の調査によると2013年8月現在全国67の都道府県・政令市教委のう

第2章　教員養成の今日的動向と将来のデザイン　37

表2－4　近畿地区の「教師養成塾」の実施状況（2015年10月現在）

	名称	講座回数	学校研修	採用試験優遇措置	備考
滋賀県	滋賀の教師塾（9期）	半日15回	10日	×註1	他に3回の選択講座
京都府	教師力養成講座（9期）	2時間15回程度	20日以上	○註2	ボランティアやインターンシップ経験が出願資格 授業体験等もあり
京都市	京都教師塾（10期）	必修12回 選択6回	10日	×註3	その他フィールドワーク有り
大阪府	大阪教志セミナー（8期）	12回	10日	○註4	研究発表大会参加（1回）
大阪市	大阪市教師養成講座（8期）	半日15回	5〜10日	○註5	学校研修は希望者のみ
堺市	堺・教師ゆめ塾（9期）	一日14回	10日以上	○註6	
奈良県	奈良県ディア・ティーチャー・プログラム（8期）	10回	100時間以上	×註7	中学校一部教科、高校等は80時間以上の学校研修のみ

神戸市、兵庫県、和歌山県は未実施　　　　各自治体の「募集要項」等をもとに作成。

註1　「入塾者および卒塾者であることをもって、滋賀県公立学校教員採用選考試験における優遇措置はありません」
　　（2015年度入塾者募集要項）
註2　1次試験のうち筆記試験免除
註3　「入塾者及び卒塾者であることをもって、京都市立学校教員採用選考試験の全部または一部を免除することはありません。ただし本市の教員採用選考試験については、第1次試験からの全員面接やボランティア活動歴を評価するなど人物重視の選考を行っています。毎年、多くの卒塾生が、『京都教師塾』で教師に求められる資質や実践的指導力を身に付け、教員となっています」（2015年度入塾者募集要項）
註4　第一次選考（面接テスト、筆答テスト）免除
註5　第一次選考（面接、筆答）免除
註6　教職教養、小論文免除
註7　「受講生及び修了生であることをもって、奈良県公立学校教員採用試験における優遇措置は行っていません」
　　（2015年度募集要項）

ち24教委が設置している（2014年12月19日付け読売新聞）。この「教師養成塾」の共通した内容は、教育委員会が教員を志す者にたいし、①指定校での実習と②講義・演習・体験活動等を提供するものである。

　表2－4は近畿地区の「教師養成塾」の概要である。2015年度で8期から10期をむかえ、教員採用大量時代をむかえての取り組みであることが分かる。また、「教師養成塾」を修了したことによって、採用に有利にはたらくことを明確にうたっている場合とそうでない場合とがある。

さて、インターンシップやボランティアと同様「教師養成塾」は、学生の学校現場での経験を豊かにさせ教育実習の不足を補い、さらに実践に即した講座を提供することにより、教員養成における「理論と実践の融合」に寄与しようとする取り組みであることに間違いはない。しかし、教員養成の二大原則から考察したとき、「教師養成塾」は「大学における教員養成」原則からは逸脱した取り組みであることは明白である。先に述べたとおり「大学における教員養成」原則は、教職の専門性を担保することにより、教員の教育活動の質を高めるだけではなく、そのことによって、教育活動における教員の自律的な判断を可能にさせ、教育の国家統制からの解放を保障した。それにたいし、「教師養成塾」は、教員養成の主体と教員の人事権者とをともに教育委員会に与えるものであり、教育委員会に「都合の良い」教員を養成し、採用することを可能にする。それは、教育委員会を通しての国家の教育統制を容易にするし、地方自治体による新たな教育統制をも生み出す。さらにそればかりではない。「教師養成塾」が登場した大きな要因は、教員採用数の増加により「即戦力」の養成が求められたことであった。「即戦力」ばかりが強調されると、そこで求められる教員像は、パターン化、マニュアル化され、すぐに使える教育技術を追い求める「技術的熟達者」としての教員の養成が主流とならないか。そしてそれは、戦前の師範学校における鋳型にはまった教員養成を思い起こさせ、多様な教員の養成という開放性原則を支える理念とも相反する。以上の状況は、「教師養成塾」を修了したことが採用に有利にはたらくことを明確にうたっている場合はいうに及ばず、そうでない場合でも、教員採用基準が必ずしも明確ではなく「ブラックボックス化」している[8]ことを考えたとき、「教師養成塾」の修了が教員採用に一定考慮されていることを憶測させ、同様の状況を生み出すことが危惧される。

5　終わりに―これからの教員養成のデザイン

本章では、今日の教員養成改革の二つの方向性、①免許基準の引き上げ（必要取得単位数の増加と「修士レベル化」）②「理論と実践の融合」を指摘し、

戦後教員養成の二大原則（「大学における養成」と「開放制」）との関係性からそれらを考察した。以上の考察から、最後にこれからの教員養成をデザインしたい。

(1) 「修士レベル化」―大学院間・大学間の連携と学生への経済的支援

　小規模私立大学では、大学院での教員養成課程開設の困難が予測され、「開放制」原則を制限することが危惧される。それを乗り越える一つの方策として、「2012年答申」でも記されている国公私立大学の大学院間、大学間の連携が考えられる（同答申は「修士レベルでの養成規模の拡充を図っていくためには、学部・研究科や大学を越えた、さまざまなレベルでの柔軟かつ多様な連携体制を構築していくことが不可欠」と述べている）。その際、コンソーシアムのような別組織でその地域の大学が共同で大学院をつくり、そこに多様な大学の学部卒業生を受け入れる方策が考えられる。

　また、経済的に困難な学生への大学院進学の支援は、授業料だけではなく生活費も含めて必要である。

(2) 「理論と実践の融合」―「インターンシップ、ボランティア」の活用、教育委員会との対等な連携

　「修士レベル化」がはかられると「理論と実践の融合」も進められる。しかし、「修士レベル化」が進まない現状で、「開放制」原則を維持しつつ、「理論と実践の融合」を進めるためには、教育実習の長期化よりもむしろ「インターンシップ、ボランティア」をさらに積極的にすすめることが考えられる。「インターンシップ、ボランティア」は「2015年まとめ」も推奨するところである（28頁）。さらに、「インターンシップ、ボランティア」は教育実習の期間の短さを補うだけではなく、学校現場の多様な活動に取り組むこととなり、スクール形式の授業の「訓練」を主とする旧態依然とした教育実習のあり方に、一石を投じる可能性もある[9]。ここでも、インターンシップを自力で行うことが難しい小規模私学のために、コンソーシアム方式でのインターンシップの実施が推奨される。

また、「理論と実践の融合」をすすめるためには、学校を管理する教育委員会の協力は欠かせない。「2015年まとめ」でも、大学と教育委員会との連携が各所で述べられている。その際、教育委員会が教員人事権をもつことを鑑みたとき、教員養成の二大原則を保持し、国家や地方自治体の教育統制を強めないよう、教育委員会は大学の教員養成の独自性を十二分に尊重しなければならない。中でも教育委員会は、「教師養成塾」の運営にあたってこの点において自制的であることが求められる。

(3) その他の課題にたいするデザイン

　最後に、これまではあまりふれてこなかった教員養成の課題について指摘しておく。

ⅰ．新しい教育内容・方法への対応

　近年学校現場では次のような取り組みが求められている。①2007年から実施されている「特別支援教育」では、特別な支援を必要とする子どもをできるだけ通常学級で指導するインクルージョンを前提とした教育が求められている。②2015年の学習指導要領の改訂による道徳の「特別の教科」化では、従来の道徳とは異なる、絶えざるリフレクションを前提とした慣習的道徳の内面化や多様な価値を尊重するオープン・エンドな授業が求められる。③2008年の学習指導要領の改訂により、小学校高学年で英語を原則とした「外国語活動」が必修化され、さらに、2014年文部科学省の有識者会議は、中学年からの外国語活動の開始、高学年での英語の教科化を提言している。こうした新しい教育内容・方法にたいし、教員養成はほとんど対応できていないのが実情である。「特別支援教育」を必修化するなど、教員養成カリキュラムの構成や内容を見直さなければならない。

ⅱ．教員養成を担う大学教員の養成

　教員養成で求められている「理論と実践の往還」とは、単に学校現場に学生を送り込むその日数だけが問題とされるわけでは決してない。学生が学校現場で体験した教科にかかわる授業でも生活指導などについても、それを単なる経験の積み重ねで終わらせるのではなく、そうした経験を大学の授

業で理論化し、その理論を学校現場で検証するといった、大学教員の高度な研究指導が求められる。そうすることによって、学生の「実践的指導力」が養成されていくのである。ところが、今日の大学教員はそのような姿勢と力量をどれほど有しているであろうか。「国語科教育法」にしても「生徒指導論」にしても、15回の講義すればいいというものではない。当然、実務家教員にもそのような力量が求められ、過去の学校現場での経験を語るだけであってはならない。「2012年答申」でも「教職課程担当教員の養成の在り方」を取り上げ、たとえば「教科と教職を架橋する新たな領域や学習科学の分野など学校現場での実践につながる研究を深め、必要とされる大学教員を養成する体制整備の推進方策について検討が必要である」と述べている。

○大学における養成の現実と課題

　私立大学は、戦後多くの教員を学校に送り出してきた。その一方で、一般学部における教職課程は、専門性の高い有能な教員を養成することを主眼とするよりも、受験生獲得を目的として設置されている場合があることも否めない。マスプロ授業や非常勤講師に頼った教員養成課程の運営が行われている場合も少なくない。

　加えて、国公私立大学（一般学部）に共通していえることだが、中学校、高校の「教科に関する専門科目」についての授業内容が、教科の学問的専門性ばかりが追求され（たとえば中学社会「日本史」の授業であれば、「日本史」については教えるが）、子どもたちにいかに教えるかという教育方法への意識は弱い。教科の学問的専門性を高めることももちろん重要だが、それを子どもたちの教育にどうつなげるのか、そのような視点から教員養成カリキュラム全体の構成を検討すること、そして個々の大学教員にも教員養成のための授業であるとの自覚が必要ではないか。

注
1　ただし、「2015年まとめ」では、「教員免許状の取得に必要な単位数については、まずは増加させないことを前提として検討をすすめる」とある。
2　土屋基規「大学における教員養成」、日本教師教育学会編『教師を目指す』、学文社、

2002年、79頁。
3 　当時、4年制大学における教員養成を実現していた国はアメリカだけであり、そのアメリカでも全体の3分の1ほどの州でしか実現されていなかった。佐藤学『専門家として教師を育てる：教師教育改革のグランドデザイン』、岩波書店、2015年、9頁。
4 　土屋「前掲論文」、80頁。
5 　この二つの免許状の他に、特定分野に関し高い専門性を身につけたことを証明する「専門免許状（仮称）」も創設される。
6 　都道府県によって差異があり、都市部での増加が顕著である。なお、図 2-1 はグラフを見やすくするため自治体の数を絞ったが、他の近畿地区の採用状況は次の通りである。

	00	01	02	03	04	05	06	07	08	09	10	11	12	13	14
京都府	20	40	197	195	187	200	189	191	198	201	180	192	205	180	181
京都市	42	90	105	113	161	229	239	222	228	202	157	180	210	180	117
神戸市	16	20	54	78	82	120	151	195	196	225	187	200	181	170	170
奈良県	23	26	48	70	80	90	100	130	145	173	195	220	245	235	205

『教員養成セミナー』2000年〜2012年それぞれ7月号、『同』2013年、2014年6月号をもとに作成。

7 　国際的には15週が標準である。イギリスを例にとると、イギリスの教員養成ルートは多様であり、しかも改革が頻繁に行われているが、近年の主要なルートは一般学部で学士号取得後に1年制の教職課程を履修するルート（postgraduate certificate in education コース：PGCE）であり、2009年度では教員養成全体の約60％を占めている。このコースで、初等教員課程は18週、中等教員課程は24週の教育実習が実施されている。
8 　それは、教育公務員特例法で、教員採用が競争試験ではなく「選考」によるものとされていることからして、必ずしも否定されるものではない。
9 　教育実習は授業を中心に展開されるのにたいし、「インターンシップ、ボランティア」では授業を行うことは例外的である。その点も柔軟に検討することができないか。加えて、授業以外に教員の教育活動全体を学生にどう現場体験させるのかについて、今後考える必要がある。

● 関連文献紹介
① 戦前の教育制度、教員養成制度については、**文部科学省「学制百二十年史」**（http://www.mext.go.jp/b_menu/hakusho/html/others/detail/1318221.htm）がわかりやすい。本資料は明治5年の学制公布以来、120年間の教育の発展の跡を、制度を中心として概述している。
② 教師教育についての総合的な専門書としては、日本教師教育学会が2002年に三巻本**『講座教師教育学』**を学文社より出版している。総合的であると同時にそれぞれ

の章が比較的独立しており、コンパクトで読みやすい。さらに、同学会の研究会をもとに近著では、**岩田泰之・三石初雄編『現代の教育改革と教師：これからの教師教育研究のために』**（東京学芸大学出版会、2011年）が出版されている。

③「理論と実践の融合」については**谷川至孝「教員養成の一環としてのインターンシップ：佛教大学の事例を参考にして」**（『佛教大学総合研究所紀要』16号、2009年）を参照。インターンシップの実践を直接の研究対象として、「理論と実践の融合」を理論的に論じている。

④教職論一般を学ぶ図書として佐藤学の図書も手にとってほしい。近著では**『専門家として教師を育てる：教師教育改革のグランドデザイン』**（岩波書店、2015年）がある。教師教育の課題から筆を起こし、その副題の通り改革のためのグランドデザインを論じている。

第3章　多文化共生社会における教育のあり方
―― 個別指導の確立・アジア市民の育成を目指して

村田翼夫

本章のねらい

　多文化共生の必要性が高まる国際化社会、グローバル化社会において、国際理解教育、外国語教育、帰国・外国児童生徒の教育、民族教育などの実践が重要となっている。実際に行われている多文化教育、アジア市民育成のすぐれた実践例も取り上げた。ゲストティーチャーを学校に招いての異文化・自文化理解、カンボジアの生徒との交流による途上国理解やアジア市民としての自覚を促進することなどが試みられている。とくに、ASEAN諸国では、国民教育に加えてASEAN市民教育もはじめられている。しかし、現行の多文化教育では、開発教育の不徹底、英語教育への偏り、適応教育の偏重、同化教育・奪文化化教育のこだわり、マイノリティの文化権否認などの問題が存在する。こうした問題を考察すると、我が国には集団中心主義を基調とする画一的教育システムが横たわっているという背景があり、そのことが大きな原因になっていると思われる。全国共通のカリキュラム、一斉授業、自動進級制度、学級担任制、地方における特色ある学校運営や民族教育の困難性などを見れば、そのことは明らかである。
　本章では、日本におけるこれからの多文化共生教育の課題を探るとともに、その課題を実現する方途として多文化教育システムの必要性を論究する。単一的教育システムを改革して多元的教育システムを構築するには、多様な文化・価値観の存在を認めつつ教育における自由な発想・工夫を可能にし、個別指導の確立、民族教育・多文化共生教育の普及、地方における自由裁量の拡大、アジア市民・地球市民育成をはかることが主要な課題になるものと考えられる。

1　多文化教育の現状と課題

(1) 国際理解教育

　戦後、平和の確立を目標に国際理解教育が模索され、「人権の研究」、「他国、他民族の理解研究」が増加した。また、多くの開発途上国が植民地支配から独立した影響もあり、1960年代後半には国際協力、資源、環境等のテーマも対象となった。しかし、この事業は実験的色彩が強く日本では広がらなかった[1]。

　1970年代になると日本の著しい経済成長とともに国際的地位も向上し、国際社会において果たすべき役割が増大したという認識から、中央教育審議会は、1974年の答申において「国際社会に生きる日本の育成」を重点施策に掲げた。この基本課題を担う分野として、外国語教育、大学の国際化と並んで国際理解教育が浮上した。とくに、海外児童生徒の教育に関し国際理解を深めるという観点から、これを改善すること、及び教師・指導者の海外派遣の増加を課題とした。しかし、開発途上国の貧困、先進国との格差問題などを理解させようとする開発教育はまだ取り上げられなかった。

　1985年には臨時教育審議会が第1次答申において日本の国際化という視点に立った教育の改革を打ち出した。具体的な内容では、留学生の受け入れ、外国の高等教育機関との交流、語学教育、海外・帰国児童生徒の教育、及び国際理解教育の検討の必要性を指摘した。それを受けて、1989年の学習指導要領改訂で「国際教育を深め、我が国の文化と伝統を尊重する態度の育成を重視すること」とした。各地方教育委員会においても、教育指導の重要目標の一つに国際理解教育を掲げることが増加し、その推進校、協力校も多く指定された。担当教員の研修、手引きの作成なども行われ、国際理解教育が全国的に展開されるようになった[2]。

　1980年代後半から1990年代にかけては、帰国児童生徒の教育、1990年代から2000年代にかけては多文化共生教育のテーマが、大きな問題として広く取り上げられた。

　現在、小学校で最も多く見られる国際理解教育は、各教科における取り

組みである社会科、特別活動、生活科（1〜2年生）、国語科、道徳などで幅広く扱われている。全体としては、社会科の5、6学年で実践される事例が多い。また、学校全体における取り組みもある。児童生徒の表現力、共感性、コミュニケーション能力、異文化理解能力などは、学校生活のいろいろな場面を通して児童生徒、教員、あるいは地域住民がお互いに留意しながら獲得していくものである。

　2008年の学習指導要領（2008年小・中学校）では多少時間が削減されたが、総合的な学習の時間において教科の枠組みを越えて各種の活動が行われている。総合単元として国際理解教育も取り組まれているが、環境、福祉の内容もあって十分に実践されているわけではない。とくに、従来、「伝統文化を継承し、日本人としての自覚に立って国際社会に貢献し得る国民の育成をはかること」（臨教審第1次答申、1985年）といった国家、国民を基本概念とする国家関係的国際社会の見方が有力視されてきた。しかしこれからは、ボーダーレス社会、地球社会を見据えた国際理解教育が必要である。そのため次の四つの学習領域の目標・内容の設定、及びその実践が課題となっている[3]。

　第1は、多文化社会領域である。多様な異文化理解を促進し、同時に異文化の尊重、異文化にたいする寛容な態度を学ぶ。そして、エスノセントリズム（自民族中心主義）に陥らないようにする。とりわけ、東南アジア、南アメリカ、アフリカ諸国など開発途上国の社会・文化、貧困、先進国との格差などについて理解させる開発教育が重要である。2003年ごろから開発教育としてそれらの問題が取り上げられるようになりつつある。

　異文化理解を深めるために異文化の人々の交流を心掛ける。その際、文化摩擦や紛争が起きることもあることを知らせる。必要な外国語、態度などの異文化コミュニケーション・スキルを習得させる。異なる文化や価値観をもつ人々が共存している社会において、交流・協力し合って共生社会を構築する意義を理解させる。また、帰国・外国人児童生徒、外国人成人、地域住民等とともに体験的活動、交流活動、ならびにボランティア活動などを実践することによりともに生きることの重要性を学ぶ。

　第2は、グローバル社会領域である。グローバル社会では、すべての人々

は国民であるとともに地球市民である。世界の人々と国家を通して関係をもつだけでなく、地球規模における相互依存関係を有することを理解させる。また、今日、多くの人々はマスメディア、インターネットなどを通じて情報大量消費社会に組み込まれている。適切な情報を収集、分析、選択できるようにメディア・リテラシーを獲得できるよう指導する。

第3は、地球的課題領域で、学習目標として人権、環境、平和、開発があげられる。人権教育では、自己と他人の存在を価値あるものと認める人権意識をもたせる。「子どもの権利条約」に照らして子どもたちの権利が守られているかについて学習する。中・高校生になれば、異民族、ジェンダー、障がい者、貧困者など、不利益な状況に置かれている人々の権利について探求する。環境では、地球温暖化にともなう環境変化、森林破壊、オゾン層破壊、公害などを取り上げ、環境保全の重要性について学ぶ。平和では、戦争の被害、難民の人々・子どもの悲惨な状況などを知って、平和のあり方、その意義について考察する。開発では、とくに開発途上国の人々の生活状況、経済的社会的格差、非衛生状態、教育を受けられない人々などについて学習する。最近、各国において重視されている持続可能な開発のための教育（ESD）に関して説明し、それは開発途上国に限らず全世界にとって共通に重要な問題であることを認識させる。

第4は、未来への選択の領域である。ここでは、歴史認識、市民意識、参加協力の学習を目標とする。歴史認識において、自国史中心史観、欧米史中心史観に陥ることなく、アジア諸国との歴史的関係に目を向けさせる。市民意識では、地域の人々とのつながりを学びつつ、地方市民、国民に加えてアジア市民、地球市民であることを自覚させる。参加協力では、地域の人々のさまざまな活動の意義を理解しつつ、障がい者、高齢者、困窮者にたいする援助活動（募金、お世話等）やボランティア活動、あるいは国際協力活動に参加協力する体験をさせることが肝要である。

(2) 外国語教育

2011年度より小学校の5、6年生を対象に「外国語活動」が導入された。

2010年度の学習指導要領において「外国語活動」(小学校)、「外国語」(中学校)と規定されているが、実際はほとんど英語教育が行われている。さらに、文部科学省は、2013年12月にグローバル化に対応した英語教育改革実施計画を発表し、小学校英語の教科化を行うとした。小学校の中学年でコミュニケーション能力の素地を養うための活動型の授業を1週間に1コマから2コマ程度、高学年では教科型の授業を3コマ程度実施し、初歩的な英語の運用能力を養うというものである[4]。

こうしたことは、今日の世界における多言語化状況を反映していないといえよう。アジア共同体の確立が政治的目標にあげられる時代にあって、アジアの言語をまったく教育の対象としないというのは、国際理解、異文化理解促進の点から見ても不自然な方法と思われる。

筆者がしばしば教育調査に赴くタイでは、中学校において英語に加えてフランス語、ドイツ語、高等学校では、英語以外にフランス語、ドイツ語、中国語、日本語、アラビア語などを選択科目に指定し、実際に中国語や日本語の学習者が増えている。シンガポールでも中学校においてフランス語、ドイツ語、日本語、インドネシアでは、高等学校においてフランス語、ドイツ語、日本語、アラビア語の選択を可能にしている。

韓国では、1997年度から英語科を小学校3年生からの必修科目にした。中学校では、2001年度以降、生活外国語という科目が設けられ、第2外国語を学べるようにした。2014年度では、中学校及び高等学校において8種類の第2外国語（ドイツ語、フランス語、スペイン語、日本語、中国語、ロシア語、アラビア語、ベトナム語）を設定し、そのうち1言語を選べるようにしている。

(3) 帰国・外国人児童生徒の教育

帰国児童生徒にたいしては、1960年前後には少数の私立学校において学力の回復を目的にした帰国児童生徒の教育が救済策として行われた。1965年に東京学芸大学附属中学校に帰国生徒の特別学級が設置されたのを契機に、いくつかの中学校にも同学級が設けられ受け入れが本格化した。そこでは、学校における帰国生徒の適応をはかるとともに適応に関する研究も行っ

た。適応の場合、日本の学校、クラスへの適応が強調された。外国の経験を通して学んだことを尊重するのではなく、早く日本の学校・クラスにおける学習態度、学習方法を身につけることに留意された。いうなれば、日本の学校への同化政策の表れであった。1970年代では、海外における体験を軽視し「外国はがし」に結びつく傾向さえみられた。

1970年代半ばになると帰国児童生徒の受け入れ体制が整備されるとともに、適応教育ばかりでなく海外で身につけた外国語能力や生活態度などの特性を伸長することが強調されたが、全国的に普及したわけではなかった。

1980年代半ば以降、臨時教育審議会の答申に基づき、教育の国際化が叫ばれ、帰国児童生徒の異文化体験を一般の児童生徒も共有することの重要性が注目され、彼らにたいする指導方法や教材開発も進展した。そのために、帰国児童生徒と一般の児童生徒を積極的に交流させ、相互の理解を深めさせていくことが重視された。帰国児童生徒に日本人の生活態度や行動特性、さらに価値観などを理解させ、逆に一般の児童生徒には帰国児童生徒を通して彼らの生活態度や行動特性、価値観などを学ばせる。いうなれば、帰国児童生徒と一般児童生徒の相互啓発の教育、ならびに多文化教育が強調されるようになった[5]。

外国人児童生徒は、文科省の学校基本調査結果によると2014年度（平成26）に総数7万3,289人で、小学生4万2,721人、中学生2万1,143人、高校生8,584人、中等教育学校生211人、特別支援学校生630人となっていた。その中で、日本語指導が必要な外国人児童生徒数は、総数は2万9,198人で、学校レベル別に見れば、小学生が1万8,884人、次いで中学生7,809人、高校生2,271人、中等教育学校生56人、特別支援学校生177人などであった。1999年度（平成11）には、総数が1万8,585人であったので、15年で約1万人増加している[6]。彼らのほとんどは、一時滞在のニューカマーであり、日本生まれ日本育ちの永住外国人児童生徒とは異なっている。

このような外国人児童生徒の教育においても、帰国児童生徒の場合に類似して重点が特別学級から適応教育、特性伸長教育、多文化教育へ移行してきた流れがある。特別学級では、外国人の子どもは日本人の子どもの教育

とは別枠で分離型の教育として展開された。いわば、A（マジョリティの文化）＋B（マイノリティの文化）→A＋Bという統合教育であった。

　日本では、なかんずく適応教育の考え方が強く見られる。それは、異文化をもつ外国人児童生徒に日本の学校の生活様式や学習方法に適応させ、早く日本人児童生徒と同様に教育を受けることができるようにさせようとする。換言すれば、外国人の有する文化・文化的アイデンティティは保持させないで、日本文化を身につけさせようとする、同化主義的アプローチといえよう。いうならば、A（マジョリティの文化）＋B（マイノリティの文化）→Aという同化教育であった。そのために、まず日本語の習得が目指され、次いで生活様式（時間厳守、整理整頓、集団規律の順守など）の習得が求められる。このことは奪文化化教育と呼ばれることもある。外国人児童生徒のもつ生活様式や価値観を尊重せず、むしろそれらを剥奪する結果に終わるからである。

　外国人児童生徒にたいする母語教育について見ると、実際に行っている学校は少ない。いずれにしても、外国人児童生徒を受け入れている多くの学校では、外国人児童生徒にたいする母語教育、ならびに彼らの民族文化、民族アイデンティティの教育は殆ど実施されていない。いわば奪文化化教育になっている。

　これからは、多数派と少数派の児童生徒が、相互作用を通して新しい価値創造を可能にするような（A＋B→C）という共生教育を実現していくことが必要であろう[7]。

(4) 民族教育─在日朝鮮人学校のケース

　韓国学校や朝鮮学校において民族教育が行われている。朝鮮学校が各種学校であるのにたいし、ほとんどの韓国学校は、日本の学校教育法第1条に定められている学校（一条校）として認められている。一条校として日本のカリキュラムを実施した上で韓国語による民族教育も行っている。民族教育は、総合的学習の時間やクラブ活動、文化祭、韓国への修学旅行などを利用して行われている。朝鮮学校の民族教育をみると、社会、歴史、地理において朝鮮に関する知識を中心とするが、日本や世界のことも教えている。美

術、音楽は朝鮮の民族芸術を中心に世界的な名作も扱う。日本語教育は、日本の学校と同じレベルで教え、英語教育も重視している[8]。

このように、韓国学校のみならず朝鮮学校においても民族教育が行われてきているにもかかわらず、日本政府は基本的に民族教育を認めていない。1965年12月28日に出された文部事務次官通達「法的地位協定における教育関係事項の実施について」において、在日朝鮮人の子どもの公立小・中・高校への入学は認めたが、教育内容に関しては、「日本人子弟と同様に取り扱うものとし、教育課程の編成、実施について特別の取り扱いをすべきでないこと」と定めた[9]。いうなれば、日本の公立学校と同じ教育課程を要求し、それと異なる内容は認めないという同化主義に拘泥していた。もっとも、この通達は、2006年6月1日に福島瑞穂参議院議員の質問書にたいし、地方分権一括法の施行によって効力を失っていると回答されている。

1960年代末から1970年代にかけて公立学校に就学している韓国・朝鮮人にたいする差別的状況を改善しようとする活動が展開され、その一つとして民族学級が開設された。民族学級は大阪市、東大阪市、八尾市などに多く見られる。原則として、放課後の課外活動として週に1～数回開講される。講師は、普通、在日韓国・朝鮮人の民族講師が担当する。その教育内容は、1950～60年代には朝鮮語、朝鮮史、朝鮮地理などであったが、1970年代以降では、民族文化の学習（民話、偉人伝、歌唱、楽器演奏、民族舞踊、遊び、工作、調理、伝統儀礼など）と朝鮮問題（本名問題、外国人登録、祖国の統一など）が取り上げられている。

こうした民族学級により、在日韓国・朝鮮の児童生徒が自分たちの民族文化を学習しつつ、自文化・民族にたいする自覚と誇りをもちアイデンティティを確認できる。また、民族講師がいることで学校文化へ異文化の影響が表れる。全校児童生徒の前で民族学級の発表会、地域における民族文化の発表会や交流会なども行われている。こうしたことから日本人の児童生徒や教師にたいし直接的かつ日常的な異文化体験の機会を提供することにもなり、共生を目指した教育実現の観点からも意義深い[10]。

しかし、民族講師と日本人教職員の連携がうまく機能しなかったり、日本

人児童生徒・教師の民族学級への参加が実施されていなかったり、未だ問題も多い。民族教育の大きな狙いは、民族的な差別・偏見を除去し、人権尊重の態度を養うことにあるが、日本人児童生徒がこうした見方、態度を身につけるように民族教育へ参加する機会を提供することが必要であろう。

2　多文化教育、アジア市民教育の試み

　次に、多文化教育、アジア市民教育として近年実践されている興味深いケースをみてみる。

(1) 出張授業：京都市S中学校

　京都市のS中学校では、従来から特別活動あるいは社会科の時間を利用して人権教育を行ってきている。同校に在日韓国・朝鮮人や障がいをもつ生徒がいることを配慮して、2002年度より、多文化共生に注目しつつ国際理解教育に力を入れてきた。

　2004年度から毎年、韓国人、タイ人、スウェーデン人など外国人講師をゲストティーチャーとして派遣してもらって出張授業を行っている。それは総合的学習の時間に実施されている。派遣を依頼するのは、京都YWCAや京都国際交流協会である。

　2014年6月6日（金）の午後に筆者は同校を訪問し、タイ人元留学生（立命館大学）、韓国人留学生（立命館大学）の授業を聞かせてもらった。両者とも、最初にタイと韓国の基本的なあいさつ、母語の文字の特徴などを紹介し、その後、日本のイメージについて話があった。「ハイテクの国」「サムライの国」「空気や水がきれい」「薬も安全で安心して飲める」などである。加えて彼らの日本における経験、とくに困難な体験に話が及んだ。

　タイ人元留学生（男子）は、「親切にしてくれる日本人が多くうれしかった」「お風呂が入りにくくシャワーだけにしている」「納豆が食べられなかった」「タイ語を使うと相手にしてくれなくなり困った」「アパート探し、アルバイト探しが困難であった」「病気になり病院へ行った時、医師の説明がわ

からなくて困った」「ホームステイ先で親が子どもを叩くのを見てショックを受けた」などの経験を紹介した。

　韓国人留学生（女子）は、「ラオスにいる弟を訪問した時に、ラオスの貧しい子どもへ日本のNGOによりたくさんの支援があることを知り、日本留学を決意した」「韓国人は日本から出ていけというヘイト・スピーチを聞いてショックを受けた」「軽い交通事故にあった時に、日本人の扱いが冷たかった」「2011年の東日本大震災の時に、多くの韓国人留学生は影響を恐れて帰国した。私は帰国後しばらくして再来日した」「差別をなくし、外国人と仲良くすることが大切です」などのスピーチがあった。

　このような外国人留学生の日本における直接の体験談を聞くことにより、日本のいかなることに外国人は興味をもち参考にしているか、またいかなることに違和感や困難を感じているのかを理解するよい契機となるであろう。それと同時に、日本人の生活、文化にたいする見方、感じ方を改めて考え直す機会にもなるのではないだろうか[11]。

(2) カンボジアの生徒との交流：大阪市T高校

　大阪市T高校が行っているカンボジア・スタディツアーによる現地生徒との交流も印象的なプログラムである。高校生たちが10日あまりカンボジアに滞在し、カンボジアの小中高校生と交流するとともに運営されている寺子屋を訪ねて世界寺子屋運動の実際とその意義について学んでいる。

　2008年の例では、高校の授業見学後に日本の戦後復興や教育についてのプレゼンテーション、紙風船や剣玉を使っての交流、共同の清掃活動を行っていた。また、ポル・ポト派による監禁現場・虐殺現場、地雷処理現場を見学して、命の貴さ、人権や平和の大切さを学んでいる。スラム住民がゴミ山で金属やビニールを集めて、生計を立てている様子も見学した。物売りの子ども、物もらいをする子どもを見て、生徒たちは物品購入の是非、児童労働のあり方などについて意見交換を行った。さらに、現地のカンボジアの大学生とともに衛生環境の改善、識字教育支援などのプロジェクトに実践協力した。それらの経験は、カンボジアの人々の生活や異文化を理解しつつ社会を

変えていく主体性をもったアジア市民として成長する一歩ともなっている[12]。

(3) ASEAN 市民の教育

　東南アジア諸国は多様な社会的文化的背景をもつが、1960年代からASEAN（東南アジア諸国連合）を統一的に組織し、共通に政治的、経済的、社会文化的活動を展開させつつ1つの共同体を構築しようとしている。これは大変注目される動きである。

　ASEANは、1967年の原加盟国5ヵ国（タイ、マレーシア、シンガポール、インドネシア、フィリピン）で成立した。その後、ブルネイ、ベトナム、ラオス、ミャンマー、カンボジアが加わり10ヵ国となった。

　ASEAN諸国は、政治、経済、社会文化の交流教育の増進と地域の平和・安定を目指して2015年の共同体創設を計画した。ASEAN共同体は、3つの柱で構成される。第1はASEAN政治・安全保障共同体で民主的・調和的環境と紛争の予防・解決を意図する。第2はASEAN経済共同体で、1つの市場、高度な経済競争地域の構築を目指す。第3がASEAN社会・文化共同体で共通のアイデンティティの考案と市民の生活・福祉の向上をはかる。実際に、ASEAN共同体は2015年12月末に発足した。

　これらの計画の具体化策として2008年12月にASEAN憲章が公布された。その主な内容として、目標（第1条）に地域の平和、安全、安定の維持強化、ならびに民主主義と人権、基本的自由の促進をあげている。組織では、ASEAN首脳会議が最高政策決定機関である（第7条）とする。教育と関連するのはアイデンティティとシンボルの項目で、共通のアイデンティティの促進（第35条）、共通のモットーとして1つのビジョン、1つの共同の確立（第36条）、ASEANの旗、記念日、歌の制定普及（第37～40条）などを規定している。

　教育の面では、最近、ASEAN志向の教育が実践されつつある。ASEAN市民のアイデンティティを養うためにASEAN市民教育を導入し、ASEAN諸国の社会経済のみならず周辺国の社会や文化（あいさつ言葉を含む）も小学校段階から教育しようとしている。とりわけ、各国民であると同時にASEAN

写真3−1 チェンマイ山地民中等学校の国際教室における「ASEANの地図と加盟国の国旗」(2014年8月筆者撮影)

市民であることを自覚させようとしている。外国のことといえば、欧米や日本、中国のことばかり取り上げていた内容に比べれば、これは画期的な出来事であり、いうなれば多文化共生教育を目指しているといえよう。

　タイにおける「ASEAN教育の目標」及び「ASEANにたいするタイ人児童の特質―初等教育編―」を見てみると、次の3つのことが強調されていることが分かる[13]。第1に、知識としてASEAN各国の政治、経済、社会文化(民族、言語、宗教、地理、歴史等)、ならびにASEAN憲章に関して理解させる。第2に、能力・実践として、①基本的能力(英語とASEAN言語1つ、情報技術、平和的方法による問題解決)、②社会的責任(文化的多様性の認識、リーダーシップ)、③学習と自己発展の能力(人間の価値観、相互学習、合理的思考、自分のコントロール)を発展させる。第3に態度として、ASEANの特質を理解し、「足るを知る経済」の哲学を生活で実践し、平和な方法による民主主義的生活様式を身につけ、宗教の多様性を認め、タイ国民・ASEAN市民としての誇りをもつこと、などである(図3−1参照)。

　ASEANの教育の実情について、筆者は2014年8月にタイのチェンマイに

第3章　多文化共生社会における教育のあり方　57

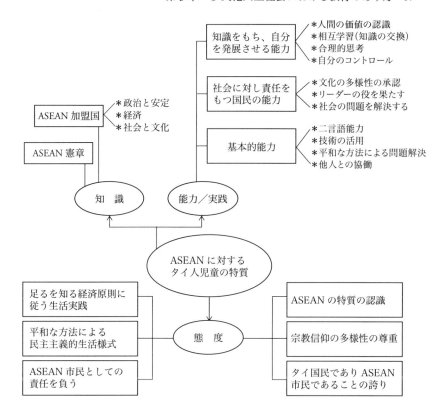

図3−1　ASEAN に対するタイ人児童の特質―初等教育編
タイ教育省基礎教育委員会 "khun laksana dekthai suu asean radab prathomsuksaa"（ASEAN に対するタイ人児童の特質―初等教育編），2011, p.4

おいていくつかの学校で訪問調査した。まず、チェンマイ大学付属中学校の社会科の教師に ASEAN に関しいかに教えているかを質問した。ほとんどの中学校社会科教師は ASEAN の属性について説明しているということであった。その内容は、ASEAN 加盟国名、ASEAN の略歴、加盟国の国旗、国花、リーダー、あいさつ言語などである。また国民であると同時に ASEAN 市民であることを強調しているとのことであった。一方、同大学付属高等学校のレベルでは、ASEAN における特色や問題、課題を取り上げて生徒に議論さ

せつつ授業していた。特色というのは、言語、宗教、生活様式、社会体制の相違などであり、問題としては国家間、地方間の経済格差、通貨の統合、国民アイデンティティとASEAN市民のアイデンティティの育成、異文化理解、政治的統合の困難さなどをさしている[14]。

3 多元的教育システムの構築

(1) 単一的教育システム

最近の小中学校においていじめの問題と並んで、学業不振児、不登校や学級崩壊などの多いことが報じられている。学級崩壊というのは、児童生徒が授業中に自分の席に座らず立ち歩いたり、寝転がったり、暴力をふるったり勝手な行動をして授業が成立しなくなることをさしている。

どうしてこのような問題が起きているのであろうか。家庭教育のあり方、教員の質や教育方法、学校と家庭や地域社会との連携など考えられるが、大きな要因は児童生徒一人ひとりにたいし適切な教育指導が行われていないことにあると思われる。いい換えれば、異文化の背景をもつ児童生徒を含め彼らの個性が重視されていないということである。日本の多くの学校における授業は1人の教師による一斉授業である。1クラスに児童生徒は30～40人いるのが普通である。教師は、平均的学力の子どもを対象として授業を行う。学業不振の子ども、能力の高い子どもに個別に対応する余裕がない。

1984年（昭和59）の臨時教育審議会第1部会は、「我が国の教育は、いや応なく偏差値偏重、知識偏重の教育に巻き込まれ子どもの多様性への配慮に乏しい教育になっている。……教育の量的拡大により、生徒の能力、適性などが多様になったが、教育にこれに十分対応し得ず画一性の弊害が現れてきている。我が国の教育荒廃の原因として、教育理念に掲げる自由と平等の価値が均衡を失して、平等のみに偏りその結果、悪平等主義と画一主義に堕落してしまっている」「今次教育改革において最も重要なことは、これまでの我が国の教育の根深い病弊である画一性、硬直性、閉鎖性、非国際性を打破して、個人の尊厳、個人の尊重、自由・自律、自己責任の原則、すな

わち個性重視の原則を確立することである」と批判していた。そして、1985年（昭和60）6月の第1次答申において、改革の基本項目として、①個性重視の原則、②基礎・基本の重視、③創造性・考える力・表現力の育成、④選択の機会の拡大、⑤生涯学習体系への移行、などを掲げた。とりわけ重視したのが「個性重視の原則」であった。

引き続き1986年（昭和61）4月に提出された第2次答申における教育行財政改革の項目で次のようにまとめた。「従来の教育行財政全般に見られがちであった過度の画一主義、瑣末主義、閉鎖性等を打破して、……教育の活性化と個性重視の教育が実現できるよう許認可、基準、助成、指導・助言のあり方の見直しなど、大胆かつ細心な規制緩和を進める」としていた。また、「教育を受ける側の児童、生徒、両親等の権利と意見を十分に尊重し、能力に応ずる機会均等と個別的な教育需要に弾力的に対応し得るよう、学校体系の多様化、学校・家庭・社会の諸教育機能のネットワーク化、年齢制限、資格制限等の緩和、例外の承認など、多様な機会を拡大する」と提言した[15]。いうなれば、全国共通の単一的教育システムに、画一性、硬直性を打破して新たな多様性、柔軟性を確保しようとした。

この教育改革は実施されたのであろうか。たしかに、高校教育の多様化、選択教科の拡大、大学設置基準の大綱化、大学における自己点検・自己評価の実施などが行われた。初等教育、前期中等教育では、習熟度別学習ということが強調され、学習の進度に応じてクラスを2つ、あるいは3つに分けて教えることが工夫された。ただし、習熟度別といっても同じ学年の学習内容についてであり、学年を超えた対応になっていない。少人数クラスの導入によりとくに算数などは加配教員を配当し複数の教師により指導させるということも実践された。また、2008（平成20）年から中学校の選択教科は標準授業時数の枠外に置かれ、選択教科を設けている中学校はほとんどなくなってしまった。

学習内容は、国家が定める学習指導要領に従い画一的に教授することが求められる。個々の児童生徒にたいし自分の考えを論理的に表現する能力を訓練している余裕もない。こうした集団的一斉主義の指導方法が取られてい

る学校では、帰国・外国人児童生徒の多様性に応ずるといっても限界があるであろう。しかも、優秀児童生徒にたいする飛び級も認められていない。加配教員もないよりはよいが、あっても1学級に1人であり、個別学習の促進までにはいたっていない。

　学校が定める校則によっては、登校、下校時間にとどまらず、服装、髪の型、スカートの長さまで細かく規定して児童生徒を管理している。学校生活の様式が異なる外国人の児童生徒にとってはこうした校則は摩擦、トラブルが起きる原因となりうるであろう。

　アメリカ、カナダでは、筆者が見聞したところでは、学校の授業は必ずしも一斉授業に頼るのではなく、一つのクラスに複数の教員がいて少人数の児童で構成されるグループに分けて指導を行っているケースが多かった。そのグループは、学力・進度別あるいは興味・関心別に分かれていた。

　いずれにしろ、国際化、グローバル化、多文化共生が迫られている我が国にとって、こうした従来の集団中心主義を基盤とする単一的教育システム、伝統的な教育志向、教育方法に固執したままでよいのであろうか。

(2) 多元的教育システムの必要性

　上述のごとく、日本の教育は伝統的に中央集権体制のもとで整備されてきた結果、いろんな側面で単一的教育システムとなっていることが分った。統一的な学校制度（6・3・3制）、学校教育法に基づく修業年限、教育資格、懲戒、教科、教科書、教材の使用、及び学校教育法施行規則による学則、学級の編制、指導要領、学級数、校務分掌、学習指導要領などが細かく規定され全国一律に適用されている。それらの影響の下に実施される年齢主義の教育、集団中心主義的な教育、一斉授業、同一の教育内容などにより個性重視の教育は実現できないままになっている。それに異文化をもつ外国人児童生徒にたいして彼らの母語や母文化を尊重した教育を考慮せず、日本の学校、教育への適応を強調して同化主義、奪文化主義に陥っている。同時に、国民教育を重視しつつ国民アイデンティティの形成に留意するが、アジア市民、地球市民といった多層的アイデンティティの育成は考慮されてこなかった。

1985年に栗本一男氏は、『国際化時代と日本人―異なるシステムへの対応―』と題する本を刊行し、日本の社会システムについて次のように述べていた。「現在の日本は中央に権力・財力を集中した単一化された、または単一化傾向をもつシステムをもっています。……そのために、日本はかつての清朝中国のように、外部の変化にたいして単一化した反応しか持てないようになっているように私には思えるのです」と。さらに、「日本社会が多様な受け入れシステムを準備することが、将来の日本の国際化の手段として不可欠だと考えるのです。帰国子女の適応の問題は、海外に出た時より、海外から帰った時の方が問題が大きいといわれるのは、外の社会には異質なものに対処してゆくメカニズムがあるのに、日本にはそのメカニズムがないことです。これは社会の特殊性というだけのことです」[16]と。続けて教育の特質に関して、「今の日本では、子どもの個性、他と異なった才能を認め、これを育てる形が制度として成立していないのです」[17]とも述べている。

　アメリカ、カナダ、オーストラリアなどでは、異質なものの存在を認め異文化の価値を認めている。しかし、日本では、韓国・朝鮮、中国、ブラジルなどの異文化は日本のものと異質であるということから評価されず、時には抑圧、排除、あるいは序列化されてきた。こうしたやり方では、異文化を背景にもつ外国人の反発を招き、疎外感をもたせることになりかねない[18]。

　もっとも、日本文化も地方によってそれぞれ特質をもっていて決して均一ではない。日本国民は起源的には多元的でもある。北方及び南方アジアから文化が長年にわたって流入して堆積し、受容・集積型の文化をもつにいたっている。神道と仏教の長期にわたる相互浸透と共生の歴史、漢字受容と変化の歴史、儒教の伝来と影響の変化などを見ても、日本文化は、本来、多元性を有し多重構造になっていることを認識する必要があろう[19]。伝統的には、日本独特の多様性や柔軟性をもっているはずで、そのことを再発見して確認することが大切である。まして、異文化の外国文化が入ってくればますます多様化してくる。日本を均質化した社会と考えず、多様な文化をもつ社会であり今後ますます増える異質な文化を尊重し多文化と共生していく多元的シ

ステムを確立する工夫に迫られているのである[20]。
　そして、日本において伝統的に規範、基準とされてきたものを大胆に変更し、社会システムを閉鎖型から開放型へ変えてゆかねばならないであろう[21]。

(3) 多元的教育システムによる教育改革の課題
　今後、単一的教育システムを改革して多元的教育システムを構築するために、次のような教育課題の解決に取り組む必要があるであろう。

1) 個人指導の確立
　集団中心主義に基づく一斉指導にこだわらない個別的・能力別指導の確立である。その場合、多人数クラスではなく少人数クラスにおける学習も必要であろう。前述のように、1人の教師による学級担任制、一斉授業、学年制、自動進級制、学習指導要領によるカリキュラム規制などを根本的に改める。

　異文化の背景をもつ児童生徒がいるとすれば、彼らを対等のパートナーとして平等に扱うことが肝要である。子どもは、自分のもつ多様な文化が尊重され人格を認められることで自尊心を高める。自己に自信をもつようになれば、学習意欲が高まり学業成績も向上するようになる。さらに、協調性、社会性も備わる傾向が見られる。

　異文化の人々と共同生活を送り問題解決に協力していくとなれば、各人が個人として自分の考えをもちそれを合理的に表現する自己表現力も重要である。筆者がアメリカのバークレー地区でみた中学校の授業では、生徒が発表した時に自分の意見としてまとまっていない時には、まとまるまで席に立たせ座らせなかった。自己表現の方法を厳しく指導していた。

2) 民族教育・多文化共生教育の普及
　地方自治体では、外国人教育や民族教育に力を入れているところもある。たとえば京都市教育委員会は、1992年3月に京都市立学校外国人教育（主として在日韓国・朝鮮人にたいする民族差別をなくす教育の推進）の方針を打ち出

した。そして外国人教育の方針では、次の目標を設定した。

・すべての児童生徒に、民族や国籍の違いを認め、相互の主体性を尊重し、共に生きる国際協調の精神を養う。
・日本人児童生徒の民族的偏見を払拭する。
・在日韓国・朝鮮人児童生徒の学力向上を図り、進路展望を高め、民族的自覚の基礎を培う。

　その上で「日本人児童生徒に今なお日本の社会に存在する近隣アジア諸国の人々を軽視したり軽蔑したり忌避する等の意識を払拭させることが重要である。とりわけ、在日韓国・朝鮮人に対する民族的偏見や差別を払拭させることが重要な課題である」とした。そして民族教育の重要性を指摘し実際に実践しているのである[22]。
　このように地方自治体が認めて実施している民族教育を、国（政府）はどうして認めようとしないのか。「国際人権A規約」第15条（文化的な生活に参加する権利）はすべての人にそれぞれの文化権を享有することを保障している。「市民的及び政治的権利に関する国際規約（B規約）」の第27条においても、「種族的、宗教的又は言語的少数民族が存在する国において、当該少数民族に属する者は、その集団の他の構成員とともに自己の文化を享有し、自己の宗教を信仰しかつ実践し又は自己の言語を使用する権利を否定されない」と規定し、少数民族の文化、宗教、言語を享受する権利を認めている。さらに、「子どもの権利条約」第30条においても「少数民族・先住民の子どもの権利」として彼らの民族の文化を享有し宗教を信仰しかつ言語を使用することを認めている。日本政府の方策は、こうした国際規約・国際条約で保障されている文化権を認めていないことになるのではないか。そうであれば、文化の異なる子どもたちがもっているそれぞれの民族性が尊重されない。あるいは、未だに「単一民族国家」という幻想をもっているのではないか。その幻想は民族主義や民族排外主義に導きかねない[23]。いずれにしても、日本政府はいつまでも多文化の共存・共生の必要性を認識せず同化主義的な

政策に固執しているのは大きな問題といわざるを得ない。

外国人学校（韓国学校、中華学校、インドネシア学校東京、日本フィンランド学校、神戸ドイツ学園、ブラジル系の各種学校など）やインターナショナル・スクールなど外国人児童生徒が就学している学校は、日本の公立・私立学校と区別されて各種学校扱いとなっている。海外にある日本人学校が私立学校と認められているケース（ニューヨーク日本人学校、タイ日本人学校、シンガポール日本人学校等）もあるので、私立学校への昇格を検討すべきであろう。あるインターナショナル・スクールの校長と面談した時に、「我々は、日本の私立学校と同じように税金を払っているのに、私立学校として認可されないのは不当である」と苦情を訴えていた。

異文化を尊重する時の具体的な方法としては児童生徒が有する母語を重視し、できるだけその活用を工夫することも大切である。多文化共生を実感させるには、クラスに帰国・外国人児童生徒がいる場合、彼らが身につけている文化を尊重しつつ交流し共同学習することが望まれる。

3）　地方・学校の自由裁量の拡大

画一的教育を脱するには、地方や学校において特色ある多様な教育を工夫実践することが求められる。第1章の「教育行政の将来的展望」で指摘されているように、1998年の中央教育審議会の答申でも「教育行政における国、都道府県及び市町村の役割分担を見直し、学校や地方公共団体の裁量の幅を拡大することが必要であり、……」と述べられていた。

各学校において、地方の歴史・文化、需要にあった外国語（韓国・中国・ポルトガル語など）教育や産業・工芸などを学習する。地方の協力を得つつ異文化交流の体験をもたせる。あるいは、地方在住の専門家（音楽、美術、工芸、体育、外国語など）に教師役を依頼する。保護者に学校授業の補助を依頼する。教科書、副読本、参考書を作成し活用することなどが、考えられる。それらのことは、地方・学校における多文化教育、多文化共生教育の実現につながるであろう。各種の地方住民やボランティアの人々が学校教育へ参加することも有効な方法である。

4） アジア市民・地球市民の育成

　それに日本の教育は、長年、国民教育として行われてきたが、永住外国人や一時滞在外国人の児童生徒、海外の学校で教育を受ける児童生徒が増加してくると、日本国民のみを念頭においた教育で十分なのか再考してみる必要がある。ASEAN や EU に見られるように国家を超えた地域共同体が設立され、国民に加えて ASEAN 市民やヨーロッパ市民の育成が大きな課題となっている。日本が所属する東アジア地域においてすぐに共同体が設立される見込みはないが、地域交流が今後一層盛んになることを考慮すれば、将来に備えてアジア市民、東アジア市民についても検討していく必要があろう。個々人は、地方市民、民族、国民、地域市民、地球市民のような多層的アイデンティティを有しているはずである。そのことを踏まえ、これからは国民教育に限定せず国際社会に開かれ世界とつながる地方市民、アジア共同体のメンバーを意識した地域市民、グローバル社会における地球市民のあり方も考えた教育を確立する必要がある。

○地球市民教育

　グローバル化社会に対応して従来の国民教育、地方市民教育に加え、宇宙船地球号の一員である地球市民の育成を目指す教育。その基本に市民性教育がある。それは、自主的、行動的な市民の育成を目指し、異文化にたいする理解・寛容・尊重、及び人権・環境保全などに配慮しつつ批判的思考力、問題解決能力、民主的社会参加をはかる。この市民性教育を世界の人々に適用し地球市民アイデンティティを自覚させようとするものである。

　かつてハーバード大学教授であった E.O. ライシャワーは、1970 年代の初めに刊行した『地球社会の教育』(1974 年) において、地球上の大きな問題として、貧困と人口増加、飢饉、環境破壊、富裕国と貧困国の経済ギャップなどを指摘しつつ、今後、地球社会にとって大きな問題は科学技術の発展、経済上の摩擦や軍事的安全保障というより国際理解と関連技能の面である、とりわけ、単一的な世界で人類が住み、文明が存続するために必要な世界共同社会の成員としての意識をもつことが重要であると指摘していた。グローバル化が急

速に進展する現代、まさに世界共同社会である地球社会が出現して各地方の出来事が世界の状況とつながり、地球市民教育の必要性を実感させられている。

　オーストラリアでは、「グローバルに考え、ローカルに行動する」というテーマをモットーに多様な地球市民教育が取り組まれている。また、近年、地球的課題である環境、平和、人権、開発とともに民主主義的な政治参加を重視する「持続的開発のための教育（Education For Sustainable Development: ESD）」が開発途上国のみならず先進国においても注目されているが、地球市民教育の内容としても考慮する必要があろう。

注

1　田中圭治郎『多文化教育の世界的潮流』、ナカニシヤ出版、2003年、139～141頁。
2　嶺井明子「国際理解教育―戦後の展開と今日的課題」、天野正治・村田翼夫編著『多文化共生社会の教育』、玉川大学出版部、2001年、92～95頁。
3　日本国際理解教育学会編著『グローバル時代の国際理解教育―実践と理論をつなぐ―』、明石書店、2012年、28～39頁。
4　文部科学省「グローバル化に対応した英語教育改革実施計画」、2014年5月30日閲覧。
5　佐藤郡衛「海外・帰国子女教育―新しい理念の構築に向けて―」、天野正治・村田翼夫編著『多文化共生社会の教育』、玉川大学出版部、2001年、106～111頁。
6　文部科学省初等中等教育局国際教育課「日本語指導が必要な児童生徒の受入れ状況に関する調査（平成26年度）の結果について」、2015年4月、参考欄を含む、5頁。
7　佐藤郡衛『国際理解教育―多文化共生社会の学校づくり―』、明石書店、2001年、141～142頁。
8　在日本朝鮮人権利擁護委員会編『在日朝鮮人人権白書』、朝鮮青年社、1996年、95～96頁。
9　同上、100頁。
10　岸田由美「在日韓国・朝鮮人教育―共生教育的観点からみた発展と課題」、天野正治・村田翼夫編著『多文化共生社会の教育』、玉川大学出版部、2001年、139～141頁。
11　村田翼夫編著『多文化社会に応える地球市民教育―日本・北米・ASEAN・EUのケース』、ミネルヴァ書房、2016年、79～81頁。
12　同上、83～84頁。岡憲司「高校での国際教育の取り組み―ユネスコ活動、模擬国連などを通して―」、『環境と健康』、共和書院、Vol.26 No.4、2013年、404～409頁。

13 タイ教育省基礎教育委員会,"*khun laksana dekthai suu asean radab prathomsuksaa*"（タイ語),（ASEAN に対するタイ人児童の特質―初等教育編), 2011, p.4.
14 村田翼夫編著、前掲書、202 〜 209 頁。
15 大蔵省印刷局編『教育改革に関する答申：臨時教育審議会第一次〜第四次（最終）答申』、大蔵省印刷局、1988 年、7 頁、12 頁、148 頁。
16 栗本一男『国際化時代と日本人―異なるシステムへの対応―』、NHK ブックス、1985 年、202 頁。
17 同上、179 頁。
18 熊谷圭知「グローバル化の中の日本の空間はどう変わるか」、小林誠・熊谷圭知・三浦徹編『グローバル文化学』、法律文化社、2011 年、124 〜 127 頁。
19 佐々木高明『日本文化の多重構造』、小学館、1997 年、319 〜 322 頁。
20 栗本一男、前掲書、210 〜 211 頁。
21 吉村恭二『地球時代の日本人』、築地書館、1990 年、79 頁。
22 京都市教育委員会「京都市立学校外国人教育方針―主として在日韓国・朝鮮人に対する民族差別をなくす教育の推進について」、1992 年 3 月、1 〜 4 頁。
23 佐野通夫『近代日本の教育と朝鮮』、社会評論社、2000 年、161 頁。

●関連文献紹介
①日本国際理解教育学会編著『グローバル時代の国際理解教育―実践と理論をつなぐ―』、明石書店、2012 年

　グローバル化が進展する世界では、地球的課題の顕在化、多文化共生社会の現実化が見られる。その現実から未来社会を見通して多様な人々と創造的な関係を築ける人材を育成する国際理解教育の理論的枠組みと各種の実践例を提示している。モデル・カリキュラムの開発は、多文化社会、グローバル社会、地球的課題、未来への選択を学習領域と設定して分析している点も注目される。

②天野正治・村田翼夫編著『多文化共生社会の教育』、玉川大学出版部、2001 年

　多文化社会においていかに共生教育を実現していくか、いかに国際的、文化的に開かれた社会にしていくかという観点から、各種の教育を分析し教育課題を提起している。日本のケースでは、国際理解教育、海外・帰国子女教育、在日韓国・朝鮮人教育、外国人子女教育、留学生教育などを検討している。外国では、北米、ヨーロッパ諸国、アジア・オセアニア諸国の実例を取り上げている。内容は新しくないが、そこに見られる教育政策、教育実践の方向、あり方は今日でも考慮に値しよう。

③大蔵省印刷局編『教育改革に関する答申：臨時教育審議会第一次〜第四次（最終）答申』、大蔵省印刷局、1988 年

1984年から1987年にかけて審議された臨時教育審議会の答申をまとめている。それは、第1次答申（1985年）から第4次答申（1987年）までの答申結果全体を含めている。それらの答申において、学歴社会の弊害、生涯学習体系への移行などと並んで個性重視の原則の確立（第4次答申）が提示された。その内容は、教育の自由化により、画一化、硬直化、閉鎖性を打破して個人の尊厳、自由・規律、自己責任の原則を確立しようとするものであった。

第4章　日本型インクルーシブ教育システムの構築

井坂行男

本章のねらい

　本章では、我が国の障がいや教育的ニーズのある子どもたちにたいする特別支援教育の現状を踏まえ、2013年（平成25年）9月の学校教育法施行令の一部改正による認定特別支援学校就学制度にもとづく「インクルーシブ教育システム」の開始と、この教育システム構築に向けた制度設計や特別支援教育の推進について検討する。

　我が国は2007年（平成19年）に、従来の特殊教育体制から特別支援教育体制へと移行した。特別支援教育では新たに通常の学級で学ぶ発達障がい児の教育支援を実施するとともに個別の教育支援計画の作成活用、特別支援教育コーディネーターの指名、広域特別支援連携協議会の開催等の新たな制度が構築された。また、特殊教育諸学校は特別支援学校になり、通常の学校での特別支援教育を推進するための地域の特別支援教育センターの役割も担うことになった。

　さらに、2006年（平成18年）12月の国連総会で採択された「障害者の権利に関する条約」締結に向け、内閣府に「障がい者制度改革推進本部」が設置された。条約締結に向けた障がい児教育政策として、障がいのある子どもとない子どもが同じ場でともに学ぶことを原則とするインクルーシブ教育制度を構築することが改革の一環として求められた。

　2012年（平成24年）7月の「共生社会の形成に向けたインクルーシブ教育システム構築のための特別支援教育の推進（報告）」に基づいて、我が国の障がいや教育的ニーズのある子どもたちの教育のあり方を展望する。

1 特別支援教育の現状と課題

(1) 特殊教育体制時の障がい児教育について

　特殊教育体制時の盲・聾学校は6・3制義務教育の導入により、1948年度（昭和23年度）から学年進行で小・中学部の義務制が実施され、1956年（昭和31年）には完全実施となった。この義務制実施は憲法や教育基本法における教育の機会均等の理念の具現化であり、盲・聾教育関係者の願いやアメリカ教育使節団報告にも特殊教育に関する記述がなされたことなどによる。そして、1956年（昭和31年）には従来の養護学校（知的障がい、肢体不自由、病弱）の義務教育化に向けて「公立養護学校整備特別措置法」が制定されて、1973年（昭和48年）に「学校教育法中養護学校の就学義務及び養護学校の設置義務に関する部分の施行期日を定める政令」に基づき、1979年（昭和54年）から養護学校の義務制が実施されることになった。また、この間の1957年（昭和32年）には盲学校・聾学校小・中学部学習指導要領が、1963年（昭和38年）には養護学校小学部学習指導要領が作成され、特殊教育諸学校の教育の目標や内容が学習指導要領に示された。この学習指導要領の公布によって、特殊教育諸学校の教育課程編成の基準が明確にされるとともに、特殊教育諸学校の教育振興と水準確保が目指された。

　そして、養護学校の義務制実施は重度重複障がい児を含むすべての学齢児童生徒の完全就学という我が国独自の義務教育制度が確立された。文部科学省の「平成26年度特別支援教育資料」(2014)[1]によると、障がいを理由とする就学猶予及び免除は学齢期の全児童生徒数10,193,001人中48人（0.0005％）となっている。その一方で、特殊教育の発展は通常の教育と特殊教育との完全分離を促進することになった。つまり、通常の学級での教育と特殊学級及び特殊教育諸学校での教育が分離するとともに、障がい児の教育は特別の場で実践され、障がい種ごとの専門性の充実を目指していくことになった。

　1947年（昭和22年）の「学校教育法」に規定された特殊学級は、通常の学校に就学して教育を受ける障がい児のために設置された特殊教育の場で

あり、この学級の整備は 1960（昭和 30）年代から開始され、通常の学校の特殊学級は軽度の障がいのある子どもたちにとって、非常に重要な学びの場として発展した。さらに、1960 年代後半からは言語障がい及び難聴の特殊学級ではその障がい特性に基づいて、これらの学級で主な指導を受けながら、一部の指導は通常の学級でともに指導を受けるという学習形態（交流）が実践されていた。また、言語障がい、難聴、弱視、情緒障がいのある児童生徒等は通常の学級に在籍しながら、必要に応じてこれらの学級でも指導を受ける形態（通級）も実践されていた。

　文部省（当時）はこれらの実態も踏まえ、1993 年（平成 5 年）に通級による指導を制度化した。小学校学習指導要領解説の総則編[2]には、通級による指導は「小学校の通常の学級に在籍している軽度の障がいのある児童にたいして、主として各教科等の指導を通常の学級で行いながら、当該児童の障がいに応じた特別の指導を特別の指導の場（通級指導教室）で行う教育形態である」と述べられている。つまり、この通級による指導の制度化は障がいが比較的軽度な児童生徒が通常の学級に学籍を置きながら、必要に応じて、通級指導教室や特殊学級等で、障がいを改善克服するための自立活動や教科補充の指導を受けることを可能にしたといえる。また、通級による指導の制度化は教育現場の実践を追認する形ではあったが、完全に分離していた通常の教育と特殊教育の連携の開始であった。通級による指導を受けている児童生徒は、1993 年度（平成 5 年度）の 16,700 人から、2014 年度（平成 26 年度）には 83,750 人に増加している。1993 年度の通級による指導の対象者は言語障がい者、情緒障がい者、難聴者、弱視者、肢体不自由者、病弱者及び身体虚弱者であったが、2006 年度からは学習障がい者、注意欠如多動性障がい者が対象に加わった。

　文部省（当時）は 1999 年（平成 11 年）に、通常の学級に在籍する学習障がい及びこれに類する学習上の困難を有する児童生徒にたいする定義や判断基準、指導方法を調査研究協力者会議報告としてまとめた。この報告によって、以前から通常の学級に在籍していた全般的な知的発達に遅れのない学習障がい児にたいする教育を目指した。つまり、通常の学級で学ぶ学習

上の困難という特別な教育的ニーズのある児童生徒への教育対応を、我が国では新たな障がい領域と位置づけ、その対象児への教育支援を開始することとなった。

また、2002年（平成14年）の学校教育法施行令の改正[3]は社会のノーマライゼーションの進展や教育の地方分権の観点から就学指導のあり方を見直した結果であった。特殊教育諸学校・特殊学級・通級による指導の就学基準の改正が、医学や科学技術の進歩を踏まえて実施され、障がいのある児童生徒の就学は最もふさわしい教育を行うという視点に立ち、教育学、医学、心理学等の専門家の意見に基づいて総合的かつ慎重に行うことになった。

さらに、文部科学省は2002年（平成14年）4月に特殊教育諸学校等の就学基準に該当する児童生徒が小・中学校で適切な教育を受けることができる特別の事情があると市町村教育委員会が認める者を「認定就学者」として、小・中学校に就学できる制度も導入した。2003年度（平成15年度）の認定就学者数は1,280人で、2008年度（平成20年度）では2,561人であった。これらの制度構築や改正は、通常の学級ですでに学んでいる障がいや教育的ニーズのある児童生徒にたいする教育的対応でもあるが、通常の学級での特殊教育の実践とその充実でもあった。

2000年代（平成10年代）初頭は通常の教育と特殊教育の分離形態から、通常の学級に在籍する障がいの比較的軽度な児童生徒や学習障がいのある児童生徒にたいする教育的対応の必要性に基づき、さらに、上記の認定就学制度の確立によって、通常の学級でも障がいのある児童生徒のための特殊教育を実施するための制度改正が漸次展開実施されたといえる。そして、通常の学校での特殊教育の実践が制度的にも徐々に確立し、これらの教育の連携協力がより求められるようになった。ノーマライゼーションの理念や医学や科学技術の進歩等に基づく、通常の学級での特殊教育の実践や充実は通常の学校教育の改革を迫るものであった。しかし、通常の学校での特殊教育の実践の充実には、当然、特殊教育に対応できる教員の配置が必要であるが、文部科学省の「平成26年度特別支援教育資料」(2014)[4]によれば、特別支援学級担当教諭の特別支援学校教諭免許状の所持率は2014年度（平

成26年度）で30.5％（小学校：32.4％、中学校：26.4％）であった。この傾向は10年以上前から変わっていない。これらの人的配置に関する課題を解決するためには、新たな取り組みや制度設計が必要であることを示している。

(2) 特別支援教育体制への制度変更について

2000年代（平成10年代）初めに、文部科学省は通常の学級に在籍する障がいの比較的軽度な児童生徒への対応策を検討しながら、21世紀の特殊教育のあり方についての議論も展開した。2001年（平成13年）1月には「21世紀の特殊教育の在り方について～一人ひとりのニーズに応じた特別な支援の在り方について～（最終報告）」[5]をまとめた。この最終報告では就学指導のあり方の改善、特別な教育的支援を必要とする児童生徒への対応、特殊教育の改善・充実のための条件整備等についての方向性が示された。また、文部省は2001年（平成13年）の中央省庁再編で、文部科学省に名称変更されるとともに、特殊教育課も特別支援教育課に変更された。

そして、2003年（平成15年）3月には「今後の特別支援教育の在り方について（最終報告）」[6]がまとめられた。最終報告のポイントの「現状認識」の④には、「教育の方法論として、障がいのある児童生徒一人ひとりの教育的ニーズを専門家や保護者の意見を基に正確に把握して、自立や社会参加を支援するという考え方への転換が求められている」と述べられている。さらに、「基本的方向と取り組み」には「障害の程度等に応じ特別の場で指導を行う『特殊教育』から障害のある児童生徒一人ひとりの教育的ニーズに応じて適切な教育的支援を行う『特別支援教育』への転換をはかる」ことが示された。そして、特別支援教育は「従来の特殊教育の対象の障害だけでなく、LD、ADHD、高機能自閉症を含めて障害のある児童生徒の自立や社会参加に向けて、その一人ひとりの教育的ニーズを把握して、その持てる力を高め、生活や学習上の困難を改善又は克服するために、適切な教育や指導を通じて必要な支援を行うものである」との基本的な考え方も示された。

徳永は特別な教育的ニーズという概念はイギリスのウォーノック報告で提唱され、1981年教育法では障がい児を「特別な教育的ニーズ（Special

Educational Needs ; SEN)」のある子どもとした[7]。さらに、1996年教育法では「『特別な教育的手だて』を必要とするほど、『学習における困難さ』があるならば、その子どもは、『学習における困難さ』をもつとする」と規定されたと報告している。また、徳永はこの「特別な教育的ニーズ」という概念が導入された背景には、「法的な枠組みからはずれていた子どもへの対応」と「インテグレーションへの準備」という意義があったと述べている[8]。我が国では関連領域のニーズと教育的なニーズを区別し、学校はこの教育的ニーズに基づいて、自立や社会参加を支援するための教育実践に取り組むということが強調された。また、特別支援教育体制への移行にともなう教育方法論に関する変更として、従来の指導的方法論ではなく、一人ひとりの教育的ニーズに基づいて、適切な指導と必要な支援を実践する支援的方法論への転換も求められた。

そして、上述の「今後の特別支援教育の在り方について（最終報告）」[9]には、特別支援教育体制を構築するための新たな3つの仕組みが示された。

まず、多様なニーズに適切に対応するための仕組みであり、障がいのある児童生徒を生涯にわたって支援するために、医療・福祉・労働等の関係諸機関との連携のツールとして、「個別の教育支援計画」を作成活用することが求められた。この「個別の教育支援計画」には、本人や保護者の願い、教育上の適切な指導や必要な支援の内容及び関連諸機関の支援内容、地域生活や余暇等についても記載される。次に、校内で、あるいは関係諸機関との連絡調整役として、保護者にたいする対応の窓口として、特別支援教育に関する支援を実践する教員であり、キーパーソンである「特別支援教育コーディネーター」を各学校で指名することになった。さらに、地域における総合的な教育支援のための教育・医療・福祉・労働等の関係諸機関の連携協力を確保するための仕組みで、質の高い教育支援を支えるネットワークとしての「広域特別支援連携協議会」も開催することになった。また、通常の学校でも開始される特別支援教育を推進するために、特殊教育諸学校は地域の特別支援教育センターの役割を担うことが求められた。

このような個別の教育計画の作成は、1975年に制定されたアメリカの

「全障害児教育法」による「個別教育計画（IEP）」の導入を参考にしながら、1999年（平成11年）の盲学校・聾学校及び養護学校小・中学部学習指導要領には「個別の指導計画」を作成することがすでに義務づけられていた。また、「障害者基本計画」でも「個別の支援計画」を策定することが求められた。文部科学省はこの2つの個別の教育計画の関係を関係諸機関との連携をはかるための長期的な視点に立った計画である「個別の教育支援計画」の作成に基づいて、指導を行うための詳細で具体的な指導の計画である「個別の指導計画」を作成活用することとした。

また、特別支援教育コーディネーターはイギリスの特別な教育的ニーズ・コーディネーターがモデルとなっている。この特別な教育的ニーズ・コーディネーターは各学校に配置され、アシスタント教員とともに、対象児の支援を実践している。

このように、特殊教育体制から特別支援教育体制への移行は文部科学省による通常の学校における障がいや教育的ニーズのある子どもたちにたいする教育支援の充実のための制度改革であったが、福祉施策とも密接に関連させながら障がい者にたいする一生涯にわたる支援の一環としての教育サービスの提供プランでもあった。

そして、2007年（平成19年）4月施行の「学校教育法等の一部を改正する法律（平成18年法律第80号）」[10]によって、障がいのある児童生徒の教育を特別な場で行う特殊教育体制から児童生徒の特別な教育的ニーズに基づく適切な指導と必要な支援を行う特別支援教育体制へと障がい児の教育制度の改正が行われた。この制度改正は、我が国のすべての学校において、障がいや教育的ニーズのある児童生徒の教育支援を実施するための制度構築であり、誰もが相互に人格と個性を尊重し支え合う共生社会の形成を目指す我が国において、とても重要な意味のある教育制度の改革であったといえる。

この特別支援教育体制は通常の学級に在籍する約6.5％の発達障がいのある児童生徒への支援であるとともに、特別支援学校の重度・重複化への対応も含め障がいや教育的ニーズのある子どもたちの支援の充実のための関係諸機関との連携、そして、すべての通常の学校で特別支援教育を推進して

いくための特別支援学校のセンター的機能の提供による特別支援学校と通常の学校における総合的な連携支援制度の構築を目指した。

(3) 特別支援教育の現状について

我が国の特別支援教育体制開始時の 2007 年（平成 19 年）の現状とインクルーシブ教育システム開始後の 2014 年（平成 26 年）の現状を文部科学省の「特別支援教育資料（2014 年度）」[11]に基づいて、推移を比較する。

特別支援学校は、2007 年（平成 19 年）5 月の 1,013 校（108,173 人）から 2014 年（平成 26 年）5 月の 1,096 校（135,617 人）へと増加している。また、2014 年 5 月の特別支援学校小・中学部全児童生徒数 68,661 人中 25,896 人（37.7 %）が重複学級在籍者数で、2,187 人（3.2 %）が訪問教育の対象者である。

小・中学校の特別支援学級も 2007 年（平成 19 年）5 月の 37,941 学級（113,377 人）から 2014 年（平成 26 年）5 月の 52,052 学級（187,100 人）へと増加しており、小・中学校の通級による指導を受けている児童生徒数も同様に 2007 年（平成 19 年）5 月の 45,240 人から 2014 年 5 月の 83,750 人へと増加している。

これらの結果からみれば、特別支援学校、特別支援学級、通級による指導を受けている児童生徒数は、特別支援教育体制へ移行した 2007 年度（平成 19 年度）からインクルーシブ教育システムが実質的に開始された 2014 年度にかけて増加している。とくに、特別支援学級や通級による指導を選択する児童生徒の増加が著しい。つまり、特別支援教育の充実にともなって、通常の学校で、特別支援学級での指導や通級による指導を受ける障がいや教育的ニーズのある児童生徒が増加している現状にあるといえよう。

また、文部科学省では特別支援教育体制の整備状況として、校内の特別支援教育を推進するための校内委員会の設置状況やその開催回数、実態把握の実施状況、特別支援教育コーディネーターの指名及び連絡調整等の実施状況、個別の指導計画の作成状況、個別の教育支援計画の作成状況、巡回相談員の活用状況、専門家チームの活用状況、特別支援教育に関する教員研修の受講状況の 8 項目について、特別支援教育体制に移行した 2007 年

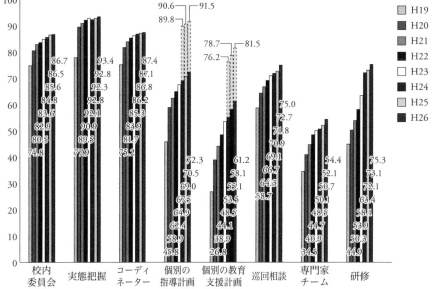

図4−1　特別支援教育体制整備状況における全国集計の年度別推移

文部科学省『平成26年度特別支援教育体制整備状況調査　調査結果』(2015年)

度（平成19年度）からの調査結果を報告している。この特別支援教育体制整備状況調査の年度別推移に関する項目別実施率に関する全国集計グラフ（2007年度〜2014年度）」[12]を**図4−1**に掲載した。

　校内委員会は校内での特別支援教育を推進するために設置され、校長、教頭、教務主任、特別支援教育コーディネーター、生徒指導主事、学年主任、特別支援学級担当、養護教諭、対象幼児児童生徒の学級担任等の関係者によって構成される委員会である。また、専門家チームは教育委員会関係者や教員、心理学の専門家や医師等の専門的な知識を有するメンバーによって構成され、各学校にたいして、特別支援教育に関する専門的な意見や助言を提供する役割を担っている。

　これらの結果から、校内委員会の設置、実態把握、特別支援教育コーディネーターの指名等に関する校内での特別支援教育の基盤となる支援体制は

全国の学校で整備されつつあることが分かる。また、個別の指導計画や個別の教育支援計画の作成活用状況も対象となる児童生徒が在籍している学校ではこれらの個別の教育計画に関する取り組みが着実に進んでいることも確認できる。しかし、教員研修の実施は 2014 年の結果でも 75.3 % を示して、管理職のみの研修受講率でも 86.3 % である。また、これらの整備状況を校種別に分析した結果では小・中学校に比較して、幼稚園・高等学校では実施率が低く、整備がやや遅れている。

　教員の特別支援教育に関する研修は、特別支援教育の実践そのものにかかわる。研修の受講率が低いということは、特別支援教育を推進していく上での大きな課題である。つまり、特別支援教育に関する基礎的な知識や技能がない通常の学級の教員には障がいや教育的なニーズのある児童生徒にたいする適切な教育支援は難しいであろう。教員の特別支援教育に関する資質の向上は特別支援教育の理念を教育制度の面から支えるとともに、障がいや教育的なニーズのある児童生徒にたいする直接的な教育実践としての適切な指導と必要な支援の充実にかかわる。また、障がいのない児童生徒にたいするインクルーシブ教育システム構築において必要な障がい理解教育を推進する上でも、教員の特別支援教育の知識や技能の向上は非常に重要な課題である。

2　インクルーシブ教育システムの構築

(1) 障がい者制度改革に基づくインクルーシブ教育システム構築に関する議論の過程

　我が国のインクルーシブ教育システムの構築は、2006 年（平成 18 年）12 月の国連総会で採択された「障害者の権利に関する条約」[13] の締結に向けた障がい者制度改革の一環であった。内閣府は、2009 年（平成 21 年）12 月に「障害者の権利に関する条約」の締結に必要な国内法の整備及び障がい者制度改革に関する議論を集中的に実施するために「障がい者制度改革推進本部」[14] を設置し、同推進会議を開催した。2010 年（平成 22 年）6 月には「障害者制度改革の推進のための基本的な方向（第一次意見）」[15] が出され、教育

分野は、「障害の有無にかかわらず共に教育を受けられる制度（インクルーシブ教育）の基本的方向」を 2010 年度（平成 22 年度）中に結論を得るべく議論を進めることが求められた。同年 12 月の第二次意見[16]での教育分野の基本的施策として「インクルーシブな教育制度の構築（障害のある子とない子が同じ場でともに学ぶことを原則）、就学先の決定は本人・保護者の意思に反しないことを原則、障害のある子どもに合理的配慮や必要な支援の提供」などが示された。2011 年（平成 23 年）8 月には「障害者基本法」も改正され、第 16 条教育には「可能な限り障害者である児童及び生徒が障害者でない児童及び生徒と共に教育を受けられるよう配慮すること」も規定された。

文部科学省は「中央教育審議会初等中等教育分科会」に「特別支援教育の在り方に関する特別委員会」を設置し、2012 年（平成 24 年）7 月に同委員会が「共生社会の形成に向けたインクルーシブ教育システム構築のための特別支援教育の推進（報告）」[17]をまとめた。この報告では、共生社会の形成に向けた取り組み、就学相談・就学先決定のあり方、合理的配慮及びその基礎となる環境整備、多様な学びの場の整備と学校間連携、教職員の専門性の向上の 5 つの項目に関する報告がなされた。また、2012 年 2 月には特別委員会の合理的配慮等環境整備検討ワーキンググループ報告[18]もまとめられ、学校における合理的配慮の観点と障がい種別ごとの具体的な合理的配慮の事例も示された。

さらに、文部科学省は 2013 年（平成 25 年）9 月施行の学校教育法施行令の一部改正について（通知）(25 文科初第 655 号)[19]によって、従来の認定就学制度を改め、当該市町村教育委員会が特別支援学校に就学させることが適当であると認める者を認定特別支援学校就学者とする制度に変更して、原則、すべての子どもたちが通常の学級に学籍を置くインクルーシブ教育システムを開始した。

そして、我が国が 2007 年（平成 19 年）9 月に署名した国連の「障害者の権利に関する条約」[20]は、2013 年末に両院本会議で条約締結が承認され、翌 2014 年 1 月には批准書を国連に寄託し、世界で 140 番目の締結国になった。

このように、我が国のインクルーシブ教育システムの構築は国連の「障害

者の権利に関する条約」締結のための共生社会の形成に向けた国内の障がい者制度改革に関する議論とともに実施された。

(2) 我が国のインクルーシブ教育システムの概要

　文部科学省は内閣府の「障がい者制度改革推進会議」[21]によって、インクルーシブ教育システムの構築を求められ、これに対処すべく障がい児の自立や社会参加に向け、一人ひとりの障がいの状態や教育的ニーズに応じた適切な指導や必要な支援を実践する特別支援教育を充実推進するとともに、障がい児とそうでない者が可能な限りともに学ぶ仕組みであるインクルーシブ教育システム構築に取り組んだ。また、この教育システムに必要なことは障がい児が一般的な教育制度から排除されないこと、必要な教育環境が整備されること、個々に必要とされる適当な変更や調整が提供されるべきことを提案した。そして、上述の特別委員会報告[22]では、我が国が目指す共生社会とは「これまで必ずしも十分に社会参加できるような環境になかった障害者等が、積極的に参加・貢献していくことができる社会である。それは、誰もが相互に人格と個性を尊重し支え合い、人々の多様な在り方を相互に認め合える全員参加型の社会である」と定義づけた。また、インクルーシブ教育は、「人間の多様性の尊重等の強化、障害者が精神的及び身体的な能力等を可能な最大限度まで発達させ、自由な社会に効果的に参加することを可能とするとの目的の下、障害のある者と障害のない者がともに学ぶ仕組みであり、障害のある者が教育制度一般から排除されないこと、自己の生活する地域において初等中等教育の機会が与えられること、個人に必要な『合理的配慮』が提供される等が必要とされている」と述べられた。さらに、「それぞれの子どもが、授業内容が分かり学習活動に参加している実感・達成感をもちながら、充実した時間を過ごしつつ、生きる力を身につけていけるかどうか、これが最も本質的な視点であり、そのための環境整備が必要である」とまとめた。我が国のインクルーシブ教育は、ともに学ぶ子どもたちの授業内容の理解と学習活動への参加によって、生きる力を身につけられる教育を目指すことが示された。つまり、このインクルーシブ教育の理念を実現できるシス

テムの構築が最も重要な課題であるといえる。

　また、このインクルーシブ教育システムは段階的に整備することとし、就学相談・就学先決定のあり方に係る制度改革の実施、教職員の研修等の充実、当面必要な環境整備の実施、「合理的配慮」の充実のための取り組み、それらに必要な財源を確保して順次実施するというすでに取り組みの終了した条約締結までの短期施策と、条約締結後の10年間程度を対象とする中長期施策に分けられた。そして、中長期施策は短期施策の進捗状況を踏まえ、追加的な環境整備や教職員の専門性向上のための方策検討や条約の理念が目指す共生社会の形成に向けてインクルーシブ教育システム構築を目指すとした。この点では短期施策の実施によって、システムそのものの基盤は構築されたということになる。

1）　就学相談・就学先決定

　就学先決定は、「障がい者制度改革推進会議」[23]の第二次意見にも記載されたように、本人・保護者の意思に反しないことを原則とする制度に変更す

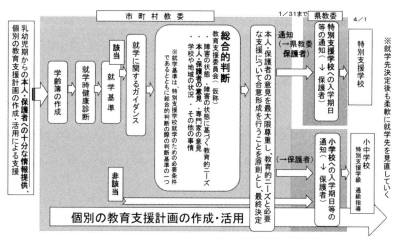

（※　文部科学省の資料に基づいて、筆者が作成。）

図4－2　障がいのある児童生徒の就学先決定について

文部科学省『共生社会の形成に向けたインクルーシブ教育システム構築のための特別支援教育の推進（報告）』（2012年）

ることが求められた。前頁の**図4－2**に示されたように、就学先決定は本人・保護者の意見を最大限に尊重して、教育支援委員会（仮称）による総合的判断に基づくことや本人や保護者にたいする乳幼児期からの十分な情報提供による障がい理解を促進して、個別の教育支援計画の作成活用による支援を行うことが考えられた。また、就学先決定後も柔軟に就学先を見直していくことも加えられた。

2) 連続性のある多様な学びの場

我が国のインクルーシブ教育システムは、同じ場でともに学ぶことを追求するとともに、一人ひとりの個別の教育的ニーズに最も的確に応える指導を提供できる多様で柔軟な仕組みとして、連続性のある「多様な学びの場」が必要であるとされた。この仕組みは障がいや教育的なニーズに起因するより大きな課題を解決するための教育の場として、「自宅・病院における訪問学級」「特別支援学校」「特別支援学級」「通級による指導」を柔軟に選択し、課題が解決して通常の学級での教育を選択した場合でも実態に応じて、段階的に専門家の支援が配置され、「専門スタッフを配置して通常の学級」「専門家の助言を受けながら通常の学級」「ほとんどの問題を通常の学級で対応」というように、それぞれの場でより的確な指導が受けられるような仕組みが考えられた。

また、多様な学びの場の整備の1つとして、公立義務教育諸学校には定数の教職員に加えて、特別支援教育支援員の充実、さらにはスクールカウンセラー、スクールソーシャルワーカー、ST（言語聴覚士）、OT（作業療法士）、PT（理学療法士）等の専門家の活用をはかることにより、障がいのある子どもへの支援を充実させることが求められた。また、医療的ケアの観点からの看護師等の専門家についても、必要に応じ確保していく必要があるとされた。

3) 基礎的環境整備と合理的配慮

同報告[24]では「障害者の権利に関する条約」[25]第2条に基づいて、合理的配慮とは、「障害のある子どもが、他の子どもと平等に『教育を受ける権

利』を享有・行使することを確保するために、学校の設置者及び学校が必要かつ適当な変更・調整を行うことであり、障害のある子どもにたいし、その状況に応じて、学校教育を受ける場合に個別に必要とされるもの」で「学校の設置者及び学校にたいして、体制面、財政面において、均衡を失した又は過度の負担を課さないもの」とした。そして、国や都道府県、市町村による教育環境の整備は基礎的環境整備とし、これを基に設置者及び学校が各学校で障がいのある子どもにたいして合理的配慮を提供することとなった。

　この合理的配慮は新しい概念であることから、文部科学省は合理的配慮に関するワーキンググループを設置した。その報告[26]には視覚障がい、聴覚障がい、知的障がい、肢体不自由、病弱、言語障がい、自閉症・情緒障がい、学習障がい、注意欠如多動性障がいごとに3観点11項目にわたる合理的配慮の具体的な事例が示された。1つ目の観点として「教育内容・方法」は、教育内容（学習上又は生活上の困難を改善・克服するための配慮、学習内容の変更・調整の2項目）と教育方法（情報・コミュニケーション及び教材の配慮、学習機会や体験の確保、心理面・健康面の配慮の3項目）があげられた。2つ目の観点の「支援体制」は、専門性のある指導体制の整備、幼児児童生徒・教職員・保護者・地域の理解啓発をはかるための配慮、災害時等の支援体制の整備の3項目で、3つ目の観点の「施設設備」も校内環境のバリアフリー化、発達・障がいの状態及び特性等に応じた指導ができる施設・設備の配慮、災害時等への対応に必要な施設・設備の配慮の3項目について、障がいごとの具体的な配慮事例がまとめられた。

　同委員会の報告[27]には、合理的配慮を行う前提として学校教育に求めるものとしての6つの教育が示された。「(ア)障害のある子どもと障害のない子どもが共に学び共に育つ理念を共有する教育、(イ)一人ひとりの状態を把握し、一人ひとりの能力の最大限の伸長をはかる教育（確かな学力の育成を含む）、(ウ)健康状態の維持・改善を図り、生涯にわたる健康の基盤をつくる教育、(エ)コミュニケーション及び人との関わりを広げる教育、(オ)自己理解を深め自立し社会参加することを目指した教育、(カ)自己肯定感を高めていく教育」という観点から、ともに学ぶために個人に必要な合理的配慮の提

供を考慮することが示された。

さらに、基礎的環境整備として求められる観点として、①ネットワークの形成・連続性のある多様な学びの場の活用、②専門性のある指導体制の確保、③個別の教育支援計画や個別の指導計画の作成等による指導、④教材の確保、⑤施設・設備の整備、⑥専門性のある教員、支援員等の人的配置、⑦個に応じた指導や学びの場の設定等による特別な指導、⑧交流及び共同学習の推進という8観点が示された。また、同報告[28]にはこれらについての現状と課題もまとめられている。

このように、合理的配慮の提供の前提となる条件と基礎的環境整備の観点が示されたことで、合理的配慮の提供の意味がより明確になったが、体制面や財政面において、均衡を失した又は過度の負担を課さないものということから、これらの規定が不提供の理由にならないように、各学校には財政面の配慮が必要となろう。

4) 地域内の教育資源の組合せ

また、地域内の教育資源の組合せ（スクールクラスター）により、地域内のすべての子ども一人ひとりの教育的ニーズに応えられる各地域におけるインクルーシブ教育システムを構築することが必要であり、その具体例として、次頁の図4−3のような地域の学校間連携のモデルが示された。

これまでの特別支援教育の展開の中で、特別支援学校は小・中学校等の教員への支援機能、特別支援教育に関する相談・情報提供機能、障がいのある児童生徒等への指導・支援機能、関係機関との連絡・調整機能、小・中学校等の教員にたいする研修協力機能、障がいのある児童生徒等への施設設備等の提供機能といったセンター的機能を充実発展させて、通常の学校を支援してきているが、今後は、さらに、地域内の教育資源の組合せ（スクールクラスター）の中でのコーディネート機能も発揮することが求められた。

5) インクルーシブ教育システム構築支援データベース等

独立行政法人国立特別支援教育総合研究所[29]は、2014年（平成26年）7

第4章 日本型インクルーシブ教育システムの構築

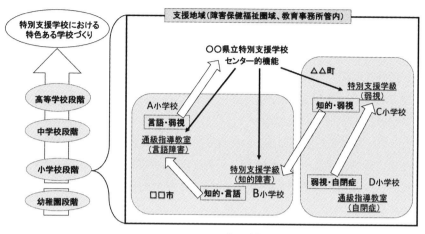

図4－3　地域内の教育資源の組合せ（スクールクラスター）のイメージ
（一部筆者改変）　出典は図4-2に同じ。

月からインクルーシブ教育システムに関連する法令や施策、関連用語の解説等の基礎的な情報、諸外国の障がいのある子どもの教育に関する情報、合理的配慮の実践事例データベースを掲載し、特別支援教育関係者に向けた理解啓発や具体的な教育支援に関する取り組みに資する情報の提供を開始している。

また、上述の特別委員会報告[30]では、特別支援教室構想、特別支援学校ネットワーク、教職員の研修、特別支援教育コーディネーターの研修や特別支援教育支援員の研修、教職員への障がいのある者の採用・配置等にも言及がなされ、我が国における独自なインクルーシブ教育システム構築のための詳細な検討がなされたといえる。

6）「障害者差別解消法」の施行

インクルーシブ教育システム構築は、共生社会の形成に向けた取り組みであり、関連法の整備も進められた。障がいを理由とする差別の解消を推進す

ることを目的として、2013年（平成25年）6月には「障害を理由とする差別の解消の推進に関する法律」（「障害者差別解消法」）が制定され、2016年（平成28年）4月から施行される。この差別解消法の施行にともなって、不当な差別的な取扱いと合理的配慮の不提供が禁止され、公立学校においては合理的配慮の提供が法的義務になるとともに合理的配慮が提供されない場合は差別と見なされることになった。

　この「障害者差別解消法」の施行は公立学校で学ぶ障がい児への合理的配慮の提供を促進する役割を担い、各学校は合理的配慮の提供に関する本人及び保護者との合意形成を行うとともに、その内容を個別の教育支援計画に記載することになる。

(3) インクルーシブ教育システム構築の今後の課題

　イギリスやフランス、イタリア、カナダ等においても、インクルーシブ教育の理念の実現に向けた取り組みはシステム構築に関する課題を抱えながら、漸進的にシステム設計が模索されつつある。我が国では、2007年度（平成19年度）に特別支援教育体制へ移行した7年後の2014年度（平成26年度）からインクルーシブ教育システムが実施された。この間、1993年度（平成5年度）の通級による指導の制度化、2002年（平成14年）の認定就学制度、そして、特別支援教育体制への移行によって、徐々に通常の学級での障がいや教育的ニーズにある子どもたちの教育支援が拡充してきた。しかし、インクルーシブ教育システムは通常の学級で、さまざまな障がいや教育的ニーズのある子どもたちが、さらに、その障がいの程度も軽度から最重度までの子どもたちが障がいのない子どもたちとともに学ぶためのものである。そのために、日々の授業を担当する教員はさまざまな障がいにたいする理解や支援技術を身に付けなければならない。また、ユニバーサルデザインの視点を有する授業の実践力の向上も求められる。我が国のインクルーシブ教育の本質は、ともに学び合う子どもたちが学習活動に参加し、授業内容を理解して、生きる力を身につけられる教育を目指すことにある。基礎的環境整備と合理的配慮の提供によって、生きる力を身につけられる教育が実践できているの

かの評価及び改善も求められる。さらに、実際の教育現場では障がいのある子どもたちばかりでなく、多様な教育的ニーズのある子どもたちへの教育支援も併せて、実践していく必要がある。

また、基礎的環境整備として示された8観点及び合理的配慮としての3観点11項目の実施については、それぞれ、国・都道府県・市町村に加えて各学校での積極的な取り組みが求められる。さらに、社会的障壁として、配慮すべき障がいのある子どもたちに分かりにくい校内の決まりや障がいのある子どもたちの存在を考慮していない慣習や偏見などの観念についても、学校の教育の中から取り除いていくという試みも求められる。

このインクルーシブ教育の理念を実現するための教育システムは、各学校での実践が蓄積され、システム改善に対処することで、ともに学び合うためのよりよいシステムのあり方が明確になると思われる。つまり、インクルーシブ教育の理念、システム、実践という3つの側面から、多様な教育的ニー

○特別支援教育コーディネーター

イギリスの小学校及び中学校を訪問した時に、特別な教育的ニーズ・コーディネーター（SENCO）や教頭先生と面談する機会があった。小学校の特別な教育的ニーズ・コーディネーターは校内の支援体制の整備や特別な教育的ニーズのある子どもたちの支援の調整、個別教育計画の作成活用、保護者との面談等の業務に従事しているとの説明があった。そして、教室には特別支援教育のアシスタント教員が配置され、担任教員と連携しながら、対象児童の教育支援に取り組んでいた。また、中学校の教頭先生は特別な教育的ニーズ・コーディネーターは非常に重要なキーパーソンだが、各教員が特別な教育的ニーズに対応できる知識と技能を有することは必須のことであると力説して下さった。

インクルーシブ教育システムの構築に取り組んでいる我が国でも特別支援教育コーディネーターの養成、教員にたいする特別支援教育の研修、特別支援教育支援員の研修等の人的配慮に関する取り組みの充実は特別支援教育の推進とインクルーシブ教育システム構築において、とても重要なものであることを実感した。

ズのある子どもたちがともに学び合うという、我が国独自の教育システム構築の検証結果そのものからの検討が必要であろう。

注

1 文部科学省『特別支援教育資料（平成 26 年度）』、2014 年。
 http://www.mext.go.jp/a_menu/shotou/tokubetu/material/1358539.htm
2 文部科学省『小学校学習指導要領解説　総則編』、2008 年。
 http://www.mext.go.jp/component/a_menu/education/micro_detail/__icsFiles/afieldfile/2009/06/16/1234931_001.pdf
3 文部科学省「障害のある児童生徒の就学について（文科初第 291 号）文部科学省初等中等教育局長通知」、2002 年。
 http://www.mext.go.jp/b_menu/hakusho/nc/t20020527001/t20020527001.html
4 注 1 と同じ。
5 文部科学省『21 世紀の特殊教育の在り方について〜一人一人のニーズに応じた特別な支援の在り方について〜（最終報告）』、2001 年。
 http://www.mext.go.jp/b_menu/shingi/chousa/shotou/006/toushin/010102.htm
6 文部科学省『今後の特別支援教育の在り方について（最終報告）』、2003 年。
 http://www.mext.go.jp/b_menu/shingi/chousa/shotou/018/toushin/030301.htm
7 徳永豊「『特別な教育的ニーズ』の概念と特殊教育の展開―英国における概念の変遷と我が国における意義について―」、『国立特別支援教育総合研究所紀要』第 32 巻、2005 年、57 〜 66 頁。
 https://www.nise.go.jp/kenshuka/josa/kankobutsu/kiyo32/A-32_05.pdf
8 同上。
9 注 6 と同じ。
10 文部科学省「学校教育法等の一部を改正する法律（平成 18 年法律第 80 号）」
 http://www.mext.go.jp/b_menu/hakusho/nc/06072108/001.htm
11 注 1 と同じ。
12 文部科学省『特別支援教育体制整備状況における全国集計の年度別推移　平成 26 年度　特別支援教育体制整備状況調査』、2015 年。
 http://www.mext.go.jp/a_menu/shotou/tokubetu/material/1356211.htm
13 外務省「障害者の権利に関する条約」、2007 年。
 http://www.mofa.go.jp/mofaj/gaiko/jinken/index_shogaisha.html
14 注 10 と同じ。
15 内閣府・障がい者制度改革推進本部「障害者制度改革の推進のための基本的な方向（第一次意見）」、2010 年。
 http://www8.cao.go.jp/shougai/suishin/kaikaku/pdf/iken1-1.pdf

16 内閣府・障がい者制度改革推進本部「障害者制度改革のための第二次意見」、2010 年。
　　http://www8.cao.go.jp/shougai/suishin/kaikaku/pdf/iken2-1-1.pdf
17 文部科学省『共生社会の形成に向けたインクルーシブ教育システム構築のための特別支援教育の推進（報告）』、2012 年。
18 文部科学省『特別支援教育の在り方に関する特別委員会　合理的配慮等環境整備ワーキンググループ報告』、2012 年
　　http://www.mext.go.jp/b_menu/shingi/chukyo/chukyo3/046/attach/1316184.htm
19 文部科学省「学校教育法施行令の一部改正について（通知）（25 文科初第 655 号）」、2013 年。
　　http://www.mext.go.jp/a_menu/shotou/tokubetu/material/1339311.htm
20 注 13 と同じ。
21 注 15・16 参照。
22 同上。
23 同上。
24 文部科学省『共生社会の形成に向けたインクルーシブ教育システム構築のための特別支援教育の推進（報告）』、2012 年。
　・障害のある児童生徒の就学先決定について　参考資料 16
　　http://www.mext.go.jp/component/b_menu/shingi/toushin/__icsFiles/afieldfile/2012/07/23/1321672_7.pdf
　・日本の義務教育段階の多様な学びの場の連続性　参考資料 4
　　http://www.mext.go.jp/component/b_menu/shingi/toushin/__icsFiles/afieldfile/2012/07/23/1321672_1.pdf
　・域内の教育資源の組合せ（スクールクラスター）のイメージ　参考資料 24
　　http://www.mext.go.jp/component/b_menu/shingi/toushin/__icsFiles/afieldfile/2012/07/23/1321673_3.pdf
　・諸外国におけるインクルーシブ教育システムの構築状況　参考資料 5
　　http://www.mext.go.jp/component/b_menu/shingi/toushin/__icsFiles/afieldfile/2012/07/23/1321672_2.pdf
25 注 13 と同じ。
26 注 18 と同じ。
27 同上。
28 同上。
29 注 15 と同じ。
30 独立行政法人国立特別支援教育総合研究所「インクルーシブ教育システム構築支援データベース」
　　http://inclusive.nise.go.jp/

●関連文献紹介

① **独立行政法人国立特別支援教育総合研究所『特別支援教育の基礎・基本　新訂版』、ジアース教育新社、2015年**

　　特別支援教育の基礎理論を丁寧に解説するとともに、「障害者の権利に関する条約」や「障害者差別解消法」などの特別支援教育の最新の情報が盛り込まれている。また、各障がいに応じた教育の基本として、障がい別の児童生徒等の教育課程や指導法やアセスメントなどについても解説されており、特別支援教育の基礎的な知識を得るためには最適な解説書である。

② **独立行政法人国立特別支援教育総合研究所『すべての教員のためのインクルーシブ教育システム構築研修ガイド』、ジアース教育新社、2014年**

　　インクルーシブ教育システム構築のための教員の専門性を担保するために、必要な資質や能力は何かについて、国内外の情報を収集して書かれたものである。職種・役割ごとの専門性やすべての教員に求められる専門性、研修カリキュラムなどがまとめられている。インクルーシブ教育システム構築のための教員の専門性を幅広く理解するための解説書である。

第5章　青年教育のあり方の再検討
――「社会的困難を有する若者」を中心にして

岩槻知也

本章のねらい

　本章は、多岐にわたる生涯学習分野のテーマの中で、近年とくに重要な課題となっているにもかかわらず研究蓄積に乏しい、義務教育学校卒業後の青年層、とりわけ「社会的困難を有する若者」を対象とする学習支援の問題に焦点を当てる。すでに欧州諸国では、1970年代の後半あたりから、このような若者の問題が顕在化しており、その実態把握や対策の確立に向けたさまざまな調査研究が展開されてきたが、これらの研究においては、若者の間の「二極化」の進行、とくに「労働市場の悪化により貧困に陥る若者」の増加が指摘されている。日本においても、1990年代の半ば以降、上記のような若者の問題が取り上げられるようになり、関連の調査研究において、欧州諸国と同様の傾向、すなわち不安定な家庭の出身者が十分な教育を受けられないまま早期に学校を離れ、安定した職業に就くこともなく、再び不安定な成人期に移行していくという共通のプロセスが見出されている。そこで本章では、筆者の研究グループが実施した若者支援組織を対象とする現地調査の結果をもとに、このような社会的困難を有する若者の置かれている状況を明らかにするとともに、彼・彼女らにたいする学習（学び直し）支援のあり方について具体的に考察する。加えて、これら学校卒業後の若者を対象とする学習支援の取り組みを広く安定的に提供するための制度のあり方について、すでに長年にわたって制度化に向けた努力を重ねてきたイギリスの事例を参照しながら検討してみたい。

1　はじめに―問題の所在

　筆者はこれまで、生涯学習分野の活動を主たる研究の対象としてきたが、この分野が扱うテーマは、家庭教育、学校教育、社会教育のすべての範囲にまたがっており、きわめて多様である。したがって、今後の重要な課題として取り上げるべき問題も多岐にわたっているが、本章ではその中でもとくに緊急を要する課題として、学齢期を超えた「社会的困難を有する若者」の学習支援の問題に焦点を当ててみたい。なお、ここでいう「若者」とは、主として義務教育学校を卒業した10代後半から20代前半の青年層をさしているが、本章では最近の日本における議論の動向を踏まえ、30代前半の年齢層まで含めて考察を進める。

　近年、生涯学習の分野では、たとえば子育て支援（家庭教育支援）や学校と地域の連携、高齢期の学習活動などをテーマとする研究が増加してきているが、本章が対象とする青年層、とりわけ社会的に不利な状況におかれた青年層に焦点を当てた研究は、未だきわめて少ない。彼・彼女らが今後よりよい生涯をおくるというのはもちろんのこと、日本社会のよりよい将来に向けても、このような青年層を対象とする学習支援の研究は必要不可欠であり、かつ急を要しているといえる。

　さて日本において、このような「社会的困難を有する若者」の問題がクローズアップされはじめたのは、「フリーター」や「ニート」、「ひきこもり」などの問題が若者をめぐる社会問題の一つとして声高に叫ばれるようになった、1990年代半ばのことである。当時、これらの言葉は、ともすれば「働く意欲のない近頃の若者」の代名詞のように語られ、そのような若者のイメージを一般に定着させることに一役買った。しかし、その後のさまざまな研究の進展によって、これら若者の問題を生み出した要因は、決して「若者自身の意欲の低下」のみではない、というよりもむしろ、90年代初頭の大規模な景気後退がもたらした「就職難」という、いわば社会の側の問題だとする見方が徐々に広がりを見せていく。

　すでにヨーロッパ諸国では、1970年代の後半あたりから、上記のような

困難を有する若者の問題が顕在化しており、その実態把握や対策の確立に向けたさまざまな調査研究が展開されてきた。中でもとくに深刻な課題として提起されたのが、若者の「二極化」の問題、すなわち、若者の中に「長期化する依存期を謳歌する豊かな者」と「若年労働市場の悪化によって失業や貧困に陥る者」という2つの層が存在するということであった。そして、後者の若者の置かれている状況が「社会的排除（social exclusion）」という概念でとらえられ、それら若者の「包摂（inclusion）」を企図した多様な政策が取り組まれるにいたる[1]。

このようなヨーロッパの動向に遅れること20年、日本においても、ようやく2000年代に入って、上記のような社会的困難を有する若者を対象とする調査研究が着実に積み重ねられるようになった。これら一連の研究成果を概観してみると、ヨーロッパの状況と同様に、不安定な家庭の出身者が十分な教育を受けられないまま早期に学校を離れ、安定した職業に就くこともなく、再び不安定な成人期に移行していくという共通のプロセスが見出される[2]。さらにこれらの研究の中には、十分な教育を受けることなく学校を離れた若者の多くが「低学力」の問題を抱えており、そのことが彼・彼女らの不安定な成人期を形成する主要な要因になっていると指摘するものもある[3]。もちろん不安定な成人期へと移行していく若者は多様であり、その中には「長期化する依存期を謳歌する豊かな者」も存在しているが、若者の中でもより不利な状況におかれやすいのは、苛酷な家庭環境に育ち、学校教育からも疎外された上記のような「社会的困難」を抱える若者たちであろう。したがって本章では、主としてそのような社会構造的な要因によって、最も厳しい状況に置かれている青年層に焦点を当てたい。

ところで、これまで筆者は成人を対象とする識字教育の実践や研究に携わってきた。「識字率99.9％」といわれる日本社会においても、戦争や差別、貧困等のために、学齢期に十分な教育を受けることができないまま成人し、日本語の読み書きに不自由している人々が存在する。識字教育とは、そのような成人にたいして、彼・彼女ら自身のニーズに即した、いわば「オーダーメイド」の学習の場を提供する学校外の取り組みである。従来、このよ

うな識字教育の現場（被差別部落の識字学級や夜間中学等）には比較的高齢の人々の参加が多かったが、近年はこれらの現場にも、上記のような若者の姿が、少しずつではあるが見られるようになってきた。複雑な家庭環境や学校経験を背景とする「不登校」や「非行」などにより学校教育から疎外された若者が、学び直しの場を求めて、識字学級や夜間中学を訪れているのである。かつて戦争や差別、貧困のために学校教育を十分に受けることができなかった高齢者と同様の問題が、現在の困難を抱える若者にも存在している。したがって、このような学齢期を超えた若者が、もう一度学び直すことのできる場を、早急に創り出すことが求められているのである。

　そこで本章では、上記のような「社会的困難を有する若者」の置かれている実態を明らかにするとともに、彼・彼女らにたいする学習（学び直し）支援のあり方について考えてみたい。このような若者の支援に関する研究は、すでに「生活支援」や「就労支援」などの分野で積み重ねられているが、「学習支援」をテーマとする研究については、未だきわめて少ないように思われる。もちろん学習支援にできることは限られており、生活支援や就労支援が重要であることはいうまでもない。しかしたとえば、就職件数という結果を重視するあまり、「職に就かせること」だけが目的になってしまうと、若者自身の思いや意欲、主体性等が軽視され、かえって彼・彼女らを追い詰めることにもなりかねない。そのような意味でも、本章がテーマとする学習支援の研究は大きな意義をもっていると考えられる。つまり、生活・就労支援と学習支援の取り組みが、うまく連携を取り合って若者支援を進めていくことが求められるのである。

2　「社会的困難を有する若者」とは誰か──マクロな調査の結果から

　さて、それではいったい「社会的困難を有する若者」とは誰なのか。ここではまず若者が抱える社会的困難の実態を、既存の各種調査の結果を用いて、マクロな観点から概観しておきたい。

　図5－1は、2002年から2014年までのフリーター（15〜34歳）の当該年

第 5 章　青年教育のあり方の再検討　95

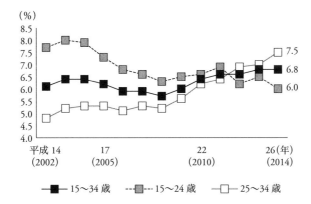

図 5 − 1　当該年齢人口に占めるフリーターの割合

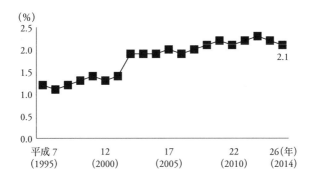

図 5 − 2　15 〜 34 歳人口に占める若年無業者の割合

図 5-1 及び 5-2 は内閣府『平成 27 年版 子ども・若者白書』を参照した。

齢階級人口に占める割合の変遷を示したものである。「15 〜 34 歳」のグラフをみると、2000 年代の後半にややその数値が低下するが、その後は徐々に上昇を続け、2014 年には 6.8 ％ に達している（実数値で約 180 万人）。これを年齢別にみると、ここ数年は「15 〜 24 歳」と「25 〜 34 歳」の数値が逆転し、その差が開きつつあることが分かる。また**図 5 − 2** は、1995 年から 2014 年までの若年無業者（15 〜 34 歳）の当該年齢階級人口に占める割合の変遷を

示したものである。この割合については、2002年以降、徐々に上昇を続け、2012年には2.3％にまでいたるが、2014年には若干低下して2.1％となっている（実数値で約80万人）。

　以上のように見てくると、1990年代後半あたりから、無業者も含め、不安定な雇用の状態にある若者の割合が、徐々にではあるが、着実に増え続けてきていることが分かる。

○「フリーター」・「若年無業者」とは

　「フリーター」という語は、1980年代半ば、あるアルバイト情報誌に現れた「フリーアルバイター」という語の省略形であるといわれる。現在、労働統計上の定義では、男性は卒業者、女性は卒業者で未婚の者とし、①雇用者のうち勤め先における呼称が「パート」か「アルバイト」である者、②完全失業者のうち探している仕事の形態が「パート・アルバイト」の者、③非労働力人口で家事も通学もしていない「その他」の者のうち、就職内定しておらず、希望する仕事の形態が「パート・アルバイト」の者をさす。また「若年無業者」とは、いわゆる「ニート」であるが、これは15〜34歳の無業者で、家事も通学もしていない者のうち、以下の①及び②の者をいう。すなわち①就業を希望している者のうち、とくに就職活動をしていない者（非求職者）及び②就業を希望していない者（非就業希望者）である（下図参照）。

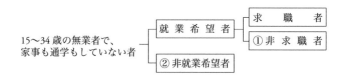

　それでは次に、このような不安定な雇用の状態にある若者の属性について、さらに詳しく見てみよう。ここでは、5年ごとに行われている総務省の「就業構造基本調査」の結果を用いて、性別・学歴別の就業状況について概観しておきたい。図5－3は、1992（平成4）年から2012（平成24）年にかけての性別・年齢階級別にみた非正規職員・従業員の割合の推移を示している[4]。この20年間で、非正規職員・従業員の割合は、各年齢階級とも右

第 5 章　青年教育のあり方の再検討　97

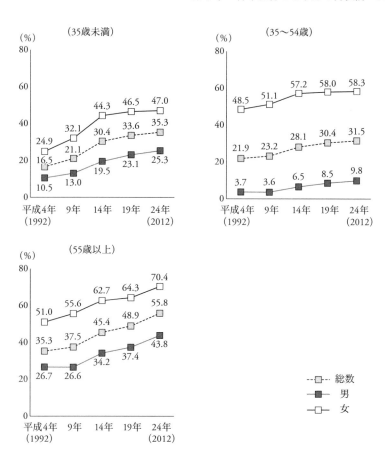

図 5 − 3　性別・年齢階級別非正規の職員・従業員の割合の推移
総務省統計局『平成 24 年就業構造基本調査　結果の概要』

肩上がりに上昇し続けているが、とくに 35 歳未満の若年層に限ってみると、その比率はほぼ 2 倍以上になっていることが分かる。また性別で見ると、いずれの年齢層においても女性の比率が圧倒的に高い。

　図 5 − 4 は、2012 年に実施された直近の調査における学歴別に見た就業状況を示している（調査結果に基づき筆者が作成）。これを見れば、明らかに学歴が低くなるほど、非正規雇用者や無業者の比率が高くなっていることが

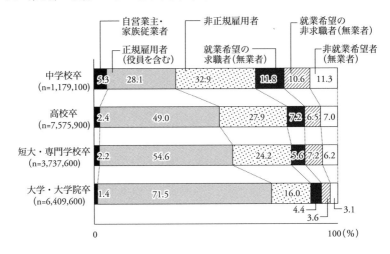

図 5 — 4　学歴別に見た就業状況（15 〜 34 歳、2012 年）
（平成 24 年就業構造基本調査に基づき、筆者が作成。）

分かる。とくに「中学校卒」については、6 割以上が非正規雇用者または無業者となっており、その厳しい状況がはっきりと見て取れる。

　上記の学歴別に見た就業状況をさらに性別で見てみると（紙幅の都合上、それぞれのグラフは割愛する）、男性、女性のいずれにおいても、全体の傾向と同様に、学歴が低くなるほど非正規雇用者や無業者の比率が高くなっているが、とくに女性にその傾向が強く表れていることが分かる。とりわけ、「中学校卒」「高校卒」の女性については、非正規雇用者及び無業者の比率がそれぞれ 88.1 %、67.5 % となっており、その状況の厳しさが推測される。

　ちなみに、これら女性の非正規雇用者及び無業者の中には既婚者もおり、夫の収入を主として生計を維持している者もいると考えられるが、本調査によれば、15 〜 34 歳の年齢層において、非正規雇用も含む有業者（全体の 58.2 %）のうち「家事が主な者」の占める割合はわずか 11.9 % に過ぎず、逆に「仕事が主な者」が 78.2 % となっている。また無業者（全体の 41.8 %）については、「家事をしている者」が 35.2 %、「通学している者」が 56.1 %、「その他」が 8.7 % となっており、とくに高校や大学等に通学するものが過

半数に達しているものの、いわゆる「専業主婦」の比率は決して高くないことが分かる。

3 社会的困難を有する若者の学習支援とは何か
―若者支援団体の事例調査から

　前節では、社会的困難を有する若者の実態をマクロな観点から概観したが、これらの結果から見えてくるのは、まず若年層全体の就業状況がこの20年間に急速に不安定化してきたということ、そして若年層の中でもとくに学歴の低い層が、より厳しい就業状況に直面しているということである。そこで本節では、このようなとくに厳しい状況に置かれている若者の学習支援（一部、生活・就労支援も含む）に取り組むいくつかの組織を対象とした現地調査の結果をもとに、活動に参加する若者の状況やその支援のあり方について具体的に考察を加えてみたい。

(1) 調査の概要
　筆者は2012年から共同研究のグループを組織し、およそ3年間にわたり、全国各地で活動を展開している若者支援組織を対象とした現地調査（インタビュー及び参与観察調査）を実施した[5]。当然のことながら、このような調査を行うためには、対象となる「困難を有する若者」やその支援者（支援組織）の協力が必要不可欠である。対象の選定にはかなりの困難が予想されたが、本研究グループのメンバーのネットワークを駆使しながら協力をお願いしたところ、いくつかの組織から承諾を得ることができた（ご協力をいただいた組織の皆さまには、この場をお借りして、心より御礼を申し上げたい）。なお、具体的な組織の特徴と調査対象者の数は、以下の通りである…①北海道釧路市の「自主夜間中学」(支援者4名)、②大阪府茨木市の「被差別部落の識字学級」(若者2名、支援者1名)、③大阪府高槻市の「民間の青少年自立支援団体」(若者2名、支援者2名)、④大阪府大阪市の「被差別部落の識字学級」(若者1名、支援者3名)、⑤福岡県田川市の「NPO法人立の更生保護施設」(若

者5名、支援者5名)。

　本調査においては、困難を有する若者・支援者を対象とするインタビュー調査及び支援活動の参与観察を行ったが、前者のインタビュー調査については、以下に列挙する具体的な項目を念頭に置きながら、比較的自由に対象者の語りを引き出す「半構造化インタビュー」の手法をとった（いずれも1〜2時間程度のインタビューとなった）。本インタビュー調査の項目であるが、若者については、①基本情報（性別、年齢、現在の職業、家族構成、居住地域・住居形態など）、②現在の暮らし向き（仕事内容、就業上の地位、収入、就職のきっかけ、平日・休日の過ごし方など）、③当該支援組織に関すること、④経歴・生い立ち、⑤学校経験、⑥日常生活でのリテラシー活動（読み書き、計算、パソコン・携帯メール等のメディア利用など）及び困っていること、⑦仕事でのリテラシー活動及び困っていること、⑧社会参加の状況等を尋ねた。また支援者については、支援者自身の活動開始のきっかけや支援の内容等に加えて、当該組織の全体的な状況や支援の特徴などを尋ねている。以下、結果の概略を記述し、その特徴について分析を加えてみたい。

(2) 調査対象となった若者の特徴

　インタビューの対象となった10名の若者の年齢や性別については、7名が10代後半（男性3名・女性4名）で、2名が20代前半（男性1名・女性1名）、1名が40代前半（男性）となっている。また調査当時の職業については、正規雇用者が一人もおらず、パート・アルバイト等の非正規雇用者が6名（うち2名は通信制高校に在学中）、無業者が2名、全日制高校の在籍者が2名である。

　まずインタビューにおける語りから、彼・彼女らの成育歴についてみてみると、その多くが、苛酷な家庭環境の中で育ってきたということが分かる。両親の離婚・再婚や別居を経験していたり、「ひとり親」の家庭も多く、中には親がいないという場合もあった。また、そのような状況とも関連しているが、経済的困窮に陥っていた家庭も多く、進学をあきらめざるを得なかったという言葉も聞かれた。ある若者は、親やきょうだいから虐待を受け続け、

小学校6年生ごろから家出を繰り返した後に、児童養護施設や児童自立支援施設に入所したが、ある「気に入らない出来事」をきっかけに、そこを飛び出してしまう。空腹のためにパンを万引きし、捕まえようとする店員の手を振り払ったことで「窃盗」ではなく「強盗」とされてしまい、少年院に入院することになったという。「大人といい出会いをしていない」とは、ある支援者の象徴的な言葉だが、このような若者たちの多くは、これまでの生活の中で、信頼できる大人（親や教師等）との関係を十分に経験することができず、大人を信用することができない状況に追い込まれていた。

　次に、彼・彼女らの学校経験についてみてみよう。まず10名のうち、中学卒業後、全日制高校に入学したのは6名であるが、そのうちの4名は高校を中退している。なお調査当時、中退せずに全日制高校に在学していた2名のうちの1名は、中学時代に少年院に入院し、1年遅れで高校に入学していた。また高校中退者4名のうちの2名は、その後、通信制高校に入り直している（1名は在籍者、1名は卒業者）。一方、中学卒業後、全日制高校に入学しなかった4名のうちの1名は、定時制高校を卒業している。残り3名のうちの1名は調査当時、通信制高校に在学しており、他の1名は高校卒業認定資格を取得、もう1名は、高校卒業認定資格の取得を目指して学習を進めていた。インタビュー時の語りにおいて多くの若者に共通していたのは、すでに小学校の頃から授業についていけなくなり、「勉強が嫌い」になっていったこと、また、その結果として成績が悪くなり、「学校をさぼりがち」になったということである。意味の分からない授業を受け続けなければならなかった苦痛の記憶と同時に、授業中「先生の話していることが聞こえない」ほどに教室全体がやかましく、中学校の授業自体が成り立っていなかったと語る者もいた。これらは、ごく限られた事例であるとはいえ、中学校教育の抱える問題の一端を示しているように思われる。一方で彼・彼女らの学校経験において、少数ながら「信頼できる」「何でも話せる」「見捨てない」教師が存在したということも明らかになった。信頼できる大人との人間関係を欠いてきた彼・彼女らにとって、このような教師の存在がきわめて重要であることはいうまでもない。

先の「調査の概要」でも述べたように、本インタビューでは、日常生活や仕事での「リテラシー活動」の状況についても尋ねている。この「リテラシー活動」とは、日常生活や仕事の場面で文字の読み書きや計算等が必要とされる活動で、パソコンや携帯メールなどのメディア利用にかかわる活動も含まれる。インタビューの中では、「漢字がなかなか読めない」「文章を読むのが苦手」といった日常的な「読み」の問題や、「二桁の割り算ができない」「割引計算ができない」というような基本的な計算の問題があげられたほか、「ローマ字が危うい」との語りもあった。ローマ字が読めないということは、パソコンやワープロが使えないということにもつながる。また、「履歴書が書けない」や「仕事で書く文章（業務日誌等）がうまく書けない」といった比較的高度な「書く力」の問題をあげた人もいるが、これらの作業は高度であるとはいえ、就職の際や職場での仕事を遂行する上で必要不可欠なものである。インタビューの対象となった若者の中には、以上のような「リテラシー」にかかわる困難を抱える人も多かったが、支援組織の活動に参加する中で自らの目標を見出し、自動車の運転免許や職業にかかわる資格の取得に向けて学習に励んでいる様子が窺えた。インタビュー対象者の中には、少年院の入院経験者が何名かいたが、彼・彼女らは矯正教育のプログラムによって、基本的な読み書きや計算の力をほぼ確実に定着させていた。ある若者は、少年院時代に読書の面白さに目覚めたといい、「今では1週間に10〜20冊のペースで読むときもある」と語ってくれた。

(3) 学習支援の特徴

　本調査の対象となった組織は、被差別部落の識字学級や自主夜間中学、更生保護施設や若者自立支援のNPOなどであるが、これらの組織は、その成り立ちや規模、活動内容等の特徴がきわめて多様である上に、必ずしも「学習支援」を前面に掲げて活動しているものばかりではない。にもかかわらず、筆者はそれら多様な取り組みの間に、共通する「支援の基本」のようなものがあることに気付かされた。ここでは、支援者にたいするインタビューの中で浮かび上がってきた、これら組織の支援の取り組みを貫く「基本」の

内容について具体的に考えてみたい。

　まず、第一の「基本」としてあげられるのは、これら支援の実践が、若者との「人間関係」や「つながり」の構築を重要視しているということである。幼少の頃から周囲に信頼できる大人の存在を欠き、大人にたいする不信感を抱き続けてきた若者たちにたいして、ある支援者は、その支援を通して「大人の信用を取り戻す」と語っている。「ちゃんとあなたのことを心配してるよ、あなたの帰りを待ってるよ」という思いを伝え続けることで、若者たちが「ほんとうにこの人は私のことを裏切らないんだ」ということを実感していく……そんな信頼関係をつくることが支援の要だという。また別の支援者は、「人間関係」が学習支援の場の「敷居の高さ」を低減すると語る。学齢期の早い段階で学校から疎外された若者たちにとって、「勉強するところ」は敷居の高い場である。しかしその場に、彼・彼女らのことを気にかけ、心配してくれる大人がいること（そこには近隣地域の大人や出身中学の教師も含まれている）で、その敷居は下がるというのである。若者が「その場にいきたい」「その場にいると安心できる」と感じられるような場を形成するのは、このような支援者との、信頼のおける「人間関係」なのだろう。以上のような支援者の語りを聴いていると、学習のための「土台」、もしくは学習を育む「土壌」としての、信頼できる人間関係やつながりの重要性が改めて痛感される。

　次に、第二の「基本」と考えられるのは、若者自身の置かれている状況やその思い、興味、関心を尊重するということである。たとえばインタビューの中で、ある支援者は、「若者が聞いてほしくないことは、できるだけ聞かない」ようにしていると語っていた。「上から目線で頭ごなし」にいうのはもちろんのこと、話を無理やり聞き出すということもしない。ただし若者が聞いてほしそうな時や若者自身が話し出してきた時には、その話をじっくりと聴き、思いや悩みを共有することに重点をおくという。またある支援者は、それぞれの若者がもつ興味や関心を決して否定せずに受け止め、それらの内容に即した目標をうまく設定することで、若者自身が「ものすごいパワーを発揮する」と語っている。たとえば、クルマやバイクに興味のある若者なら、

まずそれらを買うために必死でバイトをしてお金をためるし、免許の学科試験の勉強にも一所懸命に取り組むというのである。

　そして第三の「基本」は、若者自身の意欲や主体性を育むということである。これはもちろん、上に述べた第一と第二の「基本」とも密接にかかわっている。それぞれの実践事例を見ていると、実はこのような意欲や主体性は、若者自身がもつ支援者や仲間、先輩等との人間関係の中で生まれ、育まれていることがよく分かる。ここでは、ある支援組織に参加する10代後半の男性Aさんの場合を取り上げてみよう[6]。Aさんは、小学3年生の頃から不登校の状態にあり、中学校の門は一度もくぐっていない。母親とともに教室にやってきた時には「心も身体もがちがちに固まらせ」ており、スタッフの誰が話しかけてもほとんど反応しなかったという。このような当時の彼にたいして、「仮面ライダー」の話題で話しかけ、関係を作り出していったのがボランティアの男子大学生であった。男子学生の薦めで見はじめた「仮面ライダー」のテレビ番組が思いのほか面白かったため、その感想を話し合う中で、Aさんの発する言葉の数は自然と増えていく。参加当初は多くの人とのかかわりを避けて別室で学習していたAさんだったが、こうして徐々に他の参加者やスタッフとともに学習ができるようになっていった。また、Aさんは、それまで自宅周辺の徒歩圏内にしか外出することがなかったが、その後、この男子学生との関係をベースとしながら外出の範囲を広げ、自身の生活世界を広げていく。そしてアルバイトをはじめようとして求人票を見たとき、募集条件のほとんどが高卒以上となっていることに気付き、通信制高校への進学を決意する。このようにAさんは、男子学生とのかかわりの中で、またこの男子学生がいたからこそ、さまざまな活動に参加することができた。そして、次第に他の支援者や参加者ともかかわりながら、自信を育み、学ぶ意欲や主体性を培っていったのである。

　さて、以上が調査の結果から浮かび上がってきた「基本」なるものの内容であるが、それぞれの支援の現場においては、これらの「基本」に基づく実践が互いに密接に絡み合いながら、若者の学習を支える根本的な基盤となる環境を形成しているように思われる。つまり、このような環境の中で若者は、

信頼できる他者や自分自身との対話を通して、自己を見つめ直し、将来の目標をも見出していく。そして、そのような目標（たとえば進学や就職など）の達成に向けて、または他者や自分自身との対話のプロセスにおいて、それぞれの学習を、それぞれのペースで進めていくのである。

4　若者学習支援の制度化に向けて―イギリスの取り組みに学ぶ

　前節では、各地の支援組織に参加する若者の実態や当該組織の支援の取り組みについて具体的に検討してきた。そこには、社会的困難を有する若者が各組織の活動に参加する中で将来の目標を見出し、それぞれの学習をそれぞれのペースで進めていく姿の一端が示されていた。しかしながら改めて考えてみると、日本においてこのような若者の学習支援を行う組織は未だきわめて少数であり、その多くを民間の手に負っているというのが実状であろう。つまり、前節で述べたような支援の取り組みに辿りつくことのできた若者は、困難を有する若者のうちのほんの一握りに過ぎないのである。したがって、このような支援の取り組みを、より広く安定的に提供するためには、必ずや国レベルの制度的基盤を整備することが必要となる。そこで本節では、このような若者を対象とした学習支援制度のあり方を考えるにあたって、すでに先進的な取り組みを行ってきたイギリスの事例に注目してみたい。
　「ニート」という語が、イギリスに起源をもつことは周知の通りである。この語は、"NEET = Not in Education, Employment or Training"、すなわち「教育も受けず、就職もせず、職業訓練も受けていない若者」をさす語で、1980年代末に登場した政策用語の一つである。すでにイギリスでは、1970年代末から80年代にかけて若年失業率が急激に上昇し、失業手当を請求する若者の数を押さえることが大きな政治的課題となっていた。その際、「失業者」とは異なる概念として生み出されたのが「ニート」であり、この概念の登場によって、16・17歳の失業手当の請求権が剥奪されることになる。しかし一方でその後、この概念は、困難な状況にある若者を「失業」という狭い範囲を超えた、より大きな枠組みで捉え直すことにも寄与していく。とくに、

1990年代の後半期、労働党・ブレア政権の時代には、このニートの存在がさまざまな社会経済的不利益状況（不利な家庭環境や貧困、低学歴等）との関連で取り上げられ、「社会的排除」の問題として、主要な政策的課題の一つに位置づけられるのである[7]。

このブレア政権時に発足した内閣府（Cabinet Office）の「社会的排除対策室（Social Exclusion Unit）」は、社会的排除の状況と密接にかかわる格差の解消に向けて、数多くの多様な施策を展開していくが、その中でもとくに重視されたのが「困難を有する若者」の問題であった。同対策室は、1999年に『格差を乗り越える―教育も受けず、就職もせず、職業訓練も受けていない16〜18歳の若者のための新しい機会』と題する大部の報告書を刊行し、16〜18歳の若者のさまざまな排除の実態とその背景について詳細に検討を加えるとともに、彼・彼女らの包摂に向けた具体的な方策を包括的に提起している。本報告書冒頭の序文の中で、当時の首相トニー・ブレアは、若者が排除の状態から脱することの意義として、若者自身がよりよい人生を歩んでいけるという点に加え、彼・彼女らが排除の状態にあることから生じる福祉や犯罪関連の費用が抑制されるという、いわば社会にとっての意義をも強調している[8]。社会的排除の状態にある若者を放置しておくことは、社会にとっても大きな損失につながるということなのであろう。

さて上記のような認識に基づき、具体的な施策として実際に導入されたのが「コネクションズ（Connexions）」サービスというものであるが、本サービスは2000年よりパイロット事業が開始され、翌2001年には正規の事業が全国的に展開され始める。このサービスの目的は、13歳から19歳まで（学習困難や障害がある場合には24歳まで）のすべての若者のニーズに即して情報や助言・指導を与え、成人期へのスムーズな移行（transition）を支援するというものだが、とくに対象として重点が置かれているのは、先の"NEET"や社会的に排除される危機に直面している若者である。具体的なサービスの内容としては、就労や起業、学習、健康、住居、金銭、人間関係、社会的権利、余暇・旅行等の多岐にわたる分野に関する情報提供やアドバイスが行われているという[9]。以上のようなサービスのメニューを見ると、これらが就労

支援、生活支援、学習支援のすべてをカバーする内容となっていることが分かるだろう。ちなみに開始当初、本サービスを管轄していたのは「教育雇用省（Department for Education and Employment: DfEE）」という部署であったが、本部署のあり方自体が、教育・学習と就労・雇用の分野にまたがる領域横断的な編成となっていることも示唆に富んでいる[10]。

　本サービスが提供される場所については、主に学校や「コネクションズ・センター」（あるいは「コネクションズ・ワンストップ・ショップ」）、継続教育カレッジ（further education college）等となっている。学校で行われているというのも生徒にとっては身近であるし、「コネクションズ・センター（ワンストップ・ショップ）」も、若者がアクセスしやすい街なかに位置していることが多く、気軽に立ち寄れるように工夫されている（インターネットへのアクセスが可能で、カフェ等が設置されていることも多い）。また継続教育カレッジとは、義務教育終了後の青年や成人を受け入れる、主として職業教育を行う教育機関であり、そこではさまざまな職業資格を取得することができる。そしてこれらの場所には、スタッフとして「コネクションズ・パーソナル・アドバイザー」が配置されており、さまざまな相談や情報提供、アドバイスを行っている。このパーソナル・アドバイザーには、キャリア・アドバイザーやユースワーカー等の経歴をもつ人が多く、その専門性が日常の業務に生かされている[11]。

　以上、ごく簡単に「コネクションズ・サービス」の取り組みについて見てきたが、イギリスでは、2000年代に入って、政府の強力なイニシアチブによって、「困難を有する若者」にたいする包括的な支援が展開されてきたといえる[12]。すでに13歳という中等学校の段階から、学校内外において、若者のニーズに即したパーソナル・アドバイザーによるきめ細かな支援が提供されているのである。学校におけるキャリア教育が重要であることはいうまでもないが、学校教育から疎外されることの多い「困難を有する若者」にとっては、そのような学校での取り組みだけでは不十分なのであろう。

　さらに、上記のコネクションズ・サービスと並行して、とくに学習支援の領域で重要な役割を果たしているのが、「成人基礎教育（adult basic education）」の取り組みである。この成人基礎教育とは、①16歳以上の成

○「ユース・ワーカー (youth worker)」とは
　「ユース・ワーカー」とは、ユース・ワーク (youth work) を行う専門職であり、イギリスでは国家資格となっている。このユース・ワークとは、主として 10 〜 20 歳代の青少年を対象とする学校外の教育（支援）活動のことをさす。この活動の目的は「若者にたいして、計画的ではあるが、自然で無理のない、個人的ないしは社会的教育プログラムを提供することによって、彼・彼女らの子ども期から独立した大人の生活への移行を可能にすること」である。いい換えればユース・ワークは、娯楽、挑戦、学習を組み合わせたインフォーマルな教育を通して、若者が自分自身や他者、社会について学ぶことを援助することとされている (Lifelong Learning UK, *National Occupational Standards for Youth Work*, 2008)。またユース・ワークにおいて、とくに重視されるのがグループワークである。つまり若者同士の集団の中で、若者同士が学び合うことの意義に着目し、そのような「学び合い」が生まれる集団作りの支援に重きが置かれているのである (Jeff, T. and Smith, M. (eds.) *Youth Work Practice*. Palgrave Macmillan, 2010)。

人を対象とする、日常生活に必要な基礎的な読み書き (literacy) や計算 (numeracy) の学習支援、及び②英語を第一言語（母語）としない成人にたいする英語の学習支援 (English for Speakers of Other Languages: ESOL) の総称である。①には主としてネイティブの学習者が、また②には移民の学習者が参加しており、両者のプログラム内容は、基本的にはかなり異質なものとなっている。これらの取り組みは、1960 年代頃より軍隊や刑務所等において、ボランティアベースで行われてきていたが、1980 年代からは地方教育当局 (Local Education Authority: LEA) やボランティア団体が主体となって、政府機関の援助のもと施策を実施していった。そして 1990 年代の後半期、これもまた先の労働党・ブレア政権の時代であるが、成人基礎教育は "Skills for Life" という名称の「社会的包摂」を目的とする国家政策として強力に展開されることとなる[13]。当時出された "Skills for Life" 政策の説明パンフレットによれば、読み書きに不自由する成人 700 万人のうち、約 100 万人が 25 歳以下、約 400 万人が 26 〜 55 歳であり、また約半数は仕事に就いていないという。

とくに、若年層については、学校を卒業した16歳の若者約58万人中、約15万人（26%）が11歳以下の識字及び計算能力であり、そのうちの22%は卒業後、訓練も受けていないし、働いてもいなかったと報告されている。したがって本政策においては、これら700万人の成人が最優先のターゲットグループと規定され、若年成人もその一つに位置づけられたのである[14]。

このような成人基礎教育のプログラムは、たとえば先の継続教育カレッジや地方自治体が主催する「アダルト・カレッジ（adult college: 成人教育センター）」、また民間のチャリティ団体（公益団体）等が運営する「ドロップインセンター（drop-in centre: ホームレスやドラッグ・アルコール中毒などの困難を抱える若者のシェルター的施設）」などにおいても展開されている。そこでは、各学習者のニーズに即しながら、生活に必要な知識や技能—衣食住や健康にかかわるもの、社会生活に必要なもの、職業や資格にかかわるもの、育児・家事等の家庭生活にかかわるものなど—の学習が進められている[15]。

以上、イギリスにおける若者学習支援に関する制度について、コネクションズ・サービス及び成人基礎教育という2つの取り組みに着目して、その特徴を概観してきたが、日本はこのようなイギリスの取り組みから、何を学ぶことができるのだろうか。

やはり最も重要なポイントは、上記2つの取り組みが、「社会的排除」の状態にある若者の「包摂」を企図した国家的な事業として大規模に展開されたということ、そしてそのことにより、さまざまな成果が生み出されたということである。たとえば、「コネクションズ・サービス」については、事業開始から3年後の2004年に実施された会計検査院（National Audit Office）の評価によると、16～18歳のNEETの若者が2002年11月～2003年11月の1年間において8%減少し、13～19歳の若者の教育や雇用、職業訓練に関する情報の質が向上するとともに、パーソナル・アドバイザーの学校訪問の頻度が増加して、サービスを受けた若者の大多数から高い評価が得られたと報告されている[16]。また、「成人基礎教育」については、イギリス国内で大きな影響力をもつ民間団体「全国成人継続教育協会（National Institute of Adult Continuing Education: NIACE）」が2010年に行った全国調査において、ターゲッ

トグループとされていた約 700 万人のうち、570 万人の成人が 1,200 万を超える学習機会に参加し、280 万人を超える成人が初級の技能認定証書を獲得したとされている[17]。

ただし、このような国家的な大事業の展開に全く問題点がないわけではない。本章では詳しく触れることができなかったが、イギリスにおいては、そのような国家主導の事業であるがゆえに生じた、プログラムの画一化や硬直化を批判する声も、実際には聞かれた（たとえば筆者は 2010 年にイギリスで在外研究を行ったが、その際、成人基礎教育関係者が集う全国大会の場において、各地の支援者や研究者からそのような批判がかなり出ていたことを記憶している）。したがって、このような制度化をめぐる「影」の部分には十分に留意する必要があるが、その点を考慮したとしても、イギリスのような形で、国が確固たる方針をもって、若者の学習支援を制度的に推進していくことの意義はきわめて大きいと考えられる。

日本においても、近年、欧州諸国の政策動向に関する調査に基づいて若者支援についての研究が進められ、2009 年には「子ども・若者育成支援法」が、また 2013 年には「子どもの貧困対策の推進に関する法律」が制定されるにいたっている。その意味では、日本もようやく若者支援制度化のスタートラインに立つことができたといえるのではないか。そこで重要となるのは、これら法律の理念を実現させていくための具体的な施策のあり方を吟味していくことであろう。その際、すでに先進的な取り組みを進めている地方自治体の事例を検討するというのも一つの方法である。

たとえば、京都市においては、1970 年代から従来の対策的な発想に基づく青少年施策を転換し、イギリスにおけるユース・サービスの理念を取り入れた青少年支援の体制を整備している。具体的には、市内に 7 カ所の「青少年活動センター」を設置し、各施設にユース・ワーカーを配置することによって、若者自身が信頼に基づく人間関係を基盤として、関心や意欲、主体性を育むことのできるような支援が展開されている[18]。現在、この青少年活動センターを京都市からの委託により運営する公益財団法人「京都市ユースサービス協会」が、独自にユース・ワーカーの資格認定を行っているが、残

念ながら本資格は未だ国家資格とはなっていない。イギリスの例に倣うなら、日本でも早急にこのような若者支援の専門職制度を確立し、それらの人材を必要な場に適切に配置すべきであろう。

　加えて、学齢期を超えた若者の基礎的な「学び直し」の支援を行う成人基礎教育制度の整備も急がれる。本章で取り上げた「社会的困難を有する若者」に関する調査の結果が示しているように、さまざまな事情によって、学齢期に学校教育を十分に受けることができず、リテラシーにかかわる困難を抱える若者が、現在の日本には確実に存在している。今回、筆者らが実施した調査では、そのような若者の存在を量的に把握することができなかったが、おそらくその数は、今後も増え続けていくように思えてならない。したがって、このような学校教育から疎外された若者が、彼・彼女ら自身のニーズや生活課題に即して柔軟に学び直すことのできる学校外の基礎教育制度を、緊急に整備することが求められるのである。

　困難を有する若者の支援を充実させることは、若者自身の将来にとってはもちろんのこと、社会全体の将来にとっても必要不可欠であるという認識に立って、先に述べたような「支援の基本」を踏まえた制度の整備を急がねばならない。

注

1　宮本みち子「先進国における成人期への移行の実態―イギリスの例から」、日本教育社会学会編『教育社会学研究』第76集、東洋館出版社、2005年、25〜38頁及び　宮本みち子「若者の社会的排除と社会参画政策―EUの若者政策から」、日本社会教育学会編『社会的排除と社会教育』、東洋館出版社、2006年、144〜158頁。

2　たとえば、以下の文献を参照のこと。
　小杉礼子編『フリーターとニート』、勁草書房、2005年。
　労働政策研究・研修機構編『若者就業支援の現状と課題―イギリスにおける支援の展開と日本の若者の実態分析から』、2005年。
　部落解放・人権研究所編『排除される若者たち―フリーターと不平等の再生産』、解放出版社、2005年。
　青砥恭『ドキュメント高校中退―いま、貧困がうまれる場所』、ちくま新書、2009年。
　西田芳正『排除する社会・排除に抗する学校』、大阪大学出版会、2012年。
　宮本みち子『若者が無縁化する―仕事・福祉・コミュニティでつなぐ』、ちくま新書、2012年。

3 この点については、注2に示した青砥や西田の論考に詳しい。
4 総務省統計局『平成24年就業構造基本調査　結果の概要』、2013年、57頁。
5 本調査は、第8回部落解放・人権研究所識字活動支援「安田識字基金」助成事業ならびに、平成25〜27年度科学研究費補助金（基盤研究（C）、課題番号：25381157、研究代表者：岩槻知也、研究テーマ：「社会的困難を有する若年者のリテラシー実態とその支援に関する実証的研究」）に基づいて実施された。なお、以下の調査報告は、岩槻知也編『社会的困難を生きる若者と学習支援』（明石書店、近刊）の諸論考を参照した。
6 添田祥史「釧路自主夜間中学『くるかい』の活動」、岩槻知也編『社会的困難を生きる若者と学習支援』、明石書店、近刊。
7 乾彰夫編『不安定を生きる若者たち―日英比較 フリーター・ニート・失業』、大月書店、2006年、70-76頁。及びロジャー・グッドマン／井本由紀／トゥーッカ・トイボネン編著『若者問題の社会学―視線と射程』、明石書店、2013年、257〜258頁。
8 Social Exclusion Unit, *Bridging the Gap: New Opportunities for 16-18 Years Olds Not in Education, Employment or Training*, 1999, p.6.
9 内閣府『英国の青少年育成施策の推進体制等に関する調査報告書』、2009年、14頁。
10 この「教育雇用省」は、その後「教育技能省（Department for Education and Skills）」、「子ども・学校・家庭省（Department for Children, Schools and Families）」へと変遷し、2010年の保守・自民連立政権の発足にともなって「教育省（Department for Education）」に変更された。
11 内閣府『英国の青少年育成施策の推進体制等に関する調査報告書』、2009年、116〜117頁。
12 コネクションズ・サービスは当初、政府から直接業務委託を受けていた「コネクションズ・パートナーシップ」がその運営を担っていたが、2008年4月より、地方当局が設置する「子どもトラスト（Children's Trust）」にその機能が移管された。
13 Hamilton, M. and Hillier, Y., *Changing Faces of Adult Literacy, Language and Numeracy: A Critical History*. Stoke on Trent, UK: Trentham Books, 2006.
14 Department for Education and Employment, *Skills for Life: The National Strategy for Improving Adult Literacy and Numeracy Skills*, 2001, pp.11-33.
15 上杉孝實「欧米の成人基礎教育と日本の社会教育―批判的リテラシーとの関連において」、部落解放・人権研究所編『部落解放研究　第199号』、2013年、13頁。
16 内閣府『英国の青少年育成施策の推進体制等に関する調査報告書』、2009年、114頁。
17 NIACE, *Work, Society and Lifelong Literacy: Analysis of the Evidence Presented to the Inquiry into Adult Literacy in England*, 2011, p.3.
18 柴野昌山編『青少年・若者の自立支援―ユースワークによる学校・地域の再生』、世界思想社、2009年、25〜28頁及び79〜97頁。

●関連文献紹介
① 乾彰夫編『不安定を生きる若者たち―日英比較 フリーター・ニート・失業』、大月書店、2006 年

　本書では、日英の「不安定を生きる若者たち」の実態がさまざまな数量的データによって明らかにされるとともに、「フリーター」・「ニート」等の概念をめぐる議論や若者支援施策のあり方に関する日英の比較が丁寧に行われている。なお本書には、イギリスにおける若者研究の第一人者アンディ・ファーロング（Andy Furlong）の論考も収録されており、日本の動向を検討する上できわめて示唆的な内容となっている。

② 柴野昌山編『青少年・若者の自立支援―ユースワークによる学校・地域の再生』、世界思想社、2009 年

　本書は、若者支援の取り組みを「自立支援」という枠組みで捉え直し、そのための環境づくりに向けた学校や地域社会の役割について、さまざまな角度から検討を加えている。その際、とくにイギリスに起源をもつ若者支援の取り組みである「ユースワーク」の視点を重視している点が本書の大きな特徴である。

③ 内閣官房社会的包摂推進室・社会的排除リスク調査チーム『社会的排除にいたるプロセス―若年ケーススタディから見る排除の過程』、2012 年

　本書は、2012 年当時、内閣府に設置されていた社会的包摂推進室において組織された「社会的排除リスク調査チーム」が、18 〜 39 歳の「明らかに社会的排除の状況にあると思われる」若者 53 名を対象として行った事例調査の結果を報告したものである。調査対象者一人ひとりのライフヒストリーを詳細に跡づけ、社会的排除の状態にいたるプロセスに潜在するリスク要因を丹念に洗い出している点は特筆に値する。

第6章　ボランティア活動の新たなデザイン
―― 日本とケニアの教育をめぐる事例から

内海成治

本章のねらい

　市民社会の成熟とともにボランティア活動は、広がりと深みを増している。これは教育の世界においても同様である。本章では日本の3つの学校におけるボランティアの事例とケニアにおける日本のNGOによる教育支援の例を取り上げて、教育分野でのボランティア活動の状況と課題を検討する。
　日本の事例の初めの二つは、東日本大震災で被災した気仙沼市の中学校と多賀城市の高等学校を取り上げた。いずれも被災を経験した生徒たちが立ち上がって被災地におけるボランティア活動を展開している。これは支援される側から支援する側に変化している例である。生徒たち自身が支援する側にまわることで、学校が中心になって被災地を災害に強い地域に変えていくことを目指している。
　日本の3番目の例は山梨県の高校の生徒が、教員の指導の下で開発途上国の子どもたちの算数教育の支援を行っている事例を取り上げた。遠く離れたアフリカの子どもたちの学力を上げるために教材を開発し、その結果を検証する活動である。さまざまな工夫と粘り強い努力を重ねている。
　最後の例は、日本のNGOがケニアの難民キャンプで行っている初等学校や中等学校の建設支援であり、難民キャンプでの教育の状況とNGOの支援のあり方を検討した。
　このようにボランティア活動の多様な側面を紹介し、教育にかかるボランティア活動の現状と今後の課題を考察した。

1 はじめに

　国内外を問わず教育分野におけるボランティア活動は盛んになっている。これは、ボランティアの教育的意義が認められてきたことと同時に世界のグローバル化とも関係している。すなわち、主体性、自立性を保ちながら他者と積極的にコミュニケーションを行うことが、グローバルな社会に生きる人間にとって重要な課題の一つであろう。そして、ボランティアは自発的に公益にかかわる活動であり、こうした社会に生きる人間を育成する場でもあるからである。

　また、現代は地球温暖化などの地球規模の課題が深刻化し、さらに紛争や災害による難民や国内避難民が世界的規模で大量に発生している。こうした課題に応えるには、市民のボランタリーな活動が欠かせない。

　ボランティア活動が活発に行われている中で、見逃せない動きが起きている。これまでは、ボランティアを行う側とボランティアを受ける側とがはっきり分かれていた。すなわち、ボランティアを受ける側は被災者や難民であり弱者と考えられていた。教育の世界では、子どもは弱者であり支援を受ける側であった。こうした関係に変化が表れてきたのである。

　本章では、こうした状況を4つの事例によって検討したい。はじめは、東日本大震災で被災した2つの学校の取り組みである。次に、高校生による開発途上国の教育支援活動である。最後に、NGOによるケニアの難民キャンプでの教育支援を取り上げる。それぞれの事例は活動も場所も別々であるが、筆者自身が直接見聞きしたものである。この4つの事例から、現在教育とボランティアを巡って何が起きているのか、今後の方向性はどのようなものか、教育とボランティアの新たなデザインを考えてみたい。

2 東北にて

　2015年3月14日から18日にかけて仙台において第3回国連防災世界会議が開催された。この5日間にさまざまな政府間協議やフォーラムが開催さ

れた。その中の一つに、文部科学省・日本ユネスコ国内委員会・宮城教育大学の主催で「持続可能な開発のための教育を通じた防災・現在の展開―より良い子どもたちの未来に向けて―」が、東北大学川内萩ホールで開催された[1]。報告とパネルディスカッションがその内容であったが、私はこの中の2つの報告に心をひかれた。

ひとつは気仙沼市の市立 H 中学の取り組みであり、今一つは宮城県立 T 高等学校の活動である。この二つの学校はともに東日本大震災の被災校であり、多くの支援を受けた学校であるが、被災の経験を踏まえて、学校と生徒がどのようなボランティア活動を行っているかが報告された。

3　H 中学校の生徒による避難者支援

H 中学の取り組みに関しては、指導に当たっている Y 教諭と生徒会執行部の 2 年生 O 君と T さんから報告が行われた。

階上は岩手県気仙沼市の南端で、三陸海岸国立公園の一部である。気仙沼市は岩手県の南端で人口 5 万人、全国的にもよく知られた港町である。港は細長い気仙沼湾の奥にあり、湾に沿って住居が立ち並んでいる。この地形が津波の被害を大きくした。同市における大震災被害は、死者・行方不明者が関連死も含めて 1,359 人、住宅被災棟数が 15,815 棟であった[2]。私自身、震災から 1 カ月後に気仙沼市を訪れたが、港には大きな船が打ち上げられていた。また、津波により沿岸部の石油タンクが湾内に流され、それが大火災を引き起こし、あたり一面、火事の後のにおいが漂っていた。港一帯は地盤沈下のため海水が入り込み、道路が冠水し、海に近づけない状況であった。

気仙沼市のある三陸海岸はこれまでたびたび地震と津波の被害を受けていることから、H 中学では 2005 年から本格的に防災教育を開始した。そして、2009 年からは気仙沼市教育委員会が行っているユネスコスクールに参加し、ESD（Education for Sustainable Development　持続的開発のための教育）の一環として防災教育を進めることになった。

H 中学の防災教育は総合的な学習の時間、年間 35 時間を使っての防災

写真6−1　震災1カ月後の気仙沼（2011年4月筆者撮影）
　階上地区は人口4,800人の半農半漁の地域である。今回の大震災の犠牲者は208人、被災家屋は全家屋の67％に及び、気仙沼でも最も被災の大きかった地区である。H中学は海抜31mであるため気仙沼市の指定避難所になっていた。

　リーダー育成カリキュラムの実施である。リーダー育成のためのカリキュラムは、3つの柱から構成された。一つは、災害発生時に自らを守るための対処法を学ぶ「自助」である。2つ目は、地域の人や学友と協力する「共助」、3つ目は、外からの公的な支援の中で自分たちの役割を見つける「公助」である。この3つを3年サイクルで取り組んだ。
　2011年3月11日に大津波が気仙沼市を襲い、H中学の3年生3名が行方不明となった。そして学校は避難所となり、多くの車や人々が避難してきた。生徒たちと駆けつけた卒業生は、防災学習の経験をもとに被災者への支援を行うことになった。体育館や教室は被災者の宿泊所となり、残った教室を使って2カ月後からやっと授業が開始された。

階上地区は気仙沼市の中でも犠牲者が多かったが、とくに杉の下地区は85世帯中81世帯の家が流出し、93名の方が犠牲となった。そこで学習の一環としてどうしてこのように津波の犠牲が多かったか、という点について住民にアンケート調査を行った。その結果、「津波が来てもたいしたことはないと思っていた」、「これまで何度も津波が来たが、自分の家は大丈夫だった」というような意見が多かったのである。つまり、アンケート調査からは津波の危険性への認識不足がある事が分かった。また、家族が心配で家にもどったり、大事なものを取りに家に戻っていることもわかった。それゆえ、防災教育では津波の危険の認識を高めることの重要性が指摘された。

H中学では、こうした調査とともに、生徒による避難所設営訓練を強化することにした。学校の体育館は、市の指定避難所であり、3・11では200名もの住民が避難してきた。こうした被災者をスムーズに受け入れるためには、日ごろ学校で生活している生徒自身が避難所を設営し、被災者のお世話をすることが大切だと考えたからである。そのための組織を作ることにした。

生徒会執行部は対策本部、運営委員会は体育館内の避難所を地区ごとに割り当てる区割り、生活委員会は避難者の個人カードとリストの作成、図書委員会は高齢者や幼児のスペース作りを担当する計画である。この組織作りを毎年行い、3年生が1年生を指導して引き継いでいくことにした。

生徒主体の避難所作りによる被災者支援は、教員や地域住民からは不安の声があった。ところが、この不安を取り除く出来事があった。この地域に2012年12月17日17時18分、地震とともに津波警報が発令された。学校に残っていた生徒はすぐさま体育館に避難所を設営し、帰宅していた生徒も学校に戻り設営を手伝った。集まった避難者の個人カードとリストが造られ、トイレの案内、毛布の配布が生徒たちによって行われたのである。避難者は300名を超えたが混乱はなく、訓練の成果が発揮された。こうした生徒の活動は、これまで不安視していた人々に大きな感銘を与えた。活動は、地域に広がり、H校区では、各地区に防災委員会が形成され、意識の向上が図られた。また、学校と地域の共同訓練も行われるようになった。

こうした取り組みは、毎年行わねばならないことや、各地区の取り組みに

温度差があってはならないなど課題も多い。しかし、被災した学校の生徒が、被災者を助けるというボランティア活動は今後も変わることはないであろう。助けられる側が実は助けることができるという思いは、後戻りすることはないであろう。

4 T高校の防災ボランティアと防災科学科

　宮城県多賀城市は県の中央に位置し、仙台に隣接する人口6万4千人あまりの市である[3]。多賀城は古代より国府がおかれ、鎮守府として多賀城が築かれ、長きにわたって北の守りとして栄えた。現在は仙台のベッドタウンとしての性格が強い。東日本大震災では、市内の津波の高さは約4.6m、62ヘクタールが浸水した。市内の死者は188人、地震と津波による被害住宅は11,621棟に及んだ。

　県立T高校は1975年に設立、教員62名、生徒数842名の男女共学校である。生徒は、多賀城市以外に塩竈市や仙台市からも通学している。平成26年卒業生の進路は、国公立大学47名、私立大学371名となっている[4]。

　東日本大震災の際、T高校は生徒の死者はなかったが、家族を失った生徒がいた。地震当日、108名の生徒が帰宅できずに校舎内で一夜を過ごした。翌12日は、仙台製油所の火災により、校舎からの避難勧告が出た。家族との連絡の取れない生徒は教師の家に避難したという。

　仙台でのシンポジウムでは、Oさん（3年生）とF君（1年生）が同校の防災教育、防災ボランティア活動を英語で発表した[5]。T高校の活動は多岐にわたっている。生徒は、震災直後から災害ボランティアとして組織的に浸水家屋の復旧の手伝いを行った。

　防災教育では、社会科の授業と連携して「通学防災マップ」を作成した。これには市内の津波浸水域を地図上に示し、生徒一人ひとりが自分の通学路を書きこみ、通学の際に避難するべきところを記入するようにした。

　今一つは、津波高標識設置活動である。この活動は理科教諭の呼びかけに生徒有志が集って2012年7月から始められ、現在まで継続している。電

柱などに標識を設置するのであるが、これがなかなか難しい。一つには、その場所の津波の高さをどのように決めるかである。活動をはじめたのは震災発生から1年半以上が経過していた。痕跡の残っているところや近くの住民からの聞き取り調査で決めていった。もう一つは、標識を設置する許可の取得である。これを電柱にはる場合には、東北電力の許可申請をしなくてはならない。またその場合には、材質もプラスチック製でなくてはならない。またNTTの柱の場合には、企業の広告と同じ申請と設置証明をしなくてはならない。このように標識を設置するといっても、時間と予算が必要な作業である。時間は生徒ががんばるしかないが、予算は県の教育委員会が補助してくれた[6]。

T高校は、防災教育活動を他県や外国にも発信している。「減災市民会議」や「せんだいメディアテーク」への協力、「『生きる力』SENDAI CAMP」への参加などである。また、こうした活動は、2015年3月「国連防災会議世界防災Jr会議」において金賞を受賞した。

T高校の学校の取り組みとしては、2016年4月から生徒募集がはじまる防災科学科の設置があげられる。防災を学科名としたコースは、日本では初めての試みである。1学年40名一学級のコースである。このコースは防災関連の大学・学部への進学を目指しており、カリキュラムの75%は普通科と同じで、25%が防災の専門科目に割り当てられている。専門科目には、「暮らしと安全」、「科学英語」、「自然科学と災害」、「生命環境学」、「ボランティア」などが含まれる。また、課外活動も積極的に取り組まれる予定である。進学先としては理学、工学、歴史学、医学、福祉学、心理学などを想定しており、将来は防災に関する研究者、技術者、専門職、公務員等が想定されている。非常にユニークな取り組みであり、宮城県教育委員会や東北大学が支援している[7]。

T高校の取り組みは、被災した生徒と学校が、自ら発信し、被災者を作らない、被災者を減らすための取り組みであるといえる。

122　第Ⅰ部　教育システムをめぐるデザイン

写真 6 − 2　T 高校（2014 年 2 月筆者撮影）

5　K 高等学校の途上国への数学教育支援

　2015 年 10 月 9 日に東京大学教育学部を会場として第 16 回アフリカ教育研究フォーラムが開催された。そこで、アカデミックな学会としては珍しく、高校生が発表を行った。これは大会実行委員長の北村友人東大准教授の計らいで実現した。山梨県北杜市立 K 高校の市川琴子他 9 名の生徒の研究発表「開発途上国の小学校の計算力調査と教材開発」である[8]。

　北杜市は、山梨県の北西部の 8 つの町村が合併してできた市であり、人口は約 5 万人、八ヶ岳、甲斐駒ケ岳、金峰山といった山々に囲まれ、また八ヶ岳の山ろくの高原も含まれる。北杜市立 K 高校は公立の中高一貫校（2004 年から）で、現在の校名になったのは 2006 年である。普通科のほかに特別進学コースを併設した単位制高校である。生徒数は 1 学年 120 名弱で、県内有数の進学校として知られている。

　本発表は、青年海外協力隊 OB の S 教諭の指導のもとに行った開発途上国の数学教育支援の実践報告であった。この活動はいくつかの国で実施したが、今回はガーナ共和国（以下ガーナ）の事例報告が行われた。

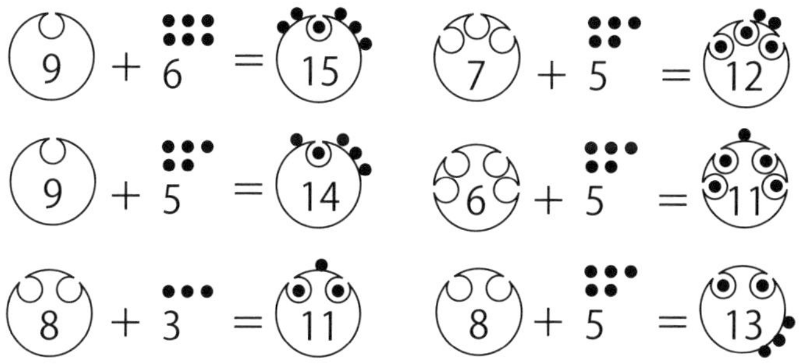

図6−1　生徒が開発した足し算計算シートの抜粋

　理数科教育は青年海外協力隊派遣の重要な分野であり、多くの隊員がアジア・アフリカで活動している。ガーナでは、派遣されている隊員から中等教育段階での生徒の基礎計算力の弱さが報告されている[9]。計算力の弱さは初等教育に起因すると考えられるため、小学生の基礎計算力の調査を行い、その分析をもとに教材を開発し、その効果を測ったのである。

　基礎計算テストは、7カ国の小学3、4年生1,067人に足し算・引き算各10問で行った。その結果から、計算力の不足は、計算ができないのではなく、計算練習が不十分で、計算に非常に時間がかかるからだと思われた。そのため、生徒たちは、計算練習のできる教材「足し算練習シート」の開発を行った（**図6−1**）。この練習シートは、大変面白いアイディアで開発されている。開発した教材は、10の位を大きい円で表し、そこに小さい黒丸（●）をはめ込むことで、結果が容易に分かるようにしてある。この教材は二人で使用するようになっており、一方の生徒が解答をし、他方の生徒が裏面の答えを見て確認するペア学習教材である。

　また、計算練習が不十分な理由の一つは、紙の不足である。そのため教材をビニールコートして、何度でも利用できるようにした。ガーナに派遣されている協力隊員にこの教材を送り、実際に1カ月間使用してもらい、事前事後テストと3カ月後の評価テストによってその効果を測定した。ガーナでは、計算スピードに関しては98％の生徒に効果があり、54％の生徒は計算

スピードが1.5倍になった。この教材の効果に関しては、さまざまな面から考察が行われており、さらに引き算版も完成しており、今後現地で使用することを考えている。

発表のまとめとして次のように述べている。「途上国の小学生の計算力の不十分さは、計算練習不足に起因し、開発した計算シートはこの問題を解消し、計算力向上に大きく貢献できるものであった。今後は、本教材を改良、充実させ、ガーナのAdansi North郡90校2万人の小学生の計算力向上をはかるため、普及を進めたい。」[10]

この発表を聞いていて、高校生グループが実際に途上国の教育支援ができることに感心したが、さらに現地の状況を深く考えて、教材の内容や仕様を考え、実際の効果測定にまで考慮していることに驚かされた。これまで高校生の国際協力は、資金や物品の提供などが中心であった。協力隊経験のある教諭の指導があったとはいえ、生徒が具体的にテストや教材を開発することは、学習を超えた本格的な国際ボランティア活動であると思う。

これまでの3つの事例は、中学・高校の生徒によるボランティア活動である。東北の2つの事例は被災した学校の生徒による防災の取り組みであり、地域への発信である。また、K高校の事例は生徒による開発途上国の子どもへの具体的な支援である。いずれも、これまでの学校教育内におけるボランティアの枠を超えたきわめてアクティブな活動である。次の節では、NGOによる難民キャンプでの教育支援の事例である。ここでは支援を行うにあたって何が重要であるかを検討したい。

6　カクマ難民キャンプでのNGOによる教育支援

2015年10月に短期間ではあるが、ケニア北部のカクマ難民キャンプを訪れ日本のNGOによる難民支援を視察した。とくに、難民にとって重要な教育支援を中心に考えてみたい。

カクマ難民キャンプは、1990年代当初からの南スーダン独立戦争の影響

で大量に発生したスーダン難民のキャンプである。2011年の南スーダン共和国の独立で多くの難民は帰還した。しかし、2014年に新たに派生した南スーダン内の内戦によって、多くの難民が国境を越えてカクマ難民キャンプに殺到した。現在のカクマ難民キャンプは、4つの地区（カクマ1～4）に、全体で5万人の難民が居住している。南スーダンからが多いが、そのほかソマリア、ブルンジ等からの難民も暮している。

(1) カクマ難民キャンプの学校の状況

カクマ難民キャンプには、20の小学校（8年制）がある。2014年に南スーダン内の紛争により急増した難民のために、「カクマ4」に「平和小学校 Peace Primary School」が建設された。この学校は、日本のNGO AAR Association for Aid and Relief Japan（難民を助ける会）が日本の資金によってテントの教室を供与してできた学校である。カクマ難民キャンプ内の小学校で最も大きい学校で、広い敷地に大きなテントが並んでいる。生徒数は7,618人、うち女子生徒は2,335人である。難民キャンプ内であっても多くの小学校段階では男女がほぼ同じ数のケースが多いが、この学校では女子生徒が3分の1以下である。生徒の出身は、南スーダン5,212人、スーダン2,210人、ブルンジ110人、ルワンダ70人、エチオピア14人、ソマリア2人となっている。教員数は44人、うち女性は4人である。

カクマ難民キャンプ内には、小学校に比べて中等学校（4年制）の数が少ない。現在4校が開校しており、5校目をAARが建設していた。一番古い中等学校は、「カクマ1」の Kakuma Refugee Secondary で、1990年に開設された。登録生徒数1,385人（うち女子生徒の240人）、1年生：301人（女子36人）、2年生：510人（女子76人）、3年生：345人（女子78人）、4年生：229人（女子50人）である。各学年のばらつきが大きく、女子生徒の数が非常に少ない。

教員数は43人（うち女性8人）、有資格教員（Trained Teacher）20人。教室は手狭で生徒があふれている。また壁なども壊れたままである。マネージメントがよくない印象を受けた。

カクマキャンプ内のもう一つの中等学校は、「カクマ2」の Somali Bantu

写真 6 − 3　Peace Primary School の林立するテント（2015 年 10 月　筆者撮影）

Secondary School である。生徒数 1,046 人（女子 132 人）で、まだ 3 年生までしかない不完全中等学校である。1 年生：534 人（女子生徒 89 人）、2 年生：352 人（女子生徒 27 人）、3 年生：160 人（女子生徒 16 人）である。「カクマ 1」の学校よりも女子生徒の率が少なくなっている。11 クラスあるが、来年度には 4 年生（F4）に上がる生徒がいるが教室が足りない。現在一教室に 90 人以上の生徒がいる。教師は 25 人、有資格教員は 14 人である。

　現在 AAR が日本の資金によって建設している「カクマ 4」中等学校（仮称）の工事現場を見学した。非常に広い敷地で、中等学校には十分である。炎天下で工事が進んでいる。土地の確定やフェンスの設置などで、着工が遅れて、2015 年 6 月完成の予定が 12 月末に完成予定である（予定通り完成し 2016 年 1 月に開校した）。現在最も進んでいるのは石組の実験棟である。石造りのため時間がかかるというが、壁の半分以上はつみあがっていた。教室等は現在土台ができあがったところである。こちらは煉瓦積のため工期が実

写真6－4　Somali Bantu Secondary School の女子生徒

験棟より早いという。暑さの中、教室部分の基礎工事が進んでいた。多くの工事労働者は難民と地元住民である。

(2) カクマ難民キャンプの教育状況
1）　生徒

　現在カクマには 12 の幼児教育施設（Pre-Primary School ケニア式に幼稚園といっている）、8 年制の初等学校 20 校、中等学校が 4 校ある。中等学校は 2016 年度（1 月はじまり）から現在 AAR が建設中の学校がはじまるので 5 校になる。総就学率は幼児教育が 40 %、初等教育が 69.5 %、中等教育が 6 % である。幼児教育と初等教育の数字そのものは悪くないが、中等教育の就学率は非常に低いことが特徴である。

　就学率の低さとともに、今回の調査で驚いたことは女子生徒の就学率の低さである。これは、南スーダンのジュバでの調査では見られなかったことである。それ故、ここには女子の通学を阻害する大きな要因があると思われる。

この点を校長や UNHCR（国連難民高等弁務官事務所）の教育担当者に聞いても明確な答えは得られなかった。

また、難民には南スーダン等で中退した子どもや就学年齢を超えたものも多い。そのため、初等学校・中等学校において学期の休みや学年末の休みを利用して進級促進クラスを設けている。

キャンプ内の学校の生徒の 10 % は、キャンプ外のコミュニティから通学することになっている。しかし、女子生徒の割合の規定はない。

2) 教科書

難民キャンプの学校は UNHCR の管轄であり、実施団体 Implementation Partner（IP）として、初等教育はルーテル世界連盟（The Lutheran World Federation; LWF）、中等教育はイギリスの NGO ウィンドルトラスト・ケニアである。IP は予算に限りがあるため、教員採用を優先し、教科書や教材に手が回らず、非常に劣悪な環境である。ちなみに、Pearce Primary の生徒数は 7,678 人であるが、英語の教科書は全校で 259 冊、算数 293 冊、理科 238 冊、スワヒリ語 358 冊など、信じられない数字である。これは 1 年から 8 年までの合計である。1 年生の英語の教科書は 31 冊、5 年生は 20 冊となっている。IP は学校の教師の採用に手いっぱいで、教材に関して留意していないのではないかと思われた。

ちなみに、カクマの学校はケニアのカリキュラムに沿っており、教科書はケニアのものを使用しているため、ケニアの学校であれば教科書は無償で提供されるのであるから、この面での交渉は可能であると思う。

認可されていないとはいえ、初等教育卒業試験（KCPE）や中等教育卒業試験（KCSE）は受験できるのであるから、この面での改善が望まれる。

3) 教師

教師は数的には足りているようであるが、資格を有しない教員が初等学校で 80 %、中等学校で 50 % である。初等学校の教師は多くが中等学校卒業生である。また、教師生徒率は初等で 1 対 200、中等で 1 対 80 であり、一

つの教室の生徒数が非常に多い。

　無資格教員が多いのは、難民を教師として採用していることも原因である。UNHCRとウィンドルトラスト・ケニアは、6カ月の教員研修コースを設けている。また、ケニア国内の大学が行っている1年間の教員資格Certificateコースを、40人の教師が受講している。教員の月給は、平均で校長103,000シリング（約13万円）、教師72,300シリング（8万5千円）とのことで、ケニア国内よりも高い給与が支払われている。

4）　学校施設

　UNHCRの教育担当官は、中等教育段階での学校施設の不足が課題であるという。これは初等教育修了試験（KCPE）の受験生が増え、その合格率も高くなっているため、中等教育への超過需要が起きているからである。とくに、既設の3校は実験施設などのない学校である。今回できるAARの学校は、実験教室も備えた学校であるため、多くの生徒が集まることが予想される。

　他の学校は、今回管見した限りでは、管理が悪く、適切な修理も行われていない。ケニアの学校と異なり、難民キャンプ内では保護者の状況が厳しいためか、あるいは期間の限られた滞在のためか、保護者の学校教育への参加度が低いように感じられた。

5）　職業教育・高等教育

　訪問した2つの既存の中等教育機関は、普通科つまりアカデミックコースのみである。カクマ難民キャンプ内では国際NGOドンボスコが職業訓練校を運営しているが、今回は訪問するチャンスがなかった。

　高等教育に関しては、アルバート・アインシュタイン財団からの支援によるケニアの大学の学士取得プログラムがある。また、カナダ、アメリカ、フランスからの支援もあり少人数であるが、留学している。

　カクマーナイロビ間の国連機で隣り合わせたジュネーブ大学のバーバラ教授（Prof. Dr. Barbara Mase-Mercer）は、カクマとケニア東部のソマリア国境に近いダダブ難民キャンプの2カ所で資格付与プログラムを実施している。カク

マでのプログラムは、キャンプ内のドンボスコの職業訓練校の中に1年間の資格付与コースを行っており、各コース20人で看護師やICT技術者を養成している。また、カクマカフェとなづけた簡素な交わりの場を併設している[11]。各コースの定員の30％は女性としており、また難民キャンプの地域コミュニティからは10％の定員を割り当てている。ケニアでは高等教育を受けるには、中等教育資格試験（KCSE）が最低でもC+の得点が必要だが、それでは女性30％の目標を達成できないので、女性の場合にはC-まで受け入れている。2015年11月に先行しているダダブのコースの最初の卒業式を行い、ジュネーブ大学学長がケニアに来ることになった。

(3) 難民キャンプにおける支援の課題

　カクマの教育状況全体から見ると学校の建設は重要である。とくに、中等学校のニーズは高い。初等教育の就学率が7割程度であり、多くの修了生が出ることから中等教育への需要が急速に拡大しつつある。それ故、学校の施設の必要性は高いといえる。しかし、中等教育を担当しているNGOのウィンドルトラストの支援母体であるDFID（イギリス援助省）は、ハードの建設は行わない方針であるため、学校建設はどこかが担わなければならない。日本のNGOであるAARによる施設建設は、UNHCRやウィンドルトラストからも高く評価されている。

　中等学校の状況を見ると、80名という一教室の生徒数、女子生徒が非常に少ないこと、教材の圧倒的不足、有資格教員の不足、女性教員の少なさ等々、学校の建設前にやるべきことが山積している。それ故、学校建設とこうしたソフトの改善がリンクすることが必要である。

　教育協力に限らず多くの分野において量と質はトレードオフの関係にあり、悩ましい問題である。カクマの教育状況を見ると、初等もそうだが中等教育の量的拡充は大切である。しかし、質の側面に目を背けることはできないであろう。それは建物の質ではなく、教育の質の問題である。この点を教師と生徒の側面に分けて検討してみよう。

1） 教師

　有資格教員の不足、女性教員の不足は大きな問題である。学校建設に当たっては、有資格教員の配置に関して検討することが必須である。少なくとも 70 〜 80 ％は有資格教員を配置すること、目標となっている 30 ％の女性教員の配置を条件とするべきであろう。また、訓練を受けてない教師に関しては、現職教育の機会を用意することが必要である。これは緊急だからこの点は検討しなくてよいのではなく、緊急だからこそ必要な措置であるといえよう。

2） 生徒

　女子生徒の少なさには大きなショックを受けた。こうした状態を放置して学校を建設することは控えるべきだと思う。なぜなら男女格差を教育によって拡大させてしまうことになるからである。学校建設にあたって、少なくとも女性教員の比率と同様に 30 ％の女子生徒の確保を条件とするべきであろう。女子がなぜ少ないのかを調査し、それを改善する方向で学校建設を考えなくてはならない。難民キャンプ内では通学に関する問題は少ないので、それ以外の何らかの要因があると思われる。

3） 難民自身による支援について

　カクマ難民キャンプでの日本の支援を見ていると、難民どうしの活動や難民による難民への支援という視点が不足している。難民キャンプにおける教育支援は緊急人道支援であり、開発支援とは異なるコンセプトとしての側面がある。開発支援においては参加型開発が一般的である。参加型開発とは、支援する側は材料や技術指導は行うが、実際の建設には住民や受益者が自らのイニシアチブで実施することである。人々がプロジェクトの当事者になることである。難民への緊急支援の場合は、難民の脆弱さや短期的な対応が必要なことなどから、支援する側のイニシアチブで実施される。しかし、学校建設や学校の管理運営に関する支援は長期的な課題であり、保護者や地域住民の参加が重要なことから、参加型開発の要素が必要である。難民自身のイニシアチブによる学校建設や学校運営を真剣に検討することが重要である。

そのためには難民との対話、それも長期にわたる対話が重要である。国際機関やNGOは、難民自身の自らを助ける働きを支援する姿勢を明確にする必要がある。難民自身が、それぞれ力をもっており、自身自分の能力を生活の改善や家族の未来に向けての働きに生かすことを望んでいるからである。

スイスのジュネーブ大学は高等教育支援を行う傍らで、カクマカフェを併設している。教員・学生やコミュニティの人々が利用できるカフェを創ることは、学校がたんなる学びの場ではなく、人々が交流する場であることを形にしたことを意味している。学校の存在そのものが、生活を豊かにする場であることを目指しているのである。こうした活動は、学生や人々、つまり難民自身が自らの能力（コンピテンシーやスキル）を共有し、生活や未来を語り合うことができるのである。

7　考察とまとめ

東北の2つの学校の活動、山梨の高校生の活動、ケニアでのNGOによる教育支援という離れた場所ではあるが、4つの教育とボランティアに関する事例を紹介した。最後にここから考えなければならないことを指摘したい。

一つは、支援を受ける側は決して弱い存在ではないということである。適切な状況があれば、支援をされる側はいつでも支援する側に回ることができるということである。私たちは、いつの間にかボランティアされる側、支援を受ける側は弱い存在であると見がちである。とくに教育の場では、子ども、生徒は守られるべきと思いがちである。これは間違った認識なのではなかろうか。教師と生徒、教える側と教えられる側、支援する側と支援される側、こうした2つに分ける発想は克服するべきではなかろうか。

二つ目は、そのためには、ボランティア活動や支援の場において、お互いが理解しあえる場を用意することが重要だということである。学校は、学習の場を超えて学びの広場として、人を助ける場、人と人が理解を深める場として設計することが大切なのである。これはお金のかかることではなく、思いの問題である。お互いが他者を認めあうことによって、可能になることで

ある。

　こうした認識の中に、未来に向けた教育とボランティアのデザインを考える必要があると思うのである。

　本章では、筆者自身の経験を語ることを通して、教育とボランティアの関係、あるいは教育におけるボランティアについて考えてみた。それぞれ、違う場面であるが、こうした活動の創造性、そして生き生きと活動している場面を見て、ボランティアには何か大きな力があるとしみじみ感じた。こうした思いを分かち合うのも、教育におけるボランティアの働きであると思う。総合的学習の時間においてボランティアは大きなテーマであるが、新たなカリキュラムのデザインによって、一層大きな力を発揮することができると思う。

注
1　第3回国連防災世界会議「東日本大震災総合フォーラム　プログラム」、2015年、3頁。
2　気仙沼市ホームページによる（2016年1月13日閲覧）。
3　多賀城市ホームページによる。人口は2014年12月現在。
4　T高校『平成27年度学校要覧』及び『2015年学校案内』。
5　T高校『多高通信』2015年3月31日号。
6　T高校『多高通信』2015年4月20日号。
7　宮城県教育委員会『宮城県高等学校防災系学科設置基本構想』、2014年。
8　市川琴子他「開発途上国の小学校の計算力調査と教材開発」、『第16回アフリカ教育研究フォーラム発表要旨集録』（東京大学教育学部）、2014年、24頁。
9　JOCV/JICA Ghana Office "Report about Calculation Test", 2009.
10　市川琴子他「開発途上国の小学校の計算力調査と教材開発」、『第16回アフリカ教育研究フォーラム発表要旨集録』（東京大学教育学部）、2014年、24頁。
11　ジュネーブ大学ホームページ https://mediaserver.unige.ch/play/89743 にバーバラ教授によるカクマカフェの紹介動画を見ることができる。

●関連文献紹介
①内海成治・中村安秀・勝間靖編著『国際緊急人道支援』、ナカニシヤ出版、2012年

　国際緊急人道支援は、メディアで取り上げられることは多いが、その仕組みや内容はあまり知られていない。本書は国際緊急人道支援の理論、組織、分野ごとの

課題、国別の事例を紹介したテキストである。

②**内海成治・中村安秀編著『新ボランティア学のすすめ』、昭和堂、2014年**

　この本は、学部レベルのボランティア論の教科書として編集されているが、近年のボランティア学の成果を丁寧に紹介し、現在のボランティア活動の動向を紹介している。

③**山田恒夫編『国際ボランティアの世紀』、放送大学、2014年**

　放送大学の同名の講義のテキストである。国際ボランティアのさまざまな課題を15回に分けて講義が行われている。本章で取り上げた内容と関連する「教育と国際ボランティア」、「NGOと国際ボランティア」の章も含まれている。

第Ⅱ部
学習分野をめぐるデザイン

トピックス1．学習指導要領改訂の動向

　現行の学習指導要領を改訂するための作業が、文科省と中教審によって、急ピッチで進められている。これまでの動きを簡単に振り返ると、(1)平成26年11月、中教審にたいして下村博文文科相による諮問が行われた、(2)平成27年8月、文科省によって「次期学習指導要領改訂骨格案」が提示された、(3)平成27年8月、中教審教育課程企画特別部会によって「論点整理」についての「報告」が取りまとめられた、(4)平成27年10月、校種別部会と教科別等のワーキンググループから成る22の専門部会がスタートし、校種別、教科等別の具体的な審議に着手された、という経過を経て現在にいたっている。

　今後の見通しとしては、「審議のまとめ」を経た上で、平成28年度内に答申が行われ、それを受けて新しい学習指導要領が告示されるというスケジュールになっている。その後、教科書検定を経て全面実施されるのは、小学校が平成32年、中学校が33年、高等学校が学年進行によって34年からとすることが目指されている。

　以下では、こうした動きを通して伝わってくる次期学習指導要領改訂のねらいと内容について、これからの学校カリキュラムの新しいデザインを描くための基本的な方向を探るという観点からとくに注目される点として5つの事項を取り上げ、ごく簡潔なコメントを試みる。本書の第Ⅱ部で展開される教科別の考察を読んで頂く上での参考になれば幸いである。

　第一に、今回の改訂の最大の特色である小学校における英語教育の導入をめぐる問題を取り上げる。第3・4学年の「外国語活動」と第5・6学年の「英語科」の指導内容や指導方法、あるいは教員の研修や養成が大きな課題であることは明らかである。それ以外にも、初等教育にふさわしい「全人教育」の理念に立つカリキュラムの全体像を考えるという観点からは、(1)授業時数をどう確保するのか、(2)国語・算数・英語という用具教科に著しく偏ったカリキュラム編成が行われ、内容教科や技能・表現教科とのバランスを欠くことになるのではないかということが憂慮される。「帯学習」や「モジュール学習」で授業時数の辻褄合わせをするというレベルでの問題ではなく、小学校教育の全体像を明らかにし、カリキュラムの全体的な構造をデザインし直すという課題が、新学習指導要領づくりとそれを受けての各学校の教育課程編成の両方に求められている。

　第二に、今回の改訂では、高校教育にカリキュラム改革を通して新機軸を打ち出すという方針が示されている。「歴史総合」「地理総合」「公共」「現代の国語」「言語文化」を必履修科目として新設すること、「数理探求」を選択科目として新設すること等である。

　これらの科目は、統合科目あるいは科目横断的なクロスカリキュラムとしての性格を

もっており、今回の改訂で目指されているアクティブ・ラーニングの展開にその効果を発揮することが期待されている。

しかし、この提言にたいしては、(1)科目統合や科目間のクロスによって生じる問題点をどう克服するのか、(2)必履修科目の増設にはこれまで進められてきた高校教育の多様化や個性化の方向とどのように整合性をもたせるのか、(3)現在検討されている「大学入学希望者学力評価テスト（仮称）」等、大学入試とどう結び付けるのかなど、ハードルの高い課題が内在していることを指摘しなければならない。とくに、(1)の問題については、「一般社会」「時事問題」「総合的な学習の時間」など、期待されたほどの成果をあげることができなかった事例に即してみても、慎重な教育学的な検討を要すると思われる。高校レベルにおける知の総合化と科目の統合との関係が問われなければならない。また、(2)の問題については、高校教育全体のグランドデザインの中で統合型科目や必履修科目を位置づけるという観点からの検討が大切である。

第三に、今回の改訂を契機にして、教育界で広い注目を集めている「アクティブ・ラーニング」について、その意味と内容を改めて吟味する必要があることを指摘しておきたい。

「アクティブ・ラーニング」を単に指導方法の改善にかかわることというように狭く理解すると、学習指導要領の改訂に当たってこの問題が大きく取り上げられていることの意味を読み違えることになる。新しい学習指導要領では、教育内容・指導内容と教育方法・指導方法との関係について深い洞察に基づく記述が行われることを期待したい。また学校現場におけるカリキュラム研究と授業研究にとって役に立つ新しい知見が提供されることが期待される。

第四に、今回の改訂で、学習指導要領の理念を実現するために必要な方策として取り上げられている「カリキュラム・マネジメント」について、一人ひとりの教員がカリキュラム編成とその実施、評価・改善のために十分に力量を発揮し、その向上をはかることができる環境、条件を整えることが喫緊の課題であることを指摘しておきたい。答申ではこのことが明記されることを期待したい。

第五に、今回の改訂では、教育課程を縦軸と横軸の両面から捉え、構造化をはかろうとしていること、社会に開かれた教育課程という構想を打ち出していること、教科横断的で総合的な学びを創る教育課程を重視していることなど、注目すべき問題提起が行われていることを指摘しておきたい。前述した「論点整理」にはカリキュラムに関する学術的な研究の成果が生かされている。こうした意味で、今回の改訂を契機にして、学習指導要領は、学校現場における教師の実践的研究のための手がかり、テキストという役割を果たすことが期待される。(山口　満)

第7章　現代の教育改革における道徳教育
――民主主義的道徳と型の教育との関連で

堤　正史

本章のねらい

　道徳教育を構成する重要な形態として二つをあげることができる。一つは、慣習的道徳が求める振る舞い方を内容とするいわゆる型の道徳教育である。もう一つは、戦後の公民教育を源流とする民主主義の教育である。それは反省的道徳の立場から道徳における批判的創造的構築力の育成を求める。しかし、型の教育か民主主義の教育か、道徳教育はこうした二者択一に陥るべきではない。私たちは、二つの道徳教育の形態を柱にして、これからの道徳教育をデザインしていかなければならない。本章のねらいは、こうしたデザインの基本的な方向を見定めることにある。
　そこで臨教審以来30年ほどの間にわたって、道徳教育を主導してきたイデオロギーを明らかにする。そして新自由主義と新保守主義こそがそうしたイデオロギーであることが明確になる。新自由主義は競争原理や規制緩和を動機として従来の教育体制の改革を目指す。新保守主義はこうした改革によって惹起されかねない社会秩序の混乱を抑止するための補完措置であり、道徳教育の内容を構成している。
　しかし新自由主義には、討論と説得とを要件とし公正性を重んじる民主主義を軽視する面がある。それは道徳教育の柱である民主主義の教育を侵食しかねない。こうした事態を回避するには、コールバーグのジャスト・コミュニティをモデルとする民主主義的な学校づくりが優先されねばならない。
　慣習的道徳を内容とする型の教育は不可欠である。だが、そこには人格軽視の危険性がある。そうした危険性を認識した上で、民主主義の教育とともに型の教育は進められるべきである。

1 道徳教育の二形態とその課題

(1)「型」の道徳教育

1958（昭和33）年にはじまった小中学校における「道徳の時間」が、紆余曲折を経て、いよいよ2016（平成28）年度から「特別の教科」となる。この道徳の教科化は、公教育施策における50年以上に及ぶ道徳教育強化の流れを象徴する出来事であろう。しかし、つとに指摘されてきたように、道徳教育の強化が半世紀あまりにわたって、トーンを変えながらではあるが、言い続けられてきたということは、道徳教育が所期の目的を果たせなかった、その意味で不振であったことの証でもあろう。この道徳教育の不振については、多様な議論があるが、そのうちの有力なものとして、貝塚茂樹に代表される道徳教育イデオロギー論がある[1]。すなわち、左右の政治的イデオロギーに振り回されたために、道徳教育の本質についての議論が深まらず、あるべき道徳教育の方向が見失われてしまったという主張である。

たしかに、戦後の一時期における政府・文部省（現在の文科省）と日教組との関係において顕著なように、道徳教育の強化を求める保守派と、これを戦前の修身教育や教育勅語の復活とみなす革新派との深刻な対立があった。また、今日においても、たとえば道徳の教科化について、いわゆるリベラルと目される人たちからの批判がある。

貝塚は、道徳教育がながらく置かれてきたこうした状況を不毛であると見なし、脱イデオロギーの道徳教育を提案している。これが「型」の道徳教育である。すなわち、礼儀作法のように、イデオロギーの如何にかかわらず、誰でもがその必要性を認める振る舞い方の習得を中心にすえた道徳教育である。こうした型の多くは伝統的に受け継がれてきた慣習的道徳に含まれるであろうが、社会の秩序を保ちその成員となっていくために、こうした型の教育の不可欠性について異論はないであろう。

(2) 道徳教育と民主主義の教育

周知のように、第2次世界大戦後GHQ（連合国軍最高司令官総司令部）

は教育に関する「四大指令」を出し、戦前の道徳教育の核であった修身の授業停止と教科書回収を命じた。そうした中で、文部省に和辻哲郎（1889–1960）らをメンバーとする「公民教育刷新委員会」が設置され、戦後の道徳教育の再建が議論された。そして道徳教育は公民教育、さらにいえば民主主義の教育と一体的に推進されるべきである、という答申がなされた。答申が出されてすでに70年たつが、民主主義教育と道徳教育をリンクさせるという発想は、今日の、またこれからの道徳教育を考える上でも示唆深い。

　先に述べたように、イデオロギーに左右されないと差し当たり思われる型の教育を、道徳教育の柱の一つにすることはもっともであろう。しかし、いわゆる慣習的道徳と反省的道徳からなる道徳の構造から判断して、道徳教育は型の教育に尽きるものではない。型の教育が深くかかわる慣習的道徳にそれなりの一般性を認めることはできる。しかし、それは歴史的地理的制約をまぬかれない。自然発生的で匿名的な慣習的道徳には矛盾した内容や不合理な面も含まれる。時代の変化が劇的で、グローバル化が急速に進展する現代において、そうした慣習的道徳の制約を批判的に明確化し、時宜に適った道徳を創造的に構築することが求められる。このように慣習的道徳を振り返り―反省と自覚化―所与の状況において社会の構成員が理性的に納得できる道徳を打ちたてていく役割を担うのが反省的道徳の立場である。そして、いうところの民主主義の教育は、そのような反省的道徳に応じた有力な教育形態であるといえるであろう。

　民主主義とは何かという問いに、簡単に答えることはできない。しかし、すべての人の基本的人権の実現を目標とする権力機構である民主主義において、最も大切なことは、多数決原理を拠り所に、多数者が自己の主張を正当化することではない。むしろ少数者による多数者への批判が許され、多数者が少数者の声に耳を傾け、結果として社会全体が上の目標に一歩でも近づくことが何よりも重要である。端的にいえば、こうした批判力と傾聴力を育て鍛えるのが民主主義の教育である。そうした教育は狭い意味での民主主義とかかわるだけでなく、反省的道徳の立場が求める道徳における批判的創造的構築力にとっても不可欠であることは明白である。十分自覚されてい

たかどうかは別だが、戦後の早い時期に、道徳教育と公民教育とをリンクさせようとした発想もここに求めることができるように思う。今日、教育基本法が改正され道徳教育において「公共」ということが格別強調される。また、18歳から選挙権が与えられるようにもなった。それだけにこれからの道徳教育にとって民主主義の教育はますます重要となろう。

　型の教育か、それとも広い意味での民主主義の教育か、道徳教育はこうした二者択一に陥ってはならない。両方ともが大切である。私たちは、こうした二つの道徳教育の形態を柱にして、これからの道徳教育をデザインしていかなければならない[2]。

(3) 道徳教育の課題

　しかし、現実の文脈に身をおいて、具体的に考えるとき、二つの教育形態を単純に並立させたり、結合させたりすることはできない。たとえば、型教育の主張は、教育の脱イデオロギー化を求めるが、公教育が政治と結びついて実施される以上、一定の政治的イデオロギーがその時の教育をリードすることは不可避であろう。型教育やいわゆる品性教育を積極的に主張する人たちの多くが、実際のところ保守的な層に属しているということが、皮肉にも教育のこうしたイデオロギー性を示しているともいえる。また、民主主義の教育を主張する人たちの中にも、公教育への政治権力の介入を単純に拒絶する人がいるが、これもまた非現実的な理想主義といわざるを得ない。

　まず重要な事は、現在の道徳教育改革に直接するここ30年あまりの、教育にとって支配的であったイデオロギーが何であったかを冷静に見極めることであろう。その上で、型の教育と民主主義の教育の両者を生かすあるべき道徳教育の具体的方向を探ろう。

2　道徳教育改革を検証する―新自由主義と新保守主義

(1) 教育再生実行会議と臨教審

　安倍晋三が最初に政権について間もない2006（平成18）年12月に、戦後

約60年にわたって変えられることのなかった教育基本法が全面改正された。これは戦後教育の画期となる大きな出来事であったろう。改正のポイントは、①公共の精神、②伝統の継承、③生命の尊重の三点である。そのそれぞれに応じる根拠を、改正を進めた側に立ってあげればほぼ次のようになろう。①戦後の個人主義がいき過ぎた結果、公徳心を欠く者が多くなった、②伝統を軽視し国や郷土を愛する気もちが弱くなった、他国民を尊重するためにも自国への愛国心が必要である、③生命軽視の風潮が広がった、生命にたいする「畏敬の念」が大切である。

　改正教育基本法の内容は、安倍が政権に就く前にほぼ固まっていたと思われるが、上述の改正のポイントを具体化することを目論んで、政権が成立して一月足らずの間に、教育再生会議が首相の諮問機関として設置されていた。このことは改正の方向が安倍政権の意に叶うものであったことをよく物語っている。周知のように、第一次安倍政権は短命に終わったが、民主党政権の崩壊を受けて、2012（平成24）年12月に、圧倒的な与党勢力を背景に、第2次安倍内閣が成立し、今日にいたっている。今次の政権においても教育への関心は高く、教育再生会議を実質的に継承するものとして、2013（平成25）年1月に教育再生実行会議が設けられた。

　教育再生実行会議は2年あまりの間に8度の提言を行っているが、第一次提言は「いじめの問題等への対応について」であった。これは、2011（平成23）年10月に起きた「大津市中学二年生いじめ自殺事件」への回答という性格を帯びていたが、内容的には道徳教育に関するものであったといってよい。その主な項目として、道徳の教科化、「道徳教育のリーダーシップを執れる教員」の育成、具体的な人物や「我が国の伝統と文化」に根ざした題材を重視した道徳教材の充実、家庭や地域との連携強化などをあげることができる。

　道徳教育の「抜本的な充実」を求める第一次提言以降の提言は多岐にわたっているが、「適正な競争原理の導入により、学校の質を高める」とか「多様な分野の優れた社会人等から教員を大量に採用し、学校を活性化させる」ことを提案した教育再生会議の方針を受け継いだものといえよう。

資料7－1　道徳教育に関する動向

年号	政権		教育改革関連組織等	中教審答申
	首相	文科大臣		
1977	福田赳夫	海部俊樹		
1984	中曽根康弘	森　喜朗	臨教審設置	
1989	海部俊樹	西岡武夫		
1998	橋本龍太郎	町村信孝		「新しい時代を拓く心を育てるために」―次世代を育てる心を失う危機―
1998	小渕恵三	有馬朗人		
2001	森　喜朗	町村信孝	教育改革国民会議答申	
2003	小泉純一郎	遠山敦子		新しい時代にふさわしい教育基本法と教育振興基本計画の在り方について
2006	安倍晋三	伊吹文明	教育基本法改正	
2008	福田康夫	渡海紀三朗		
2013	安倍晋三	下村博文	教育再生実行会議設置	
2015	安倍晋三	下村博文		

年号	指導要領改訂	特記事項
1977	第5次改訂 （1977年告示）	・「ゆとりカリキュラム」 　過密カリキュラムの修正
1984		新自由主義・新保守主義を理念とする現在の教育改革の源流となる最も重要な審議会
1989	第6次改訂 （1989年告示）	臨教審答申を反映 ・教育における自由化・競争化 ・道徳教育の充実
1998		1997年におきた「神戸市須磨区連続児童殺傷事件」に対応した答申 ・心を育てる場として学校の見直し ・道徳の時間を有効に生かした道徳教育 ・体験的な道徳教育の推進
1998	第7次改訂 （1998年告示）	・総合的学習の新設 ・学校5日制完全実施
2001		教育を変える17の提案（抜粋） ・人間性豊かな日本人の育成 ・学校は道徳を教えることをためらわない ・奉仕活動を全員が行うようにする ・新しい時代にふさわしい教育基本法の改正
2003		教育の5つの目標 1．自己実現を目指す自立した人間の育成 2．豊かな心と健やかな体を備えた人間の育成 3．「知」の世紀をリードする創造性に富んだ人間の育成 4．新しい「公共」を創造し、21世紀の国家・社会の形成に主体的に参画する日本人の育成 5．日本の伝統・文化を基盤として国際社会を生きる教養ある日本人の育成
2006		教育基本法改正の主な方針 ・家庭の教育力の回復 ・「公共」に主体的に参画する意識や態度の涵養 ・日本の伝統・文化の尊重、郷土や国を愛する心と国際社会の一員としての意識の涵養
2008	第8次改訂 （2008年告示）	・授業時間数増、教育内容の改善と拡充 ・「公共の精神」「生命尊重」「伝統と文化の尊重」など新教育基本法への対応
2013		臨教審以来の新自由主義・新保守主義教育改革の総括
2015	2015年一部改正	道徳の教科化 ・道徳の時間を「特別の教科　道徳」とする。 ・問題解決学習や体験学習重視 ・数値評価でない適切な評価 ・教員研修の充実

ところで、道徳教育の重視・強化と抱き合わせた形での、こうした教育改革の提案の原型を求めれば、臨教審の答申をあげることができる（以下に述べられる我が国の道徳教育の流れについては、**資料7－1**「道徳教育に関する動向」を参照のこと）。

臨教審は中曽根康弘首相の肝いりで1984年9月に、首相直属の審議機関として設置された。文部省から独立した教育関連の審議会としては、戦後最大で最長の、またマスコミを含め世間の注目を浴びた審議会である。設置のねらいは、「産業構造の変化、情報化社会の進展、生涯学習への期待の増大、各分野における国際化のすう勢」などの「時代の進展に対応する教育の実現を期して」、「各般にわたる施策に関して必要な改革」をはかるための「基本的方策」を提示することにあった。

臨教審は四部会で構成されたが、「21世紀を展望した教育の在り方」を審議事項とする第一部会が上位部会として全体をリードした[3]。

第一部会は、「戦後教育においては、いずれかというと……「平等」の概念が強調されすぎ、個性の尊重、自律、自己責任というような「自由」の概念が軽視されたきらいがあり」、「校内暴力、青少年非行などの教育荒廃は、画一主義と硬直化がもたらした病理現象である」として、かなり強い主張を前面に押し出した。そして、「これまでの教育に見られる画一性、閉鎖性」を「打破」し、「個人の尊厳、個性の尊重、自由、自律、自己責任の原則」に立つ「個性主義への移行、改革」の大胆な実施を求めている。これがいわゆる教育の「自由化」論である。

臨教審内で、第一部会に鋭く対立したのは第三部会―審議事項は「初等中等教育の改革」―であった。部会長の有田一寿は、「満身創痍になっても斬り死に覚悟で自由化と対決する」[4]とまでいった。有田に従えば、「『自由化』や『競争原理』等が、もし急激に導入されるとするならば非常な混乱」を招き、「百年にわたって積み上げてきた貴重な長所まで一挙に」失いかねない[5]。「教育改革は漸進的であるべきだ」というのが第三部会の方針であった。そして、「道徳教育の徹底」「学校内秩序の確立維持」など「やらなければならない事は山積している」という認識に立って、漸進的改革の中でも

「道徳教育の充実」が強調されている。これは当時の文部省初等中等教育局の見解である「わが国の初等中等教育」(1985 年 1 月)を受けたものである。それによれば「知・徳・体調和のとれた人間形成」のための「今後の課題」として、「道徳教育の一層の充実を図りながら、これまで十分でなかったしつけなどの基本的生活習慣や生活の技能を身につけさせること、豊かな情操を培うこと、国、郷土、家庭を愛する心を育てること、他人を思いやる心を育てることなどを重視した教育(心の教育)を推進する」とか「しつけなどの基本的生活習慣や簡単な生活の技能などを十分身につけさせるためには、家庭や地域社会の役割も大きい。とくに、家庭については、家庭がその役割を十分に果たすためにその教育機能をいかにして高めるかが大きな課題である」とされた。

　しかし、第一部会と第三部会との対立は一見深刻に見えるが、本質的な対立はなかったとも見なせよう。たとえば、第一部会において「戦後、日本の教育は変わったといわれるが、その一つは道徳教育の欠如である」[6]とされ、部会として自由化とともに道徳教育の必要性も主張している。また、第三部会も改革は漸進的であるべきだといっているのであって、自由化を「個性重視の原則」といい換えたように、改革そのものの必要性を否定した訳ではなった。第一次答申全体を見れば分かるように、改革の提言は自由化と道徳重視とを抱き合わせたものになっている。こうした両者の関係は、臨教審と親和的な中曽根ブレーンの教育改革に関する提言を見ればより明白である。たとえば、天谷直弘第一部会長もメンバーであった「世界を考える京都座会」の「学校教育活性化のための七つの提言」(1984 年 3 月)では、「21 世紀の社会に適応し得る教育、それはあらゆる教育の場において、公正な競争原理が機能するものでなければなりません。……正しい競争のないところに、成長も発展もありません」とされると同時に、「社会人としての共通の規範を身につけさせる規範教育は、もう一つの重要な課題といえます。これを道徳教育のおしつけと反対する人がいるかもしれませんが、人間としてふるまうための規範、あるいはその社会を維持し発展させるのに欠くことのできない規範、そうした規範を子どもたちに信念をもって教育することは、21 世紀

の社会を子どもたち自身が、幸せに生きていく道でもあります」といわれる[7]。

教育再生会議から教育再生実行会議へと受け継がれた現在の教育改革案も自由化論的改革案と道徳教育重視とが抱き合わせになっているが、こうした改革案の原型が臨教審にあったことは明白であろう。とすれば、重要なのは、臨教審、さらには中曽根政権が立脚していた思想傾向、すなわちイデオロギーは何であったかであろう。なぜなら、そうしたイデオロギーが、今日の改革の足場とも見なされるからである。そして、こうしたイデオロギーとして、さしあたり新自由主義と新保守主義とをあげることができよう。

(2) 新自由主義と新保守主義

新自由主義と新保守主義、また両者の関係については多様な見解があるが、豊永郁子は端的に次のように述べている。

「『新保守主義 (neo-conservatism)』とは、1980年代にイギリス、アメリカを皮切りに日本、ドイツ等の先進諸国の政権を席巻し、さらに1990年代にかけて世界的な広がりを見せた政治思潮ないしは統治へのアプローチに与えられた名である。この語は『新自由主義 (neo-liberalism)』、『ニュー・ライト (the New Right)』という語とも互換的に用いられる。思想的には、それは、人間の作為への深い懐疑から、国家のなし得ることの限界を説き、むしろ自生的に進化してきたところの市場システムの合理性と効率性を強力に弁証するものとして表れた。『小さな政府』という、2000年代の日本にあって金科玉条のように繰り返されるスローガンは、この『新保守主義』によってもたらされたものに他ならない。……

内政面では、それはまずマクロ・レベルにおいて、ケインジアン的な総需要管理による経済運営の手法を真っ向から否定し、戦後の福祉国家体制を基礎付けてきた完全雇用へのコミットメントの放棄と公共支出の削減の追求を命じるものとして立ち現れた。ミクロ・レベルでは、市場メカニズムに富の活用を委ねることを旨とした逆進的な減税路線、国有企業の民営化、規制緩和、労働組合の弱体化を含意する労働政策、福祉政策の見直しと個人の自助努力の奨励を促すものとなった」[8]。

新保守主義と新自由主義とが互換的に一体化した政権とそれを支えたイデオロギーの典型を求めるならば、サッチャー政権であり、サッチャリズムであろう。

　サッチャー（1925-2013）は、いわゆる英国病が深刻化する 1970 年代の待ったなしの状況下で政権に就いた。ハイエクに傾倒する彼女はケインズ的な「大きな政府」を捨てた。そこには、国民に自助・自立を求める「小さな政府」「規制緩和」「市場主義」「民営化」、これらによる格差拡大や社会の不安定化を抑止するための「道徳重視」「法と秩序の強調」など新自由主義と新保守主義の項目がすべて揃っている。しかし、サッチャリズムは、単なる保守主義ではなく革新性を帯びた新保守主義といわれる。

○**サッチャーの住宅政策**
　サッチャーは、政府の財政負担になりかねない自治体住宅の積極的な払い下げを推進した。家（住宅）は持てる者の証、シンボルでありえる。住宅払い下げは、個人の権利としての「買う権利」に訴えかけて、従来財産所有とは無縁であったマジョリティ、労働党支持層であった下位中産階層や労働者階級を取り込んだ。家は単なる財産ではない。そこには、道徳的な意味が隠されている。財産である家を手に入れるには「勤勉さ」が要求される。そして、「家」において、そこに住まう家族の絆が確かめられ、深められる。住宅払い下げは、これによって生じかねない庶民の分断化に基因する社会秩序の混乱を抑止する道徳的政策でもあり得た。新自由主義的経済施策が進められる中で、家族とそこに根ざす道徳が新たな意味と機能をもつにいたった。このように住宅政策において、新自由主義と新保守主義の二つの「新」が見事に一体化していた。

　では、中曽根政権においてこれら二つの主義主張はどのように理解されるべきであろうか。たしかに中曽根は、新保守主義を想起させる「新しい保守の論理」を説き、「私がかねて唱えている新自由主義を、さらに力強く展開すべきときが近づきつつある」ともいっている[9]。しかし、中曽根がサッチャーに準じる典型的新保守主義・新自由主義に立つ政治家かと問えば、むしろ否定的に答えるのが適切であろう。

中曽根が保守的政治家であることは明白である。しかし、彼にとって、こうした伝統的保守的価値は政治ではなく、元来のところ、文化の領域に属するものであった[10]。そこには、サッチャーのように、大胆な政治的社会的変動を引き起こした「新」保守主義的性格は認めがたい。

　新自由主義という点でも、中曽根自身にそのプロトタイプを求めることはできないであろう。彼は政治信条を披瀝した著作において、新自由主義という「観点から、いま、最も必要とされているものは、『社会的弱者』の徹底的擁護である」と述べ、新自由主義に、それとは相容れないむしろ社会民主主義的な意味をもたせている[11]。

　上に述べたところからすれば、臨教審による教育改革についても、次のような豊永の発言が正鵠を射ているように思われる。

　「中曽根を新自由主義のイデオローグとする見方も首肯し難い。国内における重要なイデオロギー戦線を形成したとされる中曽根政権下の教育改革の混迷を見れば、伝播されるべきイデオロギーが確たる像を結んでいなかったことは明らかである」。

　「教育改革は……中曽根政権独自の目玉政策として鳴り物入りで打ち上げられたものであった……しかしながら、肝心の教育改革も、結局は臨時教育審議会（臨教審）に丸投げされ、徳育論と自由化論に揉まれて迷走する顛末」となった[12]。

　しかし、「丸投げ」された臨教審のリード役が第一部会であったことは看過できない。部会長は、新自由主義的経済施策に通じた通産省OBでエコノミストの天谷直弘であった。また、部会長代理の香山健一は、新自由主義に立つ急進的教育改革論者であった。彼は需要サイドだけでなく供給サイドにも競争原理を導入して学校間を競わせるべきだと述べている[13]。そして、臨教審における香山の影響力は大きかった。臨教審「第一次答申」において、「第1部会が基本的な考え方の部分を香山委員を中心に試案を出し」とか「香山委員は起草委員会の原案作成の中には、絶えず首を突っ込んでいた」といわれるように、香山は答申のいわば影の起草者であった[14]。

　このように、中曽根自身が厳密な意味で新自由主義の政治家であったか

どうかにかかわらず、臨教審が新自由主義に牽引されていたことは明らかである。臨教審は「徳育論と自由化論に揉まれて迷走」したのではなく、大きく自由化論に傾斜していた。むろん、それは徳育論を拒否することではない。新自由主義と新保守主義との間には微妙な関係があるが、渡辺 治が述べるように、「新自由主義が開放した個人的利益のカオスにたいして、秩序を強調」し、「道徳」を「重視」する新保守主義が、「新自由主義の諸結果」にたいする「補完措置」、この意味で「新自由主義の函数」であるならば[15]、新自由主義の教育改革はそれに応じた道徳教育強化を志向せざるを得ないであろう。事実、1989（平成元）年に改訂された学習指導要領において、文部省の担当官は、臨教審をいじめや非行など「多くの問題解決のためにできた機関」と見なし、「従来の道徳教育についても根本から見直し」、その徹底をはかるとしている[16]。内容の上では、生命軽視の風潮に対応するため「生命に対する畏敬の念」をもたせること、国際化が進展する中で我が国の文化と伝統を尊重する「主体性のある日本人」を育成すること、「体験の重視」など現在の指導要領にも通じる項目があげられている。

(3) 臨教審以降の教育改革と道徳教育

　競争原理の導入や規制緩和を動機としながら、道徳教育の重視・強化と抱きあわせた形で進められている現在の教育改革の原型は30年前の臨教審に求めることができる。臨教審と教育再生実行会議では、政治・経済・国際関係といった時代背景はもちろん、組織運営の違いもはっきりしている。また、同じ保守的政治家としての中曽根と安倍との間にも根本的な政治理念の相違を指摘することもできよう。臨教審と教育再生実行会議との差異は否定できない。しかし、ここまで述べたところから、そうした差異を認めた上でなお、新自由主義と新保守主義が、両者をつなぐ政治的イデオロギーであったと解釈してよいであろう。

　すでに示唆したが、改革面が強調されるのか道徳面が強調されるのか、その強調点は異なるものの、二つのイデオロギーは、臨教審から教育再生実行会議の間になされた教育に関する改革諸提言を一貫するものといってよ

いであろう。その中で注目すべきはやはり、「純化した急進的な新自由主義のイデオロギーを保持した政治家」[17] とも評される小泉政権(2001年4月～2006年9月)下での改革であろう。

　サッチャーやレーガン(1911–2004)と同時代人だった中曽根政権のころ、日本において新自由主義諸改革の機は熟していなかった。本格的な改革が声高に求められるようになったのは90年代からである。ここでその動機を詳論することはできないが、経済のグローバル化による日本企業の国際競争力の低下はその要因であろう。こうした状況において、従来のバラマキ型・利益誘導型の政治体制、その意味で「大きな政府」を必要とした政治体制の改革や、非効率的産業を保護してグローバル化を阻害しかねない「官僚機構の介入主義体制」の打破が喫緊の課題とされた[18]。「小さな政府」「官から民へ」というスローガンはこうした状況をよく反映している。

　では教育改革についてはどうであったろうか。小泉政権下では教育に関してもいわゆる改革面が目立っているといえよう。しかし、徳育への志向がなくなったわけではない。その中で注目すべき事柄をあげるなら、数度にわたる中教審答申などを介して示された「新たな公共」の提起であろう。それは小さな政府の論理、すなわち「公共部門の縮小のために『市民の動員』をねらった行政の論理」[19] に応じた新しい公共概念、その意味で新自由主義的改革になじむものである。しかし、「新しい『公共』を支える基盤」としての「思いやりの心や規範意識をはぐくむ」ために「社会奉仕体験活動」の導入が提案されているように[20]、「新たな公共」は道徳教育の論理とも結びついている。そして、この論理が、徳育を重視する新教育基本法、すなわち小泉政権時に準備され安倍政権において実現した改正教育基本法の「公共の精神」につながったことは明らかである。

○教育改革国民会議

　臨教審から教育再生実行会議までの間における、教育改革に関連する動向を理解する上で「教育改革国民会議」(2000年3月～2001年4月)の存在も大きい。この会議の報告として「教育を変える17の提案」が示された。そこ

には「一律主義を改め、個性を伸ばす教育システムを導入する」とか、「リーダー養成のため、大学・大学院の教育・研究機能を強化する」といった新自由主義的な改革の提案と、「教育の原点は家庭であることを自覚する」、「学校は道徳を教えることをためらわない」、「奉仕活動を全員が行うようにする」といった新保守主義の徳育重視になじむ提案が列挙されている。臨教審における第一部会と第三部会との対立、いわゆる改革派と守旧派との対立と同種の対立が存在したといった指摘が正しいなら（渡辺治『構造改革政治の時代―小泉政権論』、花伝社、2005年、257頁）、教育改革国民会議はその提案を含め、文字どおり臨教審の縮刷版であったと見なされよう。

3 これからの道徳教育に求められること

(1) 新自由主義・新保守主義イデオロギーと民主主義

　本章第1節で私たちが示した課題は、型の教育と民主主義の教育という道徳教育の柱をなす二形態を共に生かすあるべき道徳教育の具体的方向を探ることであった。

　この課題に応えるために、第2節では従来の「型の教育論」の主張、すなわちイデオロギーが道徳教育を振り回し、不振に陥らせたという主張を批判的に検証した。その結果、道徳教育を含むここ30年にわたる我が国の教育改革を主導してきたイデオロギーは、新自由主義と、その補完措置的機能を担う新保守主義のイデオロギーであったことが明らかになった。

　ここで問題になるのは、今日の支配的イデオロギーである新自由主義・新保守主義と民主主義との関係であろう。そうした問題は道徳教育の重要な形態である民主主義の教育に及んでくる。

　新自由主義が民主主義と微妙な関係にあることはつとに指摘されてきたが、たとえばハーヴェイは次のように述べている。

　「新自由主義の理論家たちは民主主義にたいして根深い不信を抱いている。多数決原理による統治は、個人の諸権利や憲法で保障された自由にとって潜在的脅威だとみなされている。民主主義はぜいたく品とみなされ、政治的安

定を保障する強力な中産階級の存在と結びついた適度な豊かさのもとでのみ実行できるとされている。したがって、新自由主義は、専門家やエリートによる統治を支持する傾向にある。民主主義や議会による意思決定よりも、行政命令や司法判断による統治の方がずっと好ましい」[21]。

　経済活動において顕著なように、新自由主義的な改革施策の恩恵にあずかっているのはけっして社会の多数者ではない。人口のわずか数パーセントといってよいかもしれない。ハーヴェイがいうように、彼らがその利権を守るには、多数決を原理とする民主主義は脅威になりかねない。もちろん民主主義が常に正しい選択をするとは限らない。しかし、種々の権力機構の内、多数者の意思を反映するベターな権力機構として、歴史的に淘汰されて残ったのが近代民主主義である。新自由主義のイデオロギーはこの民主主義に抵触しかねない。

　「討論と説得の過程を全部抜いてしまえば、多数決というのは単なる専制にすぎない」[22]といわれるように、民主主義の第一の要件は討論と説得、すなわち問題を十分に議論し、それぞれの主張の中で、互いに根拠をあげて、相手の同調を獲得しようという説得の行動である。そこには高い倫理性が求められる。たとえば、小さな政府に荷担する新自由主義的意義がともすると強調される「新しい公共」においても、その不可欠要件として忘れられてはならないのは、「手続重視・プロセス志向の民主主義モデル」[23]とされる。ところが、わが国においても、新自由主義政権において、こうした熟議プロセスの軽視が起きていることが懸念される。この懸念が当たっているならば、新自由主義・新保守主義イデオロギーが、型教育と並ぶ道徳教育の柱である民主主義の教育を揺るがしかねない。私たちは、こうした現実を踏まえて、これからの道徳教育をデザインしなければならないと思う。

　しかし、このことに立ち入る前に、「型の道徳教育」について改めて考えてみたい。道徳教育においてイデオロギー性が否定できないからといって、型の教育の意義が減じることはないように思われる。如何にグローバル化が進もうが、一定の社会で暮らすかぎり、慣習的道徳が社会の秩序を保つ不可欠な手立てであることに変わりはないと判断されるからである。基本的な

生活習慣の教育が不要だといった極端な主張は、不見識以外の何ものでもないであろう。しかし、型の道徳教育は、端的に没イデオロギーといえるだろうか。その匿名的性格が、個人の人格を軽視することにならないだろうか。そしてこのことが、結局のところ民主主義の教育にとってマイナスに働かないであろうか。

(2) 型の道徳教育への期待とその問題点

　種々の調査が示しているように、今日の青少年において、フェイス・トゥー・フェイスの直接的関係よりも、IT技術を介した間接的なコミュニケーションが幅をきかせている。そうした中で、「最近の子どもたちは挨拶の仕方を知らない。目上の人や先生にたいする敬語の使い方を心得ていない」といった類いの大人の声をよく耳にする。それは同時に礼儀作法といった慣習的道徳の教育、いい換えれば躾を典型とする型の道徳教育を強化して欲しいという声でもあろう。型の教育への期待は大きい。しかし、だからこそここでその本質的な問題点を明らかにしておきたい。

1) 型の教育の保守性

　小論の冒頭に示したように、貝塚茂樹は、戦後の道徳教育の不振の原因を左右の不毛な政治的イデオロギー対立に求め、脱イデオロギーの道徳教育として型の教育を主張していた。われわれもまた、そうした主張を一応認めて、ここまで論を進めてきた。しかし、慣習的道徳を内容とする型の教育は本当に脱イデオロギーといえるであろうか。型の教育の保守的性格は否定できないのではないか。伝統的慣習は急速な変化―革新―を拒み、既存の倫理的社会的秩序を守るように働くから、私たちはこうした保守性を率直に認めねばならない。しかし、この保守性を一定の政治的イデオロギーと同一視すべきではない。それは、いずれの慣習も有する一般的性格である。その意味では、それは没政治イデオロギー的保守性といえるだろう。型の教育の保守性そのこと自体に問題があるわけではない。本質的な問題は型教育の主な内容をなす慣習的道徳の匿名性にある。

2） 慣習的道徳の匿名性と道徳教育

　「おはよう」という挨拶の形式一つ取り上げても明らかなように、慣習的道徳はその作り手はもちろん受け手も誰とは特定できない。匿名性がその際だった特性である。この匿名性の本質を考えるとき、ハイデガー（1889–1976）の「ひと（ダス・マン）」論が手引きとなろう。

　「私」でも「あなた」でもなく、しかもまた同時にその両者でもあり、なおかつ他の誰でもないような「ある者」、こうした人間のあり方が匿名的ということである。ひとは通常、みなひとのするように行為しながら、「ひとごと」のように生活を営んでいる。周知のように、ハイデガーは、こうした中性的な主体のあり方を、非人称的なマン（man）の前に中性を表す定冠詞を付けて「ダス・マン（das Man）」と名づけた。

　このダス・マンは、日本語では「世間」という表現に近い。私たちはみんな世間の目を感じ、世間から後ろ指をさされないように、世間体を取りつくろって生活している。世間が行為の基準となっている。この意味で「世間」の目が規範であり、世間に紛れ込んで生きている限り、「ひと」さまからわらわれることはない。私も他者もそうした世間の「不特定なひとり」である。そこには、そもそも自他の区別がない。この曖昧模糊とした世間は、しかし、けっして無力ではない。それは一定の行為を強いる権力として機能している。慣習的道徳とはこうした世間の道徳といってよい[24]。

　世間に従うこと―他律―は、自己決定―自律／自由と責任―をまぬかれさせてくれるから、この意味で私は気楽に日々を過ごすことができる。だが、そこでは自己も他者も特定の顔をもった人間、いわゆる「人格」として扱われることはない。よく知られているように、カント（1724–1804）は、欲望に関するものは市場価格をもち、趣味に関するものは感情価格をもつが、そうした相対的価値によって置き換えられない絶対的存在として人間は「尊厳」を有するといった。人格として扱われないとは、この尊厳が認められないということ、より現代的な言い方をすれば他と置き換えられないかけがえのない「実存」として扱われないということである。世間の道徳である慣習的道

徳には、本質的に、こうした人格軽視の危険性が胚胎されている。既存の社会に未だ十分組み込まれていない青少年、自我に目覚めた青少年、あるいは非行や引きこもりに陥って世間から価値が低いと見なされた青少年に認められる慣習的道徳への反発はこうした危険性を察知してのこととも見なすことができよう。

先に指摘したように、ドラスティックな情報革命が進行する中で、とくに青少年において間接的なコミュニケーションが幅をきかせている。そうした彼らは無礼で礼儀・作法すら知らないと非難されたりもする。しかし、ネット上での誹謗中傷や新たないじめなどの事象を引き起こしているこうした間接的コミュニケーションの最大の問題点が、唯一無二の本当の顔を見せないし見ようとしない人格軽視の傾向にあるとするならば、むしろ世間の道徳としての慣習的道徳が孕んでいるのと同質・同根の危うい性格をそこに認めることができる。

上に述べたところから、いま求められる道徳教育のあり方や課題もはっきりしてくるだろう。

型の道徳教育を極端化すればどうなるか。たとえば、桐生 崇によれば、道徳教育の内容をTO・DOリストなどで検証可能な知識・行動様式に限定して可能な限り学校の道徳教育をマニュアル化する、教員には「基本的な道徳の授業方法の最低限のノウハウ」を身に付けさせる[25]。しかし、こうした人格軽視の教育に道徳教育は陥ってはならない。道徳教育において大切なのは、迂遠に見えようとも、かけがえのない人間存在に気付き、目覚め、これを尊重する方向へと子どもたちを導くことにある。

喫緊の課題として「情報化社会にふさわしいものに道徳教育も改善すべき」だといわれる。たしかに、青少年におけるスマホ依存や出会い系サイトへの安易なアクセスなどといった事態は深刻である。即座の対応が求められている。学校現場もこれを座視している訳ではない。生活指導の一環として、学活時にIT機器の使い方を指導したり、子どものスマホ使用時間の制限や金銭トラブルとかいじめにつながりかねない通信内容のチェックを保護者に求めたりしている。しかし、道徳教育は即効的な生活指導ではない。そこに

おいて最優先すべきは、生活指導の基盤となる人格の教育をおいて他にない。

人間の道徳的成長の過程で、何度もいうが、躾的な型の道徳教育は必要不可欠である。だが、それはその本質的な危険性が認識された上で実行されなければならない。

人格の尊厳といった抽象的で哲学的な事柄を、道徳の教科書や教員養成などの具体的課題にどのようにして反映するか。こうしたことに、ここでこれ以上立ち入ることはできない。しかし、慣習的道徳や情報化に関する上述のごく初歩的な見識すら、おそらく教育現場において共有されていないであろうことが、わが国の道徳教育において憂慮すべき問題だと思う。

人を「ひと」ではなくかけがえのない「人格」として承認することは、人権の実現を目的とする民主主義の前提でもあろう。このことを確認した上でいまいちど民主主義の教育に話題を戻そう。

(3) 道徳教育の場としてのジャスト・コミュニティ

民主主義は、公民や歴史などの社会科関連の教科や道徳の時間でもよく取り上げられるテーマであり、戦後の学校教育でその重要性を公然と否定する者はまずいない。しかし、すでに述べたように新自由主義・新保守主義のイデオロギーが民主主義の本質に抵触し、現実には学校を含む社会を民主主義から遠ざけかねないならば、個々の教科や道徳の時間での民主主義の授業は、民主主義という空気のないところで呼吸するようなものであろう。民主主義の教育が実体をともなったものとして正常に機能するには、社会が、そして何よりも学校という場が民主主義的でなければならない。これはあるべき道徳教育をデザインするためのマクロな課題ともいえるだろう。

今日の学校さらに社会において、いかにして民主主義を実現するか、これは容易でない重い課題である。軽々な発言は控えるべきかもしれない。しかし、あえてあげれば1970年代においてアメリカの心理学者コールバーグ (1927-1987) が提唱したジャスト・コミュニティの試みが示唆深い。

コールバーグといえば、よく知られているのは、児童から成人までを対象とした心理学的研究の成果をもとに提示された3水準・6段階の道徳性の

発達段階モデルであろう。彼はこのモデルの妥当性を実証的に示すとともに、倫理・哲学的に根拠づけようと務めた。こうした初期の道徳性研究を経て、彼の関心はより実践的な道徳教育論に移っていく。ジャスト・コミュニティは、その後半の中心的テーマであった。紅林伸幸がいうように、ジャスト・コミュニティの構想は、「自らの提示した道徳性発達のモデルを修正、補完し、単なる道徳教育の教授法やカリキュラムの改革ではなく」、革新的な「学校改革論」である[26]。

1974年のマサチューセッツ州ケンブリッジのクラスター・スクールを皮切りに、実験的な実践が拡大していった。それらは、生徒と教師全員が参加するコミュニティ・ミーティングを中心に、議題委員会、相談グループ、規律委員会などの組織から構成されている。この制度の基本構想としてとくに着目すべきは、脱分節化と脱権力化であろう[27]。

たとえば、コミュニティ・ミーティングには教師も参加するが、教師グループという分節化された集団にあらかじめ権威が与えられているわけではない。生徒も教師も対等に一票を投じる権利をもっている（直接民主主義の原則）。また、規律委員会はコミュニティ・ミーティングで最終決定された規則に違反する者が出た場合に、当該の人物を罰する権限をもつ組織である。その意味で権力を有する組織ともいえる。しかし、そこでは教師に特別な権力が与えられていないのはもちろん、たとえば、道徳性の発達の上位者と目される生徒が選ばれ、上位に分節化された彼らに権力が与えられるわけでもない。この組織の特徴は、無作為にメンバーが選ばれ、しかも交替制であるのでほとんどの生徒が年に一度はその任につく。分節化と権力化とは密接に関係しているが、そうした関係がジャスト・コミュニティでは排除される。分節と権力がなければ現実の社会は機能しない。このことをコールバーグが否定するわけではない。彼は、こうした分節化と権力化が潜在化し、ヒドゥン・カリキュラムとして暗黙裡に機能することを阻止しようとするのである。だから、コールバーグは分節性と権力性という「この二重化されたヒドゥン・カリキュラムを反省化し、再組織化することを、道徳教育論の使命と考え、ジャスト・コミュニティ・プログラムを構想した」[28]とか、「社会関

係の権力性は、まず第一に、学校管理者 – 教師 – 生徒という垂直的な権威の系列に投影されている。……おそらく、もっとも学校的で、もっとも制度化された教師 – 生徒という分節的関係が、もっとも権力的なのである。ジャスト・コミュニティの中心的課題の一つは、この教師 – 生徒関係を共生的に再編することにある」と評されるのである[29]。

社会において避け難い支配 – 被支配の権力関係は、アプリオリに前提されるのではなく、社会の構成員の合意の上に立てられるべきである。これは民主主義の要件であろう。そのためには、まず学校がこうした理念を具体化し現実化すべきである。これがジャスト・コミュニティというコールバーグの構想の核心であったといえよう。学校が民主主義的に組織されてこそ、さまざまな場面において、学校で語られる民主主義という言葉の形骸化が阻止される。学校が、そのヒドゥン・カリキュラムによって、分節化とそこにはらまれる権力関係の再生産に無批判に加担することがあってはならない。

型の教育と並ぶ道徳教育のもう一つの柱である民主主義の教育を進めていく上で、コールバーグのジャスト・コミュニティ論は非常に示唆深い。しかし、問題が多いことも率直に認めなければならない。たとえば、コミュニティ・ミーティングでは分節化・権力化を避けるために直接民主制が取られるが、全員参加での合意形成の論理はどう考えるべきか、そこにおいて最適な合意が得られるという保証はあるのか、直接民主制と現実の代議制との関係はどのように理解すべきか、思いつくままあげても問題は多岐にわたる。また、コールバーグのジャスト・コミュニティの学校づくりが実験段階を十分に出ることがなかったことは、その現実化の難しさを語っているようにも思う。しかし、そうしたことを認めたうえでなお、新自由主義・新保守主義が席巻し、民主主義の本質が見失われかねない今こそ彼の民主主義道徳教育論は再評価・再検討されるべきである。

(4)「特別の教科 道徳」をめぐって

「特別の教科 道徳」の設置は、今次の道徳教育改革の目玉といえるであろう。道徳の教科化にはさまざまな問題が含まれる。たとえば、教科書や評

価の問題がある[30]。しかし、それらと並んで、あるいはそれら以上に適切な対応を求められているのが教員育成の問題であろう。道徳はそのための免許資格が必要とされない。だからといって、現在の大学における教員養成課程のように、「道徳の指導法」2単位の必修で済ますわけにはいかないと思う。現状では、最小限の哲学的・倫理学的思索の機会さえ担保されていない。また、これより喫緊なのは、現場で道徳を担当する教員の養成（研修）問題であろう。1980年代以降の世界において、教師教育は教育改革の中心課題になっているだけに、この問題は重い。

ところで、ここでも新自由主義イデオロギーは教師教育に関して深刻な状況を引き起こしている。佐藤 学はこれらについておおむね次のような見解を示している。

医療や建築そして教育において生じる諸問題は、複合的問題であり、複雑な文脈で生じ、それらの解決のためには、クライアント（教育では子どもと親）との信頼と連帯が必要であり、他の専門家との共同も必要である[31]。というのも、近代主義的な専門家が「科学技術の合理的適用」を原理とする「技術的熟達者」であったのにたいして、今日求められている専門家は、より複雑な文脈において、より複合的で総合的な視野に立って「行為の中の省察」の原理で実践を遂行する、思慮深い専門家であるからである[32]。教師もそうした「反省的実践家」でなければならない。ところが、反省的実践家の育成を目指す改革において、「最も大きな困難は、新自由主義のアカウンタビリティ政策によって生じている。新自由主義の政策は、専門家の活動空間である公共性を解体し、専門家の地位と自律性と待遇を脅かしている」。新自由主義によって教師と親子の関係は「共に子どもを育て合う責任」の関係から、教師が親や子どもに一方的に奉仕する「サービスの関係」へと転換して責任を共有し合う連帯は崩壊している。親と教師、生徒と教師の間の不信の関係が深刻化して、教師は専門家としての実践を遂行することが困難な状況に置かれている[33]。また、「官僚的統制による責任と職務の分業化によって、教師は分断され孤立化し」[34]、彼らの「同僚性」は侵され、これが「専門家の学びの共同体」の成立を阻んでいる。その結果、教師の自律性が

不可欠なボトムアップな活動は育たず、教員研修において顕著なように教師教育はトップダウンに終始して機能不全に陥っている。

　道徳教育の教師教育においても、佐藤のこうした指摘は的確であろう。たとえば道徳の時間の研究授業などに参加して経験することだが、授業者はよく教材を研究し、発問や板書を工夫し、ある意味で完成度の高い授業を行っている。そして授業後の協議会でももっぱらこうした教授技術が話題になる。そこに助言者として指導主事なりが参加しておれば、文科省が求める基準を上意下達式に提示し、その達成度の高さを求める。しかし、技術以前の問題として、授業で取り上げるテーマを批判的に哲学・倫理学的に議論することなどまずない。

　たとえば―筆者が参加した授業でのことだが―対価を要求しない母親の行為を扱った読み物教材を用いて「親の愛」について授業を実施したとしよう。そこでは母親の愛の無償性は自明のこととして前提されている。しかし、価値愛と区別される母親の愛―いわゆる存在愛―に問題はないであろうか。この問題を取り上げた筆者の講義で、「母親の愛は子どもを支配しようとする究極のエゴイズムではないか」と発言した学生がいた。この学生の主張の妥当性には無論議論の余地がある。「親の無償の愛」が道徳的な価値、すなわち善として自明な訳ではない。また、現代の家族において親による虐待が深刻な問題となっている。道徳の授業を行うクラスにもそうした問題を抱えている児童・生徒がいないとも限らない。子どもたちにこうしたことを露骨な仕方で提示する必要などない。授業者である教師には、自分が自明として前提していることを批判的に深く考えておくことが何よりも重要である。

　いまの例のように、道徳的価値はややもすると授業の前提として自明視されている。これでは授業は深まらないし、道徳教育は皮相なものに終始する。前提されている道徳的価値を授業者が哲学的批判的に反省することで、教材の理解が深まり、教材が授業者のものとなり、児童生徒とともに考える道徳の授業が成立し得る[35]。

　道徳の授業が皮相なものに終りかねない今日の状況を打開するためにも、佐藤が提示するような、分節化・権力化されることなく、同僚として学び合

う教師の協同と連帯（専門家の学びの共同体）が不可欠であろう。

　教師教育において欠くことのできない自律的な教師の学びの場が担保されていない、これは由々しいことである。しかし、絶望することはない。たとえばソーシャル・メディアなどを介して、自主的に集まり、学び合う草の根的な教師のグループがあちこちに生まれつつある。そこに集う教師は、若くて―年齢ではない―優秀で、何よりも熱意に満ちている。

注
1　貝塚茂樹『戦後教育は変われるか―「思考停止」からの脱却を目指して―』、学術出版会、2008年。同『戦後教育の中の道徳・宗教』、文化書房博文社、2006年。
2　村田翼夫・上田　学編著『現代日本の教育課題―21世紀の方向性を探る』、東信堂、2013年、227〜255頁の拙論「道徳教育の現状と課題―慣習的道徳と反省的道徳を共に生かす教育―」を参照。
　　本章は上記の論文を前提にしている。そこでは、道徳教育は「あれか―これか」ではなく、慣習的道徳を内容とする「型の教育」と反省的道徳を踏まえた「民主主義の教育」をともに生かす方向で進むべきであると述べた。しかし、その後、貝塚がいうように「型の教育」がはたして没イデオロギー的かどうか疑問をもつようになった。これが本章を執筆する動機の一つとなっている。なお本章の第1節は上掲論文の要約ともなっている。
3　ぎょうせい編『臨教審と教育改革　第1集　自由化から個性主義へ』、ぎょうせい、1985年、158〜160頁。
4　同上、41頁。
5　同上、167頁。
6　『臨教審と教育改革　第2集　「第1次答申」をめぐって』、172頁。
7　『臨教審と教育改革　第1集　自由化から個性主義へ』、210〜214頁。
8　豊永郁子『新保守主義の作用―中曽根・ブレア・ブッシュと政治の変容―』、勁草書房、2008年、ⅲ頁。
9　中曽根康弘『新しい保守の論理』、講談社、1978年、64頁。
10　豊永郁子、前掲書、10頁以下参照。
11　中曽根康弘、前掲書、64頁。
12　豊永郁子、前掲書、15〜16頁。
13　香山健一『自由のための教育改革―画一主義から多様性への選択』、PHP研究所、1987年、19頁。
14　『臨教審と教育改革　第2集』、1〜3頁。
15　渡辺治「日本の新自由主義―ハーヴェイ『新自由主義』に寄せて」、デヴィッド・ハーヴェイ（渡辺治監訳）『新自由主義―その歴史的展開と現在』、作品社、2007年、

322〜323頁。
16　瀬戸真編著『改訂　小学校学習指導要領の展開　道徳編』、明治図書、1989年、22頁。
17　渡辺治、前掲論文、326頁。
18　同上、303〜304頁。
19　阿部誠「『新しい公共』と社会政策」、社会政策学会編『社会政策』第5巻第1号、2013年、7頁。
20　中教審答申「青少年の奉仕活動・体験活動の推進方策等について」(2002年) 参照。
21　デヴィッド・ハーヴェイ、前掲書、96〜97頁。
22　福田歓一『近代民主主義とその展望』、岩波新書、1977年、149頁。
23　日本学術会議『現代における《私》と《公》、《個人》と《国家》―新たな公共性の創出』、2010年、7頁。
24　宇都宮芳明・熊野純彦編著『倫理学を学ぶ人のために』、世界思想社、1994年、119〜123頁参照。
25　桐生崇「道徳教育を行う体制が弱すぎる (構造の問題を解決すべき)」、加藤尚武・草原克豪編著『「徳」の教育論』、芙蓉書房出版、2009年、131〜156頁。
26　紅林伸幸「学校改革論としてのコールバーグ『ジャスト・コミュニティ』構想―アメリカ道徳教育史の社会学的省察の中で―」、『東京大学教育学部紀要』第34巻、1994年、96頁。
27　分節化とは、たとえば学校組織において、教師集団、成績上位の生徒集団、成績下位の生徒集団といったように分けることをさす。分節化された集団は、上位と下位というように非対称的な権力関係を含む場合が一般的である。この意味で分節化は権力化と親和的である。
28　紅林伸幸、前掲論文、110頁。
29　同上、111頁。
30　ここでこれらの問題に立ち入ることはできない。教科書問題に関して、あえてひとこといえば、積極的に「パイロット版道徳教科書」を作成しているグループの主宰者の一人である渡部昇一の民主主義教育にたいする次のような発言にはいささか懸念を禁じ得ない。
　「かつての日本においては、少なくとも小学生から中学生くらいまでは素晴らしい日本人や、見習うべき大人の話ばかりを教えていました。そのおかげで、子どもたちは良いイメージができるようになったのです。このことが道徳教育において大切なのです。
…中略…
　しかし、戦後の民主主義教育では、伝記はあまり好ましくないものになってしまいました。戦前の教育では、国のために戦ったり、国のために尽くした人の伝記が多くあったために、戦後の教育はそれらを全て否定するところからはじまったからです。伝記をはじめ、あらゆるものが国策に利用されたから油断がならないということでした」(「道徳教育をすすめる有識者の会」編『はじめての道徳教科書』、扶桑社、2013年、8

～9頁）。
　戦後民主主義が極端な個人主義に陥ったとの批判であろう。たしかに、民主主義が実現しようとする人権は、ロックにおいて明らかなように、元来個人の基本的権利である。だからといって、民主主義を個人主義と断定することは性急に過ぎるであろう。また、民主主義を「反国防」と断ずることも同様である。民主主義と道徳教育についてはさらに多くのひらかれた議論を重ねたうえで発言すべきだと思う。

31　佐藤学『専門家として教師を育てる―教師教育改革のグランドデザイン』、岩波書店、2015年、70頁。
32　同上、48頁。
33　同上、73～74頁。
34　同上、183～184頁。
35　『教育哲学研究　第112号』（教育哲学会、2015年）の特集「道徳の教科化と教育哲学」を参照。教科化が開始されるに当たって、道徳教育における教育哲学の役割がさまざまな角度から改めて論じられている。

●関連文献紹介
①デヴィッド・ハーヴェイ（渡辺治監訳）『新自由主義―その歴史的展開と現在』、作品社、2007年
　本書は、現代世界の支配的潮流である「新自由主義」を総括的に俯瞰したものとして定評がある。新自由主義をその起源にまで遡り、なぜそれが1970年代後半から台頭し勝利したか、その本質は何かをデータを駆使して詳細に分析している。いわゆる左派の論客によるものであり、いささか偏りを感じるかもしれないが、舌鋒は鋭く冷静であり教えられるところ大である。新自由主義を知る上で必読の書といってよいだろう。

②佐藤学『専門家として教師を育てる―教師教育改革のグランドデザイン』、岩波書店、2015年
　「教師教育の改革を怠ったため、我が国の教育は世界の潮流から取り残され、教師の学歴水準は世界最低レベル、専門家としての自律性や地位も世界最低レベルに落ちている」、こうした危機感を動機として、本書は教師教育の理論的実践的探求を行い、これから推進すべき改革のグランドデザインを描き出そうとしている。直接道徳教育を扱ったものではないが、喫緊の教育問題を考えるうえできわめて刺激的なものとなっている。

第8章　多文化社会における宗教教育
――寛容さと論理性を基調として

宮崎元裕

本章のねらい

　戦後、日本では公立学校における特定宗教のための宗教教育が禁じられたこともあって、諸外国の宗教教育に関する情報が共有されているとはいえない状況が長く続いた。その一方で、現在の諸外国の宗教教育は、従来の内容から大きく変化し、多文化教育的な要素を含む宗教教育を行っている国も増えている。こうした国々の宗教教育と比較すると、日本で中立的・客観的な知識を伝えていると信じられてきた「宗教知識教育」の内容も、必ずしも中立的・客観的ではなく、偏った内容が残ってしまっているという問題が生じている。

　このような状況の打開策を探るために、本章では、イギリスの宗教教育と日本の宗教文化教育を取り上げ、今後の日本における宗教教育のあり方について検討する。とくに、さまざまな宗教に関する基本的な知識を身につける必要性と、「違い」を尊重する姿勢・論理的思考力の重要性について提言する。諸宗教の伝統や行事、決まり事を固定的な知識として学ぶだけではなく、「なぜそのようなことをするのか、なぜそのような決まりがあるのか」という理由を論理的に考えていくことは、異なる文化背景をもつ者同士が相互理解を進める上で非常に重要なことである。違いを尊重する寛容な姿勢や論理的思考力の育成は、宗教教育以外のさまざまな教育活動の中でも育むことが可能であり、こうした観点からも日本の教育が違いを尊重する姿勢や論理的思考力の育成を重視するものへ転換していくことが求められる。

1 宗教教育をめぐる状況

(1) 宗教にたいする関心

　日本人は、宗教を信仰したり、大切に思ったりする者が少ないとよくいわれる。まずは、この点について調査結果を確認しておこう。

　『国民性調査』によると、「何か信仰とか信心とかをもっていますか」という問いにたいして、「もっている」と答えた割合は、1958年から2013年まで一貫して30％前後と低い数値にとどまっている。年々、信仰をもつ者が低下している印象があるものの、実際には、それほど大きく低下しているわけではない点には注意が必要である。

　また、「『宗教的な心』というものを、大切だと思いますか」という問いにたいして「大切」と答えた割合は、1983年から2013年までいずれも60％以上と半数を超えている。つまり、信仰をもっていない者でも「宗教的な心」を大切と思っている者が多いことになる。しかし、1983年には80％だった「大切」と答える割合は、年々低下傾向にあり、2013年には66％にまで下がっている。この数値を見ると、少しずつ宗教離れが進む傾向にあるとはいえる。ただし、年齢別にみると、20歳代は、1983年（67％）から下がり続け1998年には40％になったものの、1998年を底に上昇に転じ2013年には55％にまで回復しており、若者の宗教離れが進んでいるとは簡単には言い切れない結果になっている[1]。

　一方、諸外国との比較調査においては、日本人の若者の宗教心の低さが明らかになっている。内閣府が2013年に7カ国の若者を対象に行った『我が国と諸外国の若者の意識に関する調査』の「あなたにとって宗教は、日々の暮らしの中で、心の支えや態度・行動のよりどころになると思いますか」という問いにたいして、「そう思う」と答えた日本人の割合は18.4％であり、調査対象の7カ国の中では最も低い結果だった。なお、他国の結果は、アメリカ（55.3％）、イギリス（40.2％）、ドイツ（36.4％）、韓国（33.9％）、スウェーデン（25.7％）、フランス（22.9％）である[2]。こうした結果からみると、日本人は、諸外国と比べて相対的に宗教にたいする関心が低いといえる。

宗教にたいする関心が低い状態で、近年の宗教と関係した紛争やテロなどの報道に触れることによって、宗教にたいする警戒心や偏見を強めている日本人は多い。こうした宗教の負の側面ばかりを見て、諸外国の文化や日常生活において宗教が重要な位置を占めていることを十分に知らないままでは、宗教を大切にしている諸外国の人々とのコミュニケーションに問題が生じてしまう危険性がある。それゆえ、他宗教についての理解と寛容を深めることができるような宗教教育が重要になる。

(2) 従来の宗教教育をめぐる議論

宗教教育に関しては、教育基本法第15条第1項において「宗教に関する寛容の態度、宗教に関する一般的な教養及び宗教の社会生活における地位は、教育上尊重されなければならない」、第2項において「国及び地方公共団体が設置する学校は、特定の宗教のための宗教教育その他宗教的活動をしてはならない」と定められている。この教育基本法の宗教教育に関する規定の第2項に沿って、戦後、日本の公立学校においては、特定の宗教のための宗教教育は禁じられてきた。

日本では、宗教教育を「宗派教育」「宗教的情操教育」「宗教知識教育」の3つに分類するのが一般的であり、この中の「宗教知識教育」については、教育基本法の規定に抵触しないとされ、社会、歴史、道徳、倫理などの教科で宗教に関する知識を中立的・客観的に伝える教育として、これまで公立学校でも行われてきた。一方で、「宗派教育」は特定の宗教への信仰を育むための教育として、公立学校では禁じられてきた。これまで議論の対象になってきたのは、「宗教的情操教育」である。宗教的情操教育は、特定の宗教に限定されない宗教的情操（たとえば、大いなるものにたいする畏敬の念など）を養う教育であり、「宗派教育」と「宗教知識教育」の中間に位置づくものである。この「宗教的情操教育」が公立学校で可能かどうかについては意見が分かれ、日本の宗教教育を巡る議論の中心となってきた[3]。

(3) 宗教教育にたいする新たな問題提起

　しかし、この図式にたいして、藤原聖子はこれまでとは別の観点から問題提起を行った[4]。その問題提起とは、これまで中立的・客観的な知識を伝えているとされてきた「宗教知識教育」が実際には、中立的・客観的ではなく、特定の宗教に関する不用意な価値判断、偏見・差別が随所に見られるのではないか、というものである。藤原は、諸外国の教科書の宗教に関する記述と、日本の教科書の宗教に関する記述を比較検討した結果、日本の教科書が、「意図的ではなく結果的に、特定の宗教的信仰を受け入れさせようとしてしまっている問題」や、「教科書がある宗教を他の宗教より優れているとしたり、逆にある宗教にたいし差別的な偏見を示している問題」を抱えていることを明らかにした。

　こうした問題について、藤原は倫理教科書を中心に具体例を提示しながら検証しているので、印象的な例を何点か紹介してみよう。

　「日本の倫理教科書はみな、例外なく、古代ユダヤ教を『律法主義』『形式主義』『選民思想』の言葉（いずれか、またはすべて）で形容している。(中略) それにたいして、少なくともイギリス、アメリカ、フランスの教科書は、ユダヤ教を説明するときに『律法主義』『選民思想』という単語を使わないのが常識のようである。(中略)『律法主義』や『形式主義』という言葉は、ユダヤ教に対するマイナスのステレオタイプであり、一種の差別語なのである。『選民思想』もしかりである」。他国ではユダヤ教にたいする差別語として使われなくなっている「律法主義」などの単語を平気で使用している日本の教科書は、(日本国内で信じられているように) 客観的・中立的なものといえるだろうか。少なくとも、欧米の基準で見ると、「ユダヤ教にたいして差別的な偏った内容」と見られることは間違いない。

　藤原はまた、「日本の倫理教科書は、イエスの死の責任はユダヤ人にあり、とさらりと書いてしまっている」ことも問題点として指摘している。たとえば、日本のある倫理教科書では「イエスの言動は、律法の厳密な解釈や形式的な遵守を主張する人びとにたいする批判をふくんでいたので、ユダヤ教の指導者たちの反発を招いた。彼らは、イエスをローマにたいする反逆者として

告発し、十字架上の刑に処した」と記述されている。こうした記述が問題を抱えていることは、他国の教科書と対比することで明らかになる。たとえば、ドイツの宗教科（カトリック）の教科書では次のように説明されている。「ユダヤ教徒とキリスト教徒の長い歴史の中で、イエスの死の責任がユダヤ人たちにあるとする非難はきわめて悪い結果をもたらしてきました。その際、キリスト教徒はイエスとイエスの弟子たちもユダヤ人であったということを忘れていたのです。彼らは新約聖書の中からユダヤ人に対する非難を読み取りました。しかし、新約聖書は『ユダヤ人たちに問題があった』というのではなく、『私たち人間に問題があった』ということを言おうとしています」。つまり、日本の教科書は、ドイツの教科書で「きわめて悪い結果をもたらしてきた」と批判されている「イエスの死の責任がユダヤ人たちにあるとする非難」を行っていることになるのである。こうした日本の教科書の内容も、諸宗教にたいして客観的・中立的な立場を保っているとは到底いえず、むしろ、ユダヤ教にたいする憎しみを駆り立てるような内容と判断されても仕方がない。

　また、日本の倫理教科書でしばしば用いられる「民俗宗教」対「世界宗教」という対概念に関しても、「この民俗宗教・世界宗教のカテゴリーは、十九世紀、ヨーロッパ・キリスト教中心主義が強かった時代の学界で広まったものであり、現在の宗教学では反省され、使われなくなってきている」と指摘されている。

　以上のような藤原の指摘から分かるように、日本の教科書には、諸外国では差別語として使われなくなった内容や、宗教間の対立をもたらすと反省され批判されている内容が、依然として残っている。しかも、日本の教科書がそのような問題を抱えていること自体、藤原が指摘するまでは、ほとんど意識されず、教科書の記述は客観的・中立的なものと信じられていた。社会の多文化化の進行にともない諸外国で変容してきた宗教教育の内容が、日本ではほとんど考慮されないまま、日本が取り残されてしまっているような状況が生じてしまっているのである。「日本は信教の自由に配慮し、公立学校で宗教教育を行っていないため、宗教教育を行っている国に比べて、ずっと宗

教的に中立を保っている国だ」と考えている日本人は多いと思われるが、実際には、日本は、諸外国に比べて差別的で偏った内容の教育を無自覚に行ってしまっている。このような大きな問題を抱えているにもかかわらず、その問題が認識されてすらいなかった状況は、危機的な状況といえよう。

(4) 諸外国における宗教教育の変化

　戦後、日本では、公立学校において宗教教育を行うことが禁じられてきたが、諸外国に目を向けてみると、公立学校で宗教教育を行ってきた国は多い。伝統的に、諸外国の宗教教育は、日本の分類に従うと「宗派教育」に属するものであり、自らの宗教（あるいは多数派宗教）の信仰を深めるための特定の宗教のための宗教教育がなされてきた。しかし、1980〜90年代頃から宗教教育の内容に、他宗教にたいする寛容と相互理解を促すような多文化教育的な要素が見られる国が多くなる傾向がある。

　こうした傾向が顕著に表れているのがイギリスである。イギリスでは、かつてはキリスト教のみを前提として宗教教育が行われてきたが、1988年教育改革法以降はキリスト教以外の宗教も対象にし、宗教間の寛容と相互理解を促すような多文化教育的な要素が重視されるようになっている[5]。そして、こうした傾向は、イギリス以外の国でも見られるようになっている。たとえば、ドイツでは、キリスト教を中心としながらも、ユダヤ教、イスラーム、仏教、ヒンドゥー教についても学んでいる[6]。また、トルコではイスラームを中心としながらも、宗教的な違いを肯定的に捉えて尊重する姿勢を重視し、ユダヤ教、キリスト教、ヒンドゥー教、仏教との共通点についても学んでいる。なお、トルコは1923年の共和国成立とともに、日本と同様に政教分離原則に基づき宗教教育を禁止した国家であるが、宗教教育は1949年に選択科目として復活し、1982年以降は必修科目となっている[7]。

　一方で、日本と同じく、公立学校での宗教教育を禁じているのは、アメリカやフランスである。アメリカの大多数の州では、宗教は、歴史や社会、美術、音楽などの科目の中で扱われるのが一般的で、独立した科目としては教えられていない。しかし、多文化社会にふさわしい国民的アイデンティティ

を形成して国家統合をはかるために、宗教に関する教育の再構築の必要性が認識されている。そのためにも、開放的でいろいろな解釈や理解が可能な世界観や人生哲学の探究を含んだ教育的な宗教教育である「宗教学習」(study of religion）が、公教育で求められるようになっている。宗教学習は、「多種多様な価値が併存して衝突をくりかえしている多文化社会において、これまで人類が長い時間をかけて作り上げてきたさまざまな宗教的伝統を学ぶことにより、生徒が自分自身でその人生の意義や生き方、価値観を探求し、どのような場面でも自律的な意思決定ができるようになることを支援する教育」である[8]。フランスでも、1980 年代頃から子どもたちに最低限の宗教的教養すら欠けていると認識されるようになったことや、1989 年に最初のスカーフ事件が起きたことで、「宗教的事実の教育」の必要性が高まった。その結果、宗教を教えるための科目を新設はしないものの、歴史のプログラムを改正して宗教にもっと重要な位置を与えたり、他の既存の科目（とくにフランス語、哲学、美術など）を利用して宗教に関する知識の伝達を行ったりすることになり、1996 年から歴史をはじめとする諸科目のプログラムが次々と改正されていった。この「宗教的事実の教育」は、伝統的な宗教文化を知り伝達するためという観点からだけでなく、複雑な現代世界を理解するためにも必要であると認識されている[9]。このように、アメリカやフランスでも、社会の多文化化に対応するために、公教育における宗教教育のあり方を再考する動きが生じている。

　また、東南アジアの ASEAN 諸国においては、多様な宗教が信仰されている。それらの宗教（仏教、キリスト教、イスラーム、ヒンドゥー教など）を知識として教える動きが見られるようになっているが、こうした動きも多文化共生のために他宗教を学ぶ必要性を具体化したものと解釈できる[10]。

　諸外国の宗教教育はその背景・内容ともに多様なためその傾向を一般化することは難しいものの、1980 〜 90 年代頃から、自宗教について学ぶだけでなく、他宗教についても学び他宗教にたいする理解を深める多文化教育的な要素を重視する国家が増えていることは確かである。そして、こうした教育は、諸宗教の共存が求められる多文化時代においては、重要な意味をもつ

教育である。

　諸外国の動きと比べると、日本では、他宗教にたいして客観的な知識を得て、理解を深める機会がきわめて少ない状況にある。他宗教にたいする知識をもち理解を深めることが、多文化時代における重要な資質とみなされている諸外国の状況に比べると、日本の状況は深刻である。以下では、この状況の打開策を探るために、イギリスの宗教教育の内容と日本の宗教文化教育について検討する。

2　他宗教を尊重するイギリスの宗教教育

　先述したように、イギリスでは、かつてはキリスト教のみを前提として宗教教育が行われてきたが、社会の多文化化の進行に応じて、1988年教育改革法以降はキリスト教以外の宗教も対象にし、宗教間の寛容と相互理解を促すような多文化教育的な要素が重視された宗教教育を必修としている。以下では、このイギリスの宗教教育の教科書の内容を分析しながら、多文化教育としての宗教教育のあり方を具体的に検討する。

(1) 他宗教を学ぶ

　イギリスの中等学校レベルの宗教教科書では、キリスト教だけでなく、イスラーム、ヒンドゥー教、シク教、ユダヤ教、仏教の計6宗教を扱うのが一般的である。「6宗教それぞれに同じページ数を割くべきだという意見と、国教であるキリスト教に最も多いページ数を割り当てるべきだという意見が対立している」ことから分かるように、キリスト教以外の宗教は、少なくとも、付け足しとして補足的に扱われるような扱いではなく、教科書の重要な構成要素として扱われている[11]。

　イギリスの宗教教育は、キリスト教だけではなく、イギリス国内に信徒の多い宗教についても学ぶことで、他宗教にたいする理解を深め、多文化共生が可能な状況を作りだそうとしている。中でも、ウォリック大学宗教教育研究所作成の中等学校用教科書は、その意図が明確である。以下では、この

教科書の内容から、日本の宗教教育のあり方を考える際に参考になると思われる点をあげる。

(2) 他宗教の信徒に親しみを抱かせる

　この教科書は宗教別に分かれているが、それぞれに 4 人の生徒が登場し、その 4 人の宗教や日常生活に関する考えを中心に教科書の内容が展開している。他宗教を信仰する同年代の生徒がどのような考えをもち、どのような生活を送っているかを知ることは、他宗教にたいする警戒心を薄め、親しみを抱かせることにつながるという意図からであろう。この教科書のイスラーム教徒たちを取り上げた部分から、いくつか例をあげてみよう[12]。

　たとえば、「日課」という単元では、イギリスに住む生徒のイスラーム教徒たちが、どのような 1 日を送っているのかを生徒の顔写真入りで紹介している。この他にも、イスラーム教徒たちがどのように礼拝をしているのか、モスクでどのように過ごしているのか、クルアーン（コーラン）をどのように学んでいるのかについて、4 人の生徒のイスラーム教徒の実体験を中心に紹介されている。

　他宗教の信徒がどのような 1 日を過ごしているのか、とくに学校外でどのような時間を過ごしているのかを知ることは、他宗教の信徒にたいして、無知から生じる警戒心を和らげ、親しみを抱かせるために有効な情報である。少なくとも、たとえば、単にイスラームの六信五行についての基礎的な説明をするだけよりも、イスラーム教徒の中学生がそれぞれについてどのように考えているかを紹介する方が、イスラームにたいする親しみを感じることは確かだろう。

　また、「ルーツ、言語、アイデンティティ」という単元では、イスラーム教徒の中学生たちが、ルーツやアイデンティティという点で自分をどうとらえているかを紹介している。たとえば、自分のことを「イングランド人、アジア人、パキスタン人、イギリス人そしてヨーロッパ人」と表現する生徒の言葉が紹介されている。このように、イギリスに暮らすイスラーム教徒が複合的なアイデンティティを有していることを紹介することで、宗教や出身地が

違っても、イギリス人としてのアイデンティティも有していることを認識させようとしている。他宗教を信仰する者もイギリス人としての意識を共有していることを認識することも、他宗教を信仰する者にたいする親しみを抱かせるために有効な手段である。

このように、この教科書は、他宗教にたいする親しみを抱かせることで、他宗教を理解・尊重しようとする姿勢を身につけさせようとしている。

(3) 宗教の伝統や決まりを論理的に考える

さらに、この教科書では「学んだ内容を自分自身の疑問や関心に関連づけるようになることを狙い」としている。このことは、教科書の「教師用まえがき」に記されている次の言葉からもよく分かる。その言葉とは、「他の人の生き方に接することは、生徒自身の考えや生きる姿勢に影響を与える可能性があります。(中略)生徒が学んだことを次に自分の関心事に結びつけるよう配慮しています」という言葉や、「『よく考えてみよう』は、宗教的伝統から得た資料を刺激として、個人的に大切なことや関心のあることをじっくり考えてみるよう生徒に促すアクティビティです。ここでの目的は、疑問、問題、あるいは経験として遭遇したことがら—それらは個別の宗教的伝統に現れたものですが、同時に普遍的に重要でもあります—に照らして、生徒が自らの生き方や考え方について考える、もしくは再考するよう助けることです」という言葉である[13]。この点に関連して、教科書の中からいくつか例をあげてみよう[14]。

「礼拝」という単元では、イスラーム教徒の生徒がどのように礼拝しているのかを紹介した上で、「自分に結びつけてみよう」という課題として、「あなたの学校での1日の中で、時間ごとにやらなければならないことは何がありますか。学校での日課をきちんとこなすために役立っているものは何ですか。日課や、そのような手助けがもしなかったとしたらどうなるでしょうか。答えをパートナーと話し合ってみてください。イスラームで礼拝の時間が定められているのはなぜだと思いますか。答えを書いてみてください」があげられている。要するに、イスラームで礼拝の時間が定められているのは、日

課をこなすために時間を決めることが役立つのと同様の理由からではないか、と生徒自らが考えるように意図した課題が設定されているわけである。ただ単に「イスラームでは1日5回礼拝を行う」という知識を提供するだけの教育内容に比べると、日課の意義を自らの経験に引きつけて考えさせることができ、また、イスラームで1日5回礼拝の時間が定められている理由を自分なりに理解することができるという利点もある課題設定である。

　さらに、「断食月と断食明けの祭」という単元では、イスラーム教徒の中学生がどのように断食月を過ごしているかを紹介した上で、「断食はムスリム社会の結束を強めています。断食をするとおなかがすくということやのどが渇くということがどういうことかわかります。したがって、ラマダーンは貧しい人々に思いを馳せるときでもあるのです。ラマダーンの終わりには、ムスリムは食べ物のない人や困っている人を助けるために慈善事業に寄付を行います」と、断食の社会的役割についても説明している。その上で、「よく考えてみよう」として次のような課題が設定されている。「断食のとき、ムスリムは多くのことをあきらめなければなりません。あなたは、テレビ、電気、チョコレート、水道、暖房、仲間、気もちよいベッドなどといった、あって当然と思っているものなしで生活をしたことがありますか。そういうときのことを作文に書いて、それなしで過ごさなければならないとわかったときのあなたの反応を書いてください。あなたはその経験から何を学びましたか。ときどきぜいたく品をあきらめることはいいことだと思いますか。あなたの答えを注意深く説明してください」というものである。

　断食に関する上記の課題も、「イスラーム教徒は断食月には日中飲食ができない」という知識を単に提供するだけでなく、断食の社会的役割を説明した上で、自分に結びつけながら、断食のように我慢する経験をすることの意義を考えさせようと意図したものである。

　このように、この教科書は、単に他宗教にたいする知識を提供することだけを意図しているわけではなく、他宗教を学びながら、自分の生き方や考え方を再考させることをも意図しているのである。さらに、他宗教の伝統や行事、決まり事を知識として学ぶだけでなく、「なぜそのようなことをするのか。

なぜそのような決まりがあるのか」という理由を論理的に考えることも重視されている。

3　日本の宗教文化教育

　日本の宗教教育のあり方を具体的に考えるために、宗教文化教育推進センターによって 2011 年から行われている宗教文化士資格の試験問題は注目に値するであろう。宗教文化教育推進センターは、国公立大学・私立大学で宗教文化を研究している教員数十名が運営委員、連携委員などとしてかかわっている組織であり、日本宗教学会と「宗教と社会」学会の 2 つの学会が連携学会となっている組織である。宗教文化士とは「日本や世界の宗教の歴史と現状について、専門の教員から学んで視野を広げ、宗教への理解を深めた人にたいして与えられる資格です。主な宗教の歴史的展開や教え・実践法の特徴、文化と宗教の関わり、現代社会における宗教の役割や機能といったことについて、社会の中で活かせる知識を養っていることが求められます」と説明されている[15]。この資格が役立つ職業としては、教育関係・外国人と接する職業（旅行関係や公務員）・冠婚葬祭業などがあげられている。教育関係に関しては、「世界史や日本史、地理、倫理などのほか、古典や現代文の中にも宗教をテーマとした作品があります。英語の文章の読解にもキリスト教の知識が役立つことがあります」と説明されている。この資格は国家資格ではなく、受験者も 1 年に 100 名弱程度にとどまっており社会的認知度は高いとはいえない現状であるが、その認定試験問題は、宗教教育に関する従来の 3 分法に当てはまらない「宗教文化教育」の具体例として参考になりうるものである。

　宗教文化士になるための受講科目の到達目標は 3 点あげられており、「1. 教えや儀礼、神話を含む宗教文化の意味について理解ができる」「2. キリスト教、イスラーム、ヒンドゥー教、仏教、神道などの宗教伝統の基本的な事実について、一定の知識を得ることができる」「3. 現代人が直面する諸問題における宗教の役割について、公共の場で通用する見方ができる」。こ

の到達目標は宗教文化士認定試験の内容にも反映されており、諸宗教に関する知識だけでなく、現代社会において活用可能な知識も重視されていることが明確である。

　宗教文化士認定試験の記号選択式問題の過去問題のうち、日本における外国人とのかかわりに関するものとしては、たとえば次のような問題がある。「イスラム教徒の友人といろんな料理を出してくれる店に食事に行った。厳格に食の戒律を守るような人でなくても、その際に避けた方がいいことがある。それを次から2つ選びなさい」、「外国人を仏教のお寺に案内することになった。その説明として適切なものを、次から2つ選びなさい」。こうした問題に答えられる知識は、多文化時代に生きる者として必須の知識である。

　宗教文化士認定試験の論述試験の過去問題においては、導入文に次のような記述がなされていることも興味深い。「日本や世界の宗教文化についての一定の素養をもっていると、より幅広い視点から意見を述べることができる場面が数多くある」、「日本国内の宗教だけみて宗教文化を理解しようとすると、世界の宗教文化についての見方が偏る場合がある」、「身の回りには宗教文化には関心の乏しい人もいます。次のような意見を述べる人にたいし、宗教文化は生活のさまざまな面に及んでいるとする立場からは、どのようにそのことを伝えたらいいでしょうか」。こうした記述を見ると、宗教文化について関心が乏しいと、視野が狭くなったり、外国人とのトラブルに発展したりすることを前提として、そういった状況に陥らないためにも宗教文化教育が必要と考えられていることが明らかである。その意味では、この試験問題は、多文化時代における宗教教育のあり方を考える際の具体例として参考になるべきものであろう。

　また、宗教リテラシーの必要性を説いている著作なども宗教文化教育の一形態として注目に値する。たとえば、山中・藤原編の著作では、諸外国の「○○教徒とのつきあい方」に関する公的なガイドラインの検討、及び日本の大学で学ぶ留学生との対話を通して、「宗教リテラシーの運用能力の根本には、小手先だけのマニュアル的対応とは違った、相手の信仰を尊重するという基本的な姿勢が必要である」と提言している。また、こうした姿勢をも

つために、自分の宗教の常識を疑うことの重要性、現実に何らかの問題に直面した場合の「考える道筋」を複数作っておくことの重要性についても触れられている[16]。公的ガイドラインなどを元にしたこうした提言も、多文化時代における宗教教育のあり方を考える際の具体例として参考になるものである。

宗教文化士や宗教リテラシーといった宗教文化教育を通じて学んだ知識は、国内外で外国人と接する際に役立つだけでなく、学校教育において外国人児童生徒及びその保護者と接する際や、世界史・日本史・地理・倫理・古典・現代文・英語などといった宗教的知識が関係する科目に取り組む際、国際理解教育・多文化教育などを進める際などに役立つものである。とくに、日本の学校における外国人児童生徒の増加によって、給食、生徒指導、学校行事などの際に、宗教が関係している問題が多く存在していることが顕在化しつつある。宗教文化教育は、そうした問題を意識し、改善していくためのきっかけとしても重要である。

4 今後の日本における宗教教育のあり方

ここまで述べてきたイギリスの宗教教育と日本の宗教文化教育をもとに、今後の日本における宗教教育のあり方について検討してみよう。

まず、諸宗教に関する基本的な知識を身につけることが不可欠である。社会の多文化化の進行とともに、さまざまな宗教を信仰する人々とのかかわりが増えており、宗教に関する基本的な知識が欠如していることで、トラブルが引き起こされる危険性が高い。諸宗教にたいする日本人の関心・知識は豊富とはいえず、多文化尊重の観点からも、さまざまな宗教にたいする知識を身につけることが求められる。これまで日本で行われてきた宗教知識教育では、諸宗教の歴史と基本的な教えが重視されてきたが、その内容を見直し、さまざまな宗教をもつ人たちと接する際に必要な実践的知識を中心に据える必要がある。

さらに、諸宗教に関する知識の習得だけでなく、違いを尊重する寛容な姿

勢と論理的思考力の習得も重要である。先述のイギリスの宗教教育でも宗教文化教育でも、知識の習得だけでなく、違いを尊重する姿勢と論理的思考力が重視されているのは、それがさまざまな宗教と共生していくために必要だからである。とくに、諸宗教の伝統や行事、決まり事を知識として学ぶだけではなく、「なぜそのようなことをするのか、なぜそのような決まりがあるのか」という理由を論理的に考えていくことは、異なる文化背景をもつ者同士が相互理解を進める上で非常に重要なことである。なぜなら、伝統や決まりを固定的に捉えているだけでは、結局のところ、お互いの伝統や決まりを一方的に主張する以上のことはできないからである。双方が「私たちの伝統はこうだから認めてください」と主張しあうだけでは平行線で、何も状況は改善しない。「私たちがこういうことを大切にしているのは、こういう理由からです。この理由には一理ありませんか」とお互いに論理的に話しあうことが、異なる文化背景をもっている者同士の対話の出発点である。

　たとえば、先述のイギリスの教科書では「なぜ断食をするのか」を生徒に論理的に考えさせようとしている。この内容を通して、イスラーム教徒自身が「自分たちが断食をするのはなぜか」という理由を再検討することができれば、他宗教を信仰する者にたいしても、イスラーム教徒が断食をする理由を論理的に説明することが可能になる。また、イスラーム教徒以外の生徒も、イスラーム教徒が断食を行う理由を論理的に考えることによって、イスラーム教徒が断食をする理由に納得することができれば、イスラーム教徒との対話の可能性は高まる。そして、違いを尊重する寛容な姿勢を前提に、論理的な対話が成立した場合には、その場の状況に応じた対応や妥協点を対話によって臨機応変に探る可能性も広がる。

　このように、諸宗教に関する基本的な知識や違いを尊重する姿勢と論理的思考力を重視した宗教教育のあり方は、従来の「宗教知識教育」「宗教的情操教育」「宗派教育」の3分法に当てはまりにくいものである。それゆえ、こうした宗教教育のあり方は、先述の「宗教文化教育」といった言葉や、英語圏で多文化社会にふさわしい宗教教育を示す言葉として用いられている「宗教学習」(study of religion) といった言葉を用いながら、従来の三分法の枠にと

らわれない宗教教育のあり方として考える必要がある。

　さらにいえば、違いを尊重する寛容な姿勢や論理的思考力は、宗教教育を通してのみ培われるものではなく、さまざまな教育的活動の中で育むことが可能なものである。公立学校における宗教教育が禁じられている日本においても、宗教教育以外の場面で違いを尊重する姿勢や論理的思考力を十分に伸ばすことができれば、その能力を宗教が絡む場面において応用可能である。しかし、これまでの日本の学校教育においては、違いを尊重することよりも違いを覆い隠す傾向や、伝統や決まり事の意義を論理的に考えさせるよりも固定的な知識として教える傾向が強く、違いを尊重する姿勢や論理的思考力の育成が十分になされていたとはいえない。こうした日本の教育の問題点はこれまでさまざまな観点からいわれてきたものであるが、本章のテーマである多文化時代における宗教教育という観点からも、違いを尊重する姿勢や論理的思考力の育成を重視する教育への転換が強く求められる。

注
1　統計数理研究所『国民性調査』(http://www.ism.ac.jp/kokuminsei/)
2　内閣府『平成 25 年度 我が国と諸外国の若者の意識に関する調査』(http://www8.cao.go.jp/youth/kenkyu/thinking/h25/pdf_index.html)
3　藤原聖子『教科書の中の宗教―この奇妙な実態』、岩波新書、2011 年、viii〜ix 頁。江原武一「アメリカの公教育における宗教の位置」、江原武一編『世界の公教育と宗教』、東信堂、2003 年、29 〜 30 頁。
4　藤原聖子、前掲書、2011 年、vi〜vii 頁、70 〜 71 頁、74 〜 75 頁、82 〜 83 頁。
5　鈴木俊之「イギリスにおける宗教教育の展開と現状」、江原武一編、前掲書、93 〜 117 頁。
6　久保田浩「ドイツ連邦共和国の公教育における宗教教育と宗教科教科書―バイエルン州とブランデンブルク州を事例として―」、大正大学宗教教科書翻訳プロジェクト編『世界の宗教教科書』、大正大学出版会、2008 年。
7　M. Akgül. et al. *Din Kültürü ve Ahlâk Bilgisi Ilköğretim 8.Sınıf*. Feza Gazetecilik A.Ş, 2007.（新実誠訳・宮崎元裕監修「宗教文化と道徳　初等教育第 8 学年」、大正大学宗教教科書翻訳プロジェクト編、前掲書）。; 宮崎元裕「多文化時代の宗教教育―トルコの『宗教文化と道徳』の教科書を事例に―」、『京都女子大学発達教育学部紀要』第 8 号、2012 年、165 〜 174 頁。
8　江原武一、前掲論文、15 〜 53 頁。
9　伊達聖伸「現代フランス中等教育における『宗教的事実の教育について』―『歴史』

教科書と『市民教育』教科書の分析を通して―」、大正大学宗教教科書翻訳プロジェクト編、前掲書。
10 　村田翼夫編著『多文化社会に応える地球市民教育―日本・北米・ASEAN・EUのケース』、ミネルヴァ書房、2016 年、202 〜 209 頁。
11 　藤原聖子「イギリス宗教教科書解説」、大正大学宗教教科書翻訳プロジェクト編、前掲書。
12 　S.C. Mercier. *Muslims ("Interpreting Religions" series)*. Heinemann Educational Publishers, 1996（穂積武寛訳「ムスリムたち」、大正大学宗教教科書翻訳プロジェクト編『世界の宗教教科書』、大正大学出版会、2008 年）, pp.14-31, pp.38-39.
13 　Ibid., p.4.
14 　Ibid., pp.16-17, pp.50-51.
15 　宗教文化士に関する情報は、宗教文化推進センターの公式サイト（http://www.cerc.jp/bunkashi.html）からの引用である。
16 　山中弘・藤原聖子編『世界は宗教とこうしてつきあっている　社会人の宗教リテラシー入門』、弘文堂、2013 年、vii 頁、234 〜 244 頁。

● 関連文献紹介
① 藤原聖子『教科書の中の宗教―この奇妙な実態』、岩波新書、2011 年
　これまで日本で行われてきた宗教知識教育が必ずしも中立的・客観的ではなく、教科書が意図的ではなく結果的に特定の宗教的信仰を受け入れさせようとしてしまっている問題や、教科書がある宗教を他の宗教より優れているとしたり、逆にある宗教にたいし差別的な偏見を示している問題があることを、諸外国の宗教教科書との比較を通して明らかにした重要文献。
② 大正大学宗教教科書翻訳プロジェクト編『世界の宗教教科書』、大正大学出版会、2008 年（DVD 形式の電子書籍）
　イギリス・アメリカ・フランス・韓国など世界 9 カ国における宗教教科書の翻訳と解説を収録し、諸外国の宗教教育の実態が把握できる貴重な文献。現在入手困難だが、その成果の一部は、藤原聖子『世界の教科書でよむ〈宗教〉』（ちくまプリマー新書、2011 年）にまとめられている。
③ 山中弘・藤原聖子編『世界は宗教とこうしてつきあっている・社会人の宗教リテラシー入門』、弘文堂、2013 年
　「宗教を信じる人々とどうつきあっていくか」という観点から、第 1 部では「○○教徒とのつきあい方」に関する諸外国の公的なガイドラインをもとに現代社会において必要とされる宗教リテラシーを分析し、第 2 部では日本在住の留学生による「宗教リテラシー座談会」をもとに個別の問題から宗教リテラシーを掘り下げ、マ

ニュアル的対応とは違う柔軟な対応が重視されていることを指摘した文献。

④江原武一編『世界の公教育と宗教』、東信堂、2003年

　欧米諸国とアジア諸国の宗教教育について、宗教教育を巡る状況の変化や公教育における宗教教育の役割といった観点に注目し、国際比較を行い、欧米等の先進諸国では自律的な価値判断を育成する教育という側面が強く、アジア等の発展途上諸国では国民統合の手段としての教育という側面が強いことを指摘した文献。

第9章　歴史教育のあり方
―― 人が生きる歴史・「地域史」から考える

佐野通夫

本章のねらい

　同じ時代を同じ地球の上で過ごしていても、体験は異なる。友人の生きてきた社会を、その歴史を理解できる「歴史教育」こそが今私たちが必要としている「歴史教育」だということができる。
　日本の学校教育の中では「歴史」は暗記科目ととらえられているのが現状である。それは「歴史」が国家によって作られ、その下に収れんされていることによる。近代学校の中では国家による「正史」が歴史教育の形で与えられた。しかし、歴史を学ぶとは、他者を理解するための背景を知るということからはじまるものであろう。歴史を学ぶ目的は、ともに生きる他者を深く理解するとともに、自分たちの生を過去の経験をふまえて豊かなものとするための想像力、創造力を養うことである。
　ここでは、2015年の教科書採択を素材に、教科書検定と採択の仕組みから国家に支配された現在の歴史教育のあり方を把握し、現在できることとして、「なぜ」を学びのもととし、「教科書を教えるではなく、教科書で教える」を考える。
　そして、将来の歴史教育の進むべき方向として、ともに生きる人の生育史の一部として、ともに生きる人の生きてきた社会を、その歴史を理解できる「歴史教育」を求める。その一例として「地域史」の試みを取り上げる。与えられる「歴史」ではなく、自ら作る「歴史」。それを求めていくことが、私たちが作っていくべき「歴史教育」である。

1 歴史教育の課題

(1) 歴史を学ぶとは

　ある人を深く理解するためには、その人の個人史、生育史を知らなければならない。その人を知るためには、その人はなぜそう考えるのか、どのような学びをしてきたのか、を理解する必要がある。そして、その人の個人史を知ろうとするとき、その人は個人で生きているわけではなく、家族がいて、社会の中で育っているために、その家族や社会の理解が必要となる。

　たとえば、同じ日本の社会で同じ世代であれば、同じようなテレビドラマや映画を見、同じような流行歌を聴いていると思われるかも知れない。カラオケなどで楽しむグループは、そのような思いを前提としているかも知れない。しかし、小さい頃、家庭ではテレビなどは見せてもらえなかったという人もいる。逆に、同じ日本の社会に生きて、同じテレビを見て、同じ流行歌を歌っていても、16歳（時期によっては14歳）のときに、市役所に行って外国人登録をしたという友もいるかもしれない。最初の例は家庭の違いであり、後者は社会的な背景の違いになる。後者の例の理解のためには、かつての外国人登録制度、現在であれば外国人管理体制という社会制度の理解も必要であるし、なぜ「外国人」とされる友人が日本で生まれ育ったのかという歴史的な背景の理解も必要である。

　歴史を学ぶとは、このように他者を理解するための背景を知るということからはじまるものであろう。しかし、多くの書かれてきた歴史は権力者が自己を正当化するためのものであった。多くの王朝（日本の天皇家を含む）や権力が「正史」を記してきた。もっとも、そのような「正史」などは近代になるまで、多くの人々にとってなんら縁のないものであった。ところが、近代になり、近代学校（定義はさまざまであるが、ここでは国家が就学義務をもって、多くの、あるいはほとんどすべての子どもたちにいくことを強いた学校としよう）が組織されるととともに、この国家の「正史」が多くの子どもたちの上に強制されるものとして登場してきた。それが教科書である。日本では、1903年から1947年まで国（文部省）が作成した国定教科書が使われてきた。それ以

前とそれ以後（現在）では、検定教科書が用いられ、国が認めた書籍のみが学校における歴史教科書として使用されている。

(2)「教科書」を問う

すると、歴史教育を問題とするにあたって、「教科書」という存在自体を問う必要があるだろう。教科書には、何らの検証を経ないことがらが、与えられた「真実」として、自明のこととして記される。「学術論文」の註として「大学や高等学校の概説書や教科書を註記してはならない」[1]といわれるのも、そのような「教科書」の性格を示すものといえるだろう。しかし、教科書で扱われる内容は「自明」のものであるのだろうか。

現在の日本では検定教科書とされながらも、ほとんどの教科書がほぼ同じ体裁となっている。そのため、より教科書には「自明」のことが記されているという感想を抱きがちである。しかし、日本の教科書がほぼ同じ体裁となっているのは文部科学省の「学習指導要領」があり、教科書はそれに基づいて記述され、検定制度があり、さらにはどの教科書を使用するかという採択が現場の手を離れ、教育委員会によってなされているという採択制度もあることによる必然である。

国家による「正史」の人々への押しつけという側面を明確に見ることができるのは、植民地時代の教科書である。たとえば朝鮮人と日本人の学校名称の形式的統一を行ない、教育内容を同一にした第三次朝鮮教育令（1938年）下の朝鮮総督府『国史地理』下巻（1938年）は次のように記している。

　　第二十一　みいつ[2]のかゞやき（三）
　　ポーツマス条約がきまると、明治天皇は、伊藤博文を統監に任じ、京城に統監府を置いて、いろいろと韓国のお世話をさせられました。やがて、韓国皇帝は、わが国の人人をまねいて役人にとりたて、進んだ文物をとり入れることに力をおつくしになりました。けれども、ほんとうに人民のしあわせを増し、東洋の平和をたもつためには、すっかりわが国と一体になって、天皇陛下の御めぐみをいたゞくよりほかはないと、お

188 第Ⅱ部　学習分野をめぐるデザイン

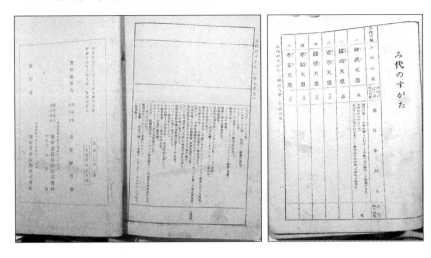

写真9－1　歴代天皇表の付された朝鮮総督府『国史6年』(1944年)

　さとりになりました。人民の中にも、同じように考へるものがあらわれてきました。そこで、天皇に、この事を申しあげられました。天皇は、もっともにおぼしめし、これをおうけあそばされ、韓国をわが国におあわせになり、これからは、朝鮮とよぶことにお定めになりました。これを韓国併合と申します。明治四十三年（紀元二千五百七十年）八月のことであります。天皇は、朝鮮総督を置いて、この地方をお治めさせになりました。今、十月一日を朝鮮の始政記念日と定めてあるのは、明治四十三年のこの日に、朝鮮総督府が京城に設けられて、新しい政治が始ったからであります。このようにして、みいつは朝鮮地方のすみずみまでかゞやきわたり、人民はみな一ように朝廷の御めぐみをいたゞくことになりました。

　大日本帝国の力による植民地化に人々は抵抗し、伊藤博文は安重根により殺された。先に、「朝鮮人と日本人の学校名称の形式的統一を行ない、教育内容を同一にした」と記したが、植民地朝鮮における日本人と朝鮮人の教育

機会は均等ではなかった。朝鮮人の就学機会は少なく、また年限も日本人の小学校 6 年間にたいし、4 年間とされている学校も多かった。学校予算も異なり、義務教育も無償教育もなされなかった。このように子どもたちの学校生活という、子どもたちに見える範囲の暮らしの中にも、子どもたちは植民地被支配者としての自分たちを感じる。しかし、子どもたちは「一ように御めぐみをいたゞく」自分たちを学ばなければならなかったのである。

2　日本の現状

(1) 2015 年の教科書採択

　しかし、現在では「国定教科書」ではなく「検定教科書」である以上、教科書の内容は完全に同一ではなく、若干の揺れ幅がある。安倍晋三が内閣総理大臣として「安保関連法案」を可決にもっていった 2015 年の日本では、政権の力が教科書採択にも働いた。「検定教科書」の中でも政権の意思にもっとも近いものを採択させようという力である。2015 年夏には、2016 年度から中学校で使う教科書を決める教科書採択が行なわれた。このとき、戦争を賛美し、偏狭なナショナリズムを植え付けようとする教科書が、政権のバックアップのもとに採択率を伸ばした。

　具体的には 2015 年、育鵬社の教科書を採択した地区の採用予定数が歴史教科書で 7 万 1,525 冊（全体の 6.3％）、公民教科書で 6 万 5,615 冊（同 5.6％）となった。この教科書が採択された地区では、今後 4 年間、同教科書が使われることになる。育鵬社教科書とは、2001 年と 2006 年に『新しい歴史教科書』(扶桑社) を出版した「新しい歴史教科書をつくる会」が、自由社と育鵬社とに分裂して作られたものである（自由社の教科書は、2011 年、全体の 0.05％の採択に続き、2015 年も 0.03％の採択率だった）。育鵬社の教科書は、2011 年の 3.7％のほぼ 2 倍に近い 6.3％の採択率となった。2001 年の採択率が 0.039％だったことに比べると 160 倍ほどになった。2015 年の特徴は、育鵬社の教科書を新たに採択した地区が増えたことである。大阪市を始め、松山市、金沢市、小松市など 19 か所の地域が、新たに育鵬社を採択し

た。この間、育鵬社は 10 % 採択を目標に、さまざまな地域の政治勢力と積極的にかかわりをもってきた。2006 年の教育基本法の改定、2008 年の学習指導要領の改訂を通して明らかになった安倍政権の愛国心を強調する教育方針は、日本の教育を変える流れを作り、これら右翼教科書の採択率をあげるきっかけとなった。

　育鵬社の教科書採択の急激な増加は、政権の積極的な支持によってこそ可能なのだということができる。2015 年に執権している安倍政権は、「歴史や文化を尊ぶ心をもつ子どもの育成」を教育政策に掲げている。言いかえれば、安倍政権の「歴史認識」を子どもたちに植え込むことを目的にしているということができる。

(2)「つくる会」教科書の出現

　安倍政権と教科書のかかわりを時間に従ってみてみよう。この教科書はどう登場してきたのだろうか。1996 年 6 月に当時の教科書の検定結果が公表され、すべての中学校歴史教科書に日本軍「慰安婦」の記述があることが明らかになった。これにたいし、「日本の歴史教科書は自虐的だ！」とする産経新聞など右派メディアのキャンペーン、いわゆる「第三次教科書攻撃」[3]がはじまり、1997 年 1 月に、「新しい歴史教科書をつくる会」が結成されるとともに、2 月には日本軍「慰安婦」の記述が載ることに反対する戦後世代を中心とした若手国会議員の集まりである「日本の前途と歴史教育を考える若手議員の会」が結成された。「若手議員の会」は国に都合のよい国民を育成する取り組みの中心を担ってきた（代表　中川昭一、座長　自見庄三郎）。「若手議員の会」の多くが、その後、自民党の幹部となり、事務局長の安倍は首相に、事務局次長の下村は文科大臣となった。

　安倍晋三は 2011 年 5 月 10 日に都内で開かれた「教科書改善の会」主催のシンポジウムで次のように挨拶している。

　　　平成八（1996）年に、翌年四月から使用されるすべての中学校歴史
　　教科書に「従軍慰安婦」なる記述が登場することが明らかになりまし

た。これらは自由民主党、社会党、新党さきがけが連立した村山内閣時代に検定を通過したものです。このことが明らかになると「あまりにひどい」という声が各地から上がりました。自由民主党の文教部会はこうした問題について議論しなければならないはずですが、残念ながら当時は議論が提起されませんでした。そこで「これはおかしい」と、中川昭一さんを中心に「日本の前途と歴史教育を考える若手議員の会」(現「日本の前途と歴史教育を考える議員の会」)というものをつくり、教科書問題についての勉強を始めました。(略)教育基本法を、平成十八(2006)年、安倍政権時代に改正できたことは私の誇りとするところです。そこで「伝統と文化を尊重し、それらをはぐくんできた我が国と郷土を愛する」という文言をしっかり書き込むことができました。そしてこの教育の目標をきっちりと受けとめてつくられたのが育鵬社の教科書であろうと、私は確信をもって申し上げることができます。」(『週刊金曜日』2015年6月5日号。元号の後の( )内は佐野)

　権力の中でも歴史の見方に幅があることが安倍の言葉に示されている。1997年5月、「日本会議」が設立された。「日本会議」は、戦前の国家神道の中心であった靖国神社などからなる神社本庁などの右派の宗教教団、遺族会・英霊に答える会など旧日本軍関係団体、右派の文化人などからなる日本最大の右翼組織である。「日本会議」は、全国に地方組織をもち、その地方組織が、事実上、「つくる会」の地方支部として活動し、「つくる会」系教科書の採択運動を行ってきた。『東京新聞』2014年7月31日に報道されているように、「日本会議」と安倍首相の政治信条は重なり、安倍首相・麻生副総理がこの会の役員である。

　「日本会議」と連携する政治家の組織として、「日本会議国会議員懇談会」があり、この会の役員を安倍内閣閣僚や自民党幹部が占めている。「懇談会」の地方組織的なものとして、「日本会議地方議員連盟」があり、1,600人を越える地方議員が会員となり、地方の政治や教育に大きな影響力をもっている。このような「つくる会」・「日本会議」と連携する政治家たちの動きを

写真 9 − 2 『東京新聞』2014 年 7 月 31 日

背景として、「つくる会」教科書は検定に合格した。

現在使用されている育鵬社歴史教科書では、加害の歴史が東京書籍など他の教科書と比べて矮小化されている。そして、「アジア独立への希望」という小見出しが示すように、侵略・占領などの加害を肯定・正当化している。これがこの教科書の特徴で、安倍政権の「歴史認識」と通じる内容となっている。安倍自民党の教育政策は、「日本の伝統文化に誇りを持てる内容の教科書」を検定基準とするなどの抜本的な改悪などを掲げている。これらは、「つくる会」や「日本会議」が掲げるものと同じである。

(3) 歴史教科書の内容の変化

「つくる会」教科書の出現は、単に 1 種類（その後、2 種類）の特別な歴史観をもった教科書が登場したことを意味するものではない。他の教科書の記述にも影響を与えている。「つくる会」勢力の働きによって、他の教科書の記述には検定意見が付き、日本の加害の歴史の記述が削除され、歴史教科書全体の記述が大きく後退した。たとえば第三次教科書攻撃前の 1996 年検定教科書で最も多く使用された東京書籍歴史教科書を例に取ると、アジア・太平洋戦争における日本の加害は次のように約 4 頁にわたって記述されてい

る。すなわち各地で抗日武装闘争が広がった背景、強制連行、日本軍「慰安婦」などの日本の加害・侵略の歴史であり、そして「朝鮮人強制連行」についても1頁記述されている。さらに、「なぜ第二次世界大戦のことを忘れてならないのだろうか」との設問があり、加害の歴史の記憶の重要性が示され、「戦後50年に当たっての村山首相談話」が掲載されている。

現在使用されている同じ「東京書籍」の歴史教科書（2010年検定）では、1996年検定教科書で、このように約4頁あったアジア太平洋戦争における日本の加害・侵略の記述が、わずか半頁になり、8分の1に減少している。

2015年検定に向けては、社会科のみに「政府の統一的な見解……などが存在する場合には、それらに基づいた記述がされること」という検定基準が新設された。新設した検定基準による検定結果が、4月公表され、『東京新聞』2015年4月16日は、「政権の意向浸食」「歴史修正主義の教科書検定」と報道している。たとえば、関東大地震（1923年）直後の朝鮮人虐殺事件の記述である。清水書院教科書原文は「警察・軍隊・自警団によって殺害された朝鮮人は数千人にものぼった」としていた。これにたいし「通説的な見解がないことが明示されていない」という「検定意見」が付き、同社は「当時の司法省は二百三十名あまりと発表した。軍隊や警察によって殺害されたものや司法省の報告に記載のない地域の虐殺を含めるとその数は数千人になるともいわれるが、人数について通説はない」と修正した。このように、今まで以上に、加害の歴史の記述が減少し、政権の「歴史認識」が反映し、「加害の歴史の矮小化と忘却」とセットで、「我が国の歴史や伝統を尊ぶ心をもつ子どもを育成する」教科書になっている。

このように、これまでの教科書が攻撃され、そして「つくる会」系の教科書が登場してきた背景には、最初に述べたように教科書が「自明」のことを記しているとされ、そして後述するように「なぜ」を問わない形で、学習者に事実の羅列のみを「暗記」させる形で存在していることがあるだろう。史料批判の方法を身につけ、そこから論理的に自分の意見を組み立てていく訓練がなされていれば、さまざまな意見の対立の中でも自分の意見を組み立てていくことができるはずだからである。

(4) 現在の教科書採択制度

　さらに次の問題として、このような教科書が誰によって教育の場にもたらされるかを考えてみよう。学習者に「なぜ」を問わせるとすれば、それは現場にいる教員が子どもたちとの関係の中で教材を選んでいかなければならない。しかし、日本の現状はどうか。

　1961年からはじまる高知・長浜の教科書無償闘争によって、1962年に、「義務教育諸学校の教科用図書の無償に関する法律」が成立した。翌年、「義務教育諸学校の教科用図書の無償措置に関する法律」が作られ、1963年度の小学校1年生が教科書無償となり、この学年が進級するにしたがって、無償の範囲が上の学年に拡大され、1969年度に、小・中学校の全学年の無償給与が完成した。

　しかし、このとき、それまで学校毎にあった教科書の採択、つまり使用する教科書を決定する権限が、その学校を設置する市町村や都道府県の教育委員会にあるとされてしまった（国・私立学校で使用される教科書の採択の権限は校長にある）。採択権者は、1種目につき1種類の教科書を採択し、通常、4年間同一の教科書を採択することとされている。

　市町村立の小・中学校で使用される教科書の採択の権限は市町村教育委員会にあるとされているが、2014年4月に改正された無償措置法によって、採択に当たっては都道府県教育委員会が「市町村の区域又はこれらの区域を併せた地域」を採択地区として設定し、採択地区が2以上の市町村の区域を併せた地域（共同採択地区）であるときは、地区内の市町村教育委員会が協議して種目ごとに同一の教科書を採択することとされた。採択地区は、2015年4月現在全国で580地区あり、1県平均12地区となっている。また、1地区は平均して3市町村で構成されている。しかし、1市で多くの県の人口よりはるかに大きな人口をもつ横浜市、大阪市などは全市を1採択区にした。

(5) 教科書採択の手続きの変化

　第三次教科書攻撃は、教科書の内容だけではなく、使用する教科書を決

める方法をも攻撃した。低い採択率であった「つくる会」は、「採択制度の歪み」を正す必要があるとキャンペーンを行ない、「学校の意向調査の名目の「学校票」や調査研究資料に基づく答申を追認する慣例による採択が行われ、教育委員会の権限が、不明確になっている」「私たちがどんなにすばらしい教科書をつくっても、子どもたちの手に届けることができない」と訴えた。

『正論』2005年1月号「サッチャー改革に学べ！教育再興の任は国家にあり」内の座談会で安倍はこのようにいっている。

> 現在の教育は仕組みと中身双方に問題を抱えています。中身でいえば、まず自虐史観に侵された偏向した歴史教育、教科書の問題があります。（略）では、なぜ（自虐史観の）歪んだ教科書が採択されるのかというと、歪んでいなければ採択されない仕組みになっているからです。前回の中学校歴史教科書の採択で、ストライクゾーンど真ん中の記述ばかりであった扶桑社教科書の市販本は百万部近く売れて国民に支持されたにもかかわらず、教育現場での採択は惨憺たる結果になりました。現状の採択の仕組みでは、大多数の国民の良識が反映されないどころか、否定されてしまうわけです。この状況を変えていかなければならない。（『週刊金曜日』2015年6月5日号）

このキャンペーンに答えて、「若手議員の会」などが連携して政治圧力をかけ、「教師はずし」、つまり採択手続きから教員を遠ざけ、そして教育委員会の採択権限の明確化、つまり教育委員会の採択権限の強化が行われた。

古く1966年に出されたILO・ユネスコ「教員の地位に関する勧告」では、次のように述べられている。

> 教育職は専門職としての職務の遂行にあたって学問上の自由を享受すべきである。教員は生徒に最も適した教材及び方法を判断するための格別の資格を認められたものであるから、承認された計画の枠内で、教育当局の援助を受けて教材の選択と採用、教科書の選択、教育方法の

採用などについて不可欠な役割を与えられるべきである。(8　教員の権利と責任―職業上の自由　第61項)

　教育の専門性や教育の独立性からも、現場で教科書を使う教員の意見を排して、教科書が決められることは不当であるといわなければならない。教科書無償制度が開始された直後は事務作業の軽減を名目に採択地区が定められ、4年に1度の採択ということが定められたわけであるが、現在のデータ処理環境からみれば、各学校、毎年の採択であっても、なんら不都合はないであろう。国立・私立の学校で学校長の採択権限を認めるならば、校数の多い市区町村立学校に比べて、各都道府県に数校ずつしかない都道府県立学校においても、学校長の採択権限が認められてしかるべきであるのに、これらの学校の教科書採択も都道府県教育委員会の権限とされている。
　日本の国定教科書制度が、「教科書疑獄」(1902年の学校の教科書採用をめぐる教科書会社と教科書採用担当者との間の贈収賄事件)を名目としてはじめられたように、「正史」としての教科書統制のため、さまざまな名目が用いられているということができる。

○教科書採択権限

　1948年、文部省は第1回教科書展示会にあたって次のように述べていた。「採択者は、同一学年の各組毎に異なる教科書を採択することができる」(文部省「昭和24年度使用教科用図書展示会実施要綱」、文部省『教科書検定に関する新制度の解説』附録（二）、1948年、5頁)。

　今日にいたるまでだれが教科書の採択を行う権限を有するのか、つまり、教科書採択権の所在については、一義的に明確に定めた法文上の規定はない。文部科学省は、地教行法第23条第6号を根拠に教育委員会の教科書採択権を主張する。

　　第23条（教育委員会の職務権眼）教育委員会は、当該地方公共団体が処理する教育に関する事務で、次に掲げるものを管理し、及び執行する。
　　六　教科書その他の教材の取扱に関すること

教科書についてのこの規定は、教育委員会は「教科書の取扱に関する」「事務」を管理・執行する、ということであり、採択権者を定めたものではない。しかし、現在の運用は本文記載の通りである。

(6) 世界からの批判

このような日本の教科書のあり方には、海外、また国連から批判が寄せられている。

　安倍総理の写真が12回以上掲載されている、など安倍総理の宣伝的な役割を果たすともいえる育鵬社の公民教科書、そして日本の植民地侵略とそれによる戦争被害の事実を歪曲、隠蔽、削除し、日本の独島領有権を記述するような、「危険な」歴史観で貫ぬかれている育鵬社の歴史教科書、これらの教科書で日本の未来に責任ある青少年たちが教育を受けることに、大きな憂いを抱かざるをえない。(2015年9月18日アジアの平和と歴史教育連帯[4]の論評)

　本委員会は、日本の歴史教科書が、歴史的事実に関して日本政府による解釈のみを反映しているため、アジア・太平洋地域における国々の子どもの相互理解を促進していないとの情報を懸念する。本委員会は、アジア・太平洋地域における歴史的事実についてのバランスの取れた見方が検定教科書に反映されることを、締約国政府に勧告する。(2010年、国連子どもの権利委員会の日本に対する政府報告書審査最終所見)

　歴史教育は、愛国心を強めたり、民族的な同一性を強化したり、公的なイデオロギーに従う若者を育成することを目的とすべきでない。幅広い教科書が採択されて教師が教科書を選択できることを可能にすること、教科書の選択は、特定のイデオロギーに基づいたり、政治的な必要性に基づくべきではない。歴史教科書（の内容）の選択は歴史家の手に残されるべきであり、とくに政治家などの他の者の意思決定は避ける

べきである。(2013年第68回国連総会における、文化的権利に関する特別報告者の指摘)

3 歴史教育の主要な問題点 — 欠けている「なぜ」という問い

　日本の大河ドラマや朝ドラを考えてみると、日本の中の日本人の話しか出てこない。一方、韓国社会の中では、日朝の歴史が学校教育の中だけでなく、民衆の生活、家族の会話、テレビ、映画の中に登場してくる。韓国においても、テレビや映画はたしかに意図され、教科書と同じようにある歴史観の下に作られているということができる。しかし、家族の会話はどうだろう。たとえば家族が日本に連れていかれてひどい目にあったという体験をもっている家族がいる。なかには関東大地震の時、おじいさんを殺されたという体験をもつ人もいるだろう。殺された人がいるということは、殺した人がいるということである。中国との関係でも、たしかに殺された中国人がいるということは、殺した日本人がいるはずである。しかし、学校の「歴史教育」の中では、そのような殺し、殺された民衆の歴史は消されてしまう。民衆にとっては、殺すのも、殺されるのもいやなことであったはずである。

　歴史教育だけでなく、日本の教育の中でもっとも欠けているのが、なぜ、という問いではないだろうか。歴史教育において「事実」とは何かは難しい問題であるが、それでも「真実」という言葉よりは一義的に定まってくるといえるだろう。誤解を恐れずにいえば、日本の植民地支配という事実、あるいはそれにともなうさまざまなでき事、事実があっても、その人の立場によっては、それを「進出」と見る者もいるし、「侵略」と見る者もいるということである。

　歴史教育の問題点の第一点は、以上に見てきたように教科書「検定」制度、採択制度によって、まず教えられる歴史的「事実」が国家によって選択され、それ以外のものは伝えられていないということにある。

　しかし問題の第二点として、その歴史的「事実」をどうとらえるのかという点についても、日本の歴史教育の中では十分に取り組まれていないという

問題がある。先に記したように、一つの歴史的「事実」にたいして、立場により異なった見方が存在する。そうであれば、近代における日本と朝鮮の歴史については、日本人、韓国人ということではくくれない、単に日本国政府、韓国政府の見解ということではくくれない、各人の立場によって解釈は異なるということが示されているだろうか。なぜ各人がそのようなさまざまな主張をするのかということを考える機会を日本の歴史教育は提供しているだろうか。たとえばなぜ1910年が問われているのかということを考える歴史教育、それも自分にとってはどのような意味があるかということが問われる教育がなされているだろうか。日本の生徒たちにとって、歴史は「暗記科目」だというとらえ方が一般的ではないだろうか。

この現在の私たちにとって歴史はどのような意味をもつかという課題が薄れる原因の一つが、歴史教育が古代からはじまり、江戸時代の終わりまでや、せいぜい米騒動、シベリア出兵くらいで授業が終わっており、それ以後の日本の歩みについて学ぶことがないという問題があるだろう。冒頭に記した、なぜ「外国人」とされる友人が日本で生まれ育ったのか、明治以降の日本はどのような国家形成を行なったのか、そのような問題に現在の歴史教育は触れていないのである。

このような中、「子どもの側に立って、子どもの目を意識しながら、中学生向けの歴史教科書をつくりたい」という現役教員やOB・OGが中学校歴史教科書をつくり、2015年に検定合格した。学び舎の『ともに学ぶ人間の歴史』[5]である。この教科書を執筆した「子どもと学ぶ歴史教科書の会」(2010年結成）の「趣意書　こんな歴史教科書をつくりたい」は次のように述べている[6]。

　　いままでの歴史の教科書には、①歴史発展の筋道―歴史の流れ、②それを語るために必要な歴史事実―いわゆる重要事項が記述されています。それは重視されるべきことでしょう。でも子ども側からそれらを見ると、学んでから時間がしばらく経ったあとには、単に文字の羅列となったり、言葉としてのみ残っている、ということになりかねません。

つまり歴史の教科書は、子どもがそれをどう学ぶのか、子どもが学ぼうとする筋道を想定したものなのかが問われているのです。確かに教師は発展の筋道—歴史の流れへ目を向けたいのですが、子どもの側は、それ以前のところ—歴史事実の具体的な場面で立ち止まり、何らかの問いを発しようとしているはずです。

だとすれば、まず教科書は、子どもからそのような問いが発せられるような歴史事実を描くものであるべきでしょう。他方、教師側から言えば、子どもの声をぜひ聞いてみたい、どんな反応を示すだろうかと、期待感のもてる歴史事実だと言えます。そのような教科書であれば、教師側からどう問いかけるかなど、授業構想をイメージできる教科書になるでしょう。

歴史を学ぶことは、それによって学習者が現在という地点に立つことが期待されます。現在の課題となっていることに目を向け、自ら向き合っていこうとする主権者の姿を想定することもできます。しかしそれは、歴史事実を文字や言葉の羅列として、記憶したことによって可能となるものではないでしょう。歴史事実に対して、問いを発したり、問いかけられたりしながら、自らそこに関わっていくからこそ可能となるはずです。

歴史教科書が、記憶すべき歴史事実の集成として子どもの前に存在するのではなく、子どもからページをめくり、自ら関わっていくものとして机上に置かれている。そんな情景をぜひつくり出したいと思います。

教科書検定という困難を経て、同教科書は誕生した。しかし、現在の教育現場の状況や教科書採択制度などによって、多くの生徒の手にはまだ渡っていない。

歴史を私たち自身の歴史認識を形づくるものとして、問うていく必要がある。使い古された言葉であるが、少なくとも現制度の下では、「教科書を教えるのではなく、教科書で教える」ことが必要である。さまざまな歴史事象が学ぶ者の個々の暮らしとどう結びついているのか、個人を原点に歴史を読

第9章　歴史教育のあり方　201

図9-1　ジンバブエの歴史教科書の一コマ
A Picture History of Zimbabwe, Zimbabwe Publishing House（1982）.

み返していくことが第一になされなければならない。

　上に示すものは、1980年に独立したジンバブエで1982年に発行された小学校3、4年生用の歴史教科書（A Picture History of Zimbabwe）である。この教科書は子どもたちが作業をしながら、ジンバブエの歴史を現在から過去に向かって学習するように構成されている。「教育」という項目では、次のように子どもたちに問うている。

　　多くの独立闘争の闘士たちは学校に席を得られなかった若者たちでした。すなわち彼らの親たちは彼らを学校に送る金がなかったのです。学校にいくアフリカ人の子どもたちはほとんどいませんでした。アフリカ人の子どもたちに席を与えたのは、ほとんど教会によって運営されるミッションスクールでした。
　　あなたの親に学校に行ったかどうか聞いてみなさい。もし彼らがイエスと答えたら、どこの学校に通ったか尋ねなさい。もし彼らがノーと答

えたら、なぜ行けなかったかを尋ねなさい。学校に行く代わりに何をしていたか尋ねなさい。このことについて話を書くか、絵を書きなさい。

　また、この教科書の特色は先に述べたように現代からはじめ、過去にさかのぼっていくことである。現在ある自分たちの生活、それがどのように形づくられてきたかを考える構成になっている。先に述べたように日本で行なわれている歴史教育の多くは、古代から始め、そして私たちの暮らしに直接結びつく現代にはいたらないというのが、現状である。国家がいかにして誕生し、私たちの暮らしを縛っていくかを考察するならば、古代史の学習も現代に続くものということができるが、あたかも、先ほど見た植民地教科書に歴代天皇表が付されているように、古代からの学習は、古代から「日本」という国家が存在しているかのような先入観を植え付ける歴史教育になっていないだろうか。そして、私たちの今の暮らしがなぜこうなっているかを考える現代には触れない学習になっていないだろうか。

　1990年の韓国大統領の来日に際しては、日本国政府の歴史認識、すなわち朝鮮植民地支配をどのように見ているのかという表明が一つの焦点となり、日本側のいちおうの「謝罪」があったものとされ、学校教育へも反映させるとされた。このとき、文相は「日本と韓国の歴史について学校教育の場で飛ばす（省く）ことはあってはならない」と述べ、文部省初等中等教育局長は参議院予算委員会で、「学校での歴史教育において、現代史から過去にさかのぼる指導方法もあり得る。学習指導要領に定められた条件を満たしていれば、現代史から起こして、過去にさかのぼる順序で書かれた教科書の検定申請も受理するし、合格もあり得る」と答弁したが、残念ながら、そのような教科書はまだ日本では現れていない。

4　これからの歴史教育―他者とともに「歴史」を読む

　筆者が大学院をともに過ごした台湾の友人と、台北の北にある淡水で待ち合わせをしたときのことである。筆者は途中の北投という温泉地に寄って淡

水に向かった。後で、その話を聞いた友人は少し嫌な顔をした。筆者は黄春明『さよなら・再見』(田中宏訳、めこん、1979年) という1970年代の日本人男性の「買春」ツアーを描いた小説を読んでいたので、友人にそのことを連想したのかと尋ねると、やはりその通りであった。ちなみに、温泉地であるので日本の温泉地と同じく現在もそのような性産業も存在するかも知れないが、現在の北投は公園と図書館のあるきれいな地である。台湾の友人でも若い世代の友人は先の友人のような連想はしなかった。同じ時代を同じ地球の上で過ごしていても、体験は異なる。国家はその「体験」を国家のもとに収れんしようとする。しかし、人間の生は国家のもとに限定されるものではない。私は先の友人とは大学院時代をともに過ごし、私の生の一部を形作っている。そうであれば、私たちが作る歴史とは、その友人も共に理解する「歴史」でなければならない。

　同様に韓国の友人も私と同じ年数を生きてきても、私とは異なる体験をしている。軍事独裁のもとを生き、民主化を生き、急激な経済成長を体験している。中国の友人も同じである。「文化大革命」のもとを生き、改革開放の時代、急激な格差の増大の中を生きている。

　これらの友人はみな筆者と留学等を通じて、共通の時間を過ごしている。この文章の最初に記したように「ある人を深く理解するためには、その人の個人史、生育史を知らなければならない」。友人の生育史の一部として、友人の生きてきた社会を、その歴史を理解できる「歴史教育」こそが今私たちが必要としている「歴史教育」だといえるだろう。

　千本秀樹は、地域史を提唱し、こう述べている[7]。

　　　地域は、当然国家の強い制約を受けるが、そこに住む人々は現状の打開を求めて、さまざまな努力を続ける。そのエネルギーが歴史展開の原動力である。そのエネルギーには、個性と普遍性の双方が内蔵されている。地域を主人公とし、地域から社会が見える。

そして、「地域史の方法の一つの大きな成果」として、新城俊明『高等学

校　琉球・沖縄史』(沖縄県歴史教育研究会、1994年―増補が続けられている) をあげ、このように評している。

　　琉球・沖縄（沖縄は琉球の一部である）の歴史が中心に叙述されているが、日本や中国との関係にも十分触れられており、世界も視野に入っている。琉球から世界が見えるのである。

地域史の意義と地域の意味についてはこう述べている。

　　国家内部の一つの地域を主体として歴史を描くことによって、国家を蚕食し、国家を主人公の座から引きずり降ろすことができるのである。
　　地域史のもう一つの特徴は、地域を自由自在に設定できるということである。たとえばわたしの住む△△三丁目とその隣接区域は、わたしにとって学童保育運動を展開した単位となる地域であるし、東アジアも一つの地域である。銀河系も宇宙の小さな一つの地域である。

　歴史を学ぶということは、同時代の理解だけではなく、過去を現代に活かすことでもあろう。40年前、日本でいわゆる「公害」によって多くの人が苦しんだ。その姿を見ているはずの中国で現在同じような企業の活動で多くの人が苦しんでいる。これから経済発展するある国の研究者と「日本がこのような経験をしたのに中国で同じ経験をしている。あなたの国ではどうだろうか」と話したところ、「やはり同じ経験をするだろう」という返答を得たことがある。さまざまな技術には「後発効果」があり、後から追いかけていく者は先にいく者の技術を身につけていくので有利になるということがあるはずであるが、人間社会の発展はなぜ過去を参照しないのだろうか[8]。
　小学校の「社会」科が「自分たちの住んでいる身近な地域や市（区、町、村）」からはじまるように、自分の生きる場所からはじまる歴史を考える。そして、その歴史の他者との交錯を考える。インターネットによる虚偽の言説の氾濫する現在においては同時に、厳しい史料批判の目を育てることも大事

である。与えられる「歴史」ではなく、自ら作る「歴史」。それを求めていくことが、私たちが作っていくべき「歴史教育」である。

注
1 斉藤孝『学術論文の技法』、日本エディタースクール出版部、1977年、99頁。
2 御稜威：天皇や神などの威光。
3 第一次は1955年、自由党と合併し自民党を作る直前の日本民主党が『うれうべき教科書の問題』というパンフレットを配布し教科書を攻撃、第二次は1982年の「侵略」の書き換えをきっかけとする教科書攻撃。
4 韓国の国内外の教科書における歴史歪曲をただし、20世紀を覆った侵略と抵抗の歴史にたいするアジア共同の歴史認識をつくるべく、2001年4月、86団体（2005年現在、90団体）の市民社会団体・学界によって「日本の教科書を正す運動本部」という名称で結成された。http://blogs.yahoo.co.jp/japantext2007/6912731.html 参照。
5 『学び舎　中学校教科書　ともに学ぶ人間の歴史』として青木書店から発売されている。
6 同会HP（http://manabisha.com/suisho/shuisho.html）、2015年12月18日閲覧。
7 千本秀樹「歴史を共有するものが未来を共有する」、『現代の理論』2010年秋号。
8 田川建三『歴史的類比の思想』、勁草書房、1976年、参照。

● 関連文献紹介
① 日中韓3国共通歴史教材委員会＝共同編集『未来をひらく歴史―東アジア3国の近現代史』第2版、高文研、2006年
　　3国とあるように国家史を抜け出してはいないが、同じ年代を3国がどのようにみているかの比較には役立つ。国家史であることは、韓国版『未来を開く歴史』、中国版『東亜三国的近現代史』と対比して読むことができれば、さらに明らかになる。
② 幡多高校生ゼミナール『渡り川：四万十川流域から創造する高校生の国際交流』、平和文化、1994年
③ 同『ビキニの海は忘れない：核実験被災船を追う高校生たち』、平和文化、1988年
④ 高知高校生ゼミナール『海光るとき』、民衆社、1990年
　　上記の3冊は、高校生が地域をもとに歴史を学んでいく記録である。残念ながら高校生自身ではなく、高校教員の手になる。②は幡多地域の朝鮮人の歴史を追う高校生を描いたもの。映画化もされた。③はビキニ環礁水爆実験（1954年）によ

る被害を追求する高校生を描く。④も地域の戦争と抵抗の歴史を掘りおこし、ビキニ水爆実験被災に光をあてた高校生たちを描く。

⑤ **中塚明『歴史家山辺健太郎と現代』、高文研、2015 年**

　　在野の歴史研究者であり「歴史の『原状態』を洗いだす」仕事をした山辺健太郎を、やはり歴史研究者の中塚明が描く。史料に基づいた歴史研究のあり方を描く。また史料の引用方法など、この本の書き方自体が史料に基づく叙述をしており、歴史を学ぶ姿勢を学ぶのに役立つ。

トピックス２．子どもの理科嫌いは教師の理科嫌い？

　これまで OECD-PISA（生徒の学習到達度調査）、IEA（国際教育到達度評価学会）-TIMSS（国際数学・理科教育動向調査）、全国学力・学習状況調査などが行われ、我が国の理科学習に関するさまざまな課題が浮き彫りにされてきた。マスコミなども「子どもの理科離れ・理科嫌い」を頻繁に取り上げるようになり、文部科学省の科学技術指標（2004年版）でも、高学年になるにつれ理科にたいする意識が低くなることを示した。更に2005年のJST（科学技術振興機構）の調査は、「教師の理科離れ」を指摘した。2009年のJSTが行った小学校教員への調査は、50％の教員が理科の指導は苦手、70％の教員が理科の指導法についての知識・技能が低い、66％の教員が観察・実験についての知識・技能が低い、72％の教員が準備や片付けの時間が不足していると感じていた。そこで、理科授業の改善とともに理科教育に関する教員研修の充実が求められた。

　2010年の産経新聞「なぜ小学校教師は理科嫌いなのか」という記事では、小学校教師になれる教育学部は文系教科での受験であり、さらに採用試験の理科の配点が低いので、理科が得意な教員は少ないと報道されていた。毎日新聞社が連載し、その後講談社から発行された「理系白書」では「平成6年施行の学習指導要領の改訂で、高等学校の理科が選択科目になり、物理、化学、生物、地学のいずれかを全く勉強したことがないという教師が生まれ始めている」と指摘している。小学校教員の免許を取るには大学で「理科、理科指導法」の単位が必要だが、大学の講義では実験・実習はほとんどない。滋賀県教育委員会が2000年度に採用した小学校教員のうち70％が「理科、理科指導法」の実習を経験していなかったことを報告している。

　小学校教員の理科にたいする苦手意識、観察・実験の準備・片付け時間の不足、研修時間の不足等が明らかとなったことを受けて、文部科学省は2008年より「理科専科教員」の配置や「理科支援員」配置事業などを実施した。これら事業の有効性について、JSTの「平成22年度小学校理科実態調査」が行われ、少し改善されていることが2014年に公表されている。

　しかし、これらの努力にもかかわらず、2015年4月に実施された全国学力・学習状況調査では、小学生から中学生になると理科嫌いになることが明らかになった。理科を3年ぶりに実施したことで、調査対象となった中学3年生は、3年前の小学6年生時に前回の理科の調査を受けており、前回の小6と今回の中3の結果から新課程理科の教育効果が確かめられた。小学6年生だった前回の「理科の勉強が好き」は81.5％だったが、中学3年生になった今回は61.9％と減少していた。これ

は前回65.1％の算数・数学が今回56.2％であったのに比べ著しい減少である。今回の中3は小3の時に新課程の理科教育を最初から受けた学年である。中学校の理科では、知識だけではなく知識を活用する力も付けるため、「課題を解決するために観察・実験を計画し、その結果を分析して、科学的な知識や概念に基づいて説明する」などが掲げられた改訂であった。しかし、理科が分からなくなり嫌いになったことは、中学校の理科教育にも問題があると思われる。中学理科の観察・実験を通して「理科を職業や実生活と関連づける」という趣旨の現行学習指導要領だが、それを指導する教師の研修が十分だったのだろうか。その授業形態や内容に新入（中学）生が適応できていないともいわれている。小学校の教科書と中学の教科書には大きなギャップがあり、学習内容の連続性が途絶えているともいわれている。

　小学校から中学校になると教科担任制になり、理科は第1分野（生物・地学）、第2分野（物理・化学）に分かれる。中学校の理科の教師は、理科全般に通じている、つまり「自然科学」を身につけていることが基本であり、その上で、「化学」や「生物」等の得意分野をもっていることが理想である。しかし現実はその逆で、「化学」や「生物」等の専門分野は得意だが理科全般は得意でないというのが現実のようだ。JSTの2012年度中学校理科教育実態調査集計結果によると、各領域の指導の得意・苦手科目について、「得意」「やや得意」と肯定的に回答した理科教員の割合は、「化学」が86％と最も高く、「生物」72％、「物理」68％、「地学」57％、「情報通信技術の活用」50％で、2008年度とほぼ同様の傾向であったと報告されている。本来、自然界を理解する知識である「自然科学」は、物理・化学・生物・地学のような境界があるわけでなく、教育の便宜上教科に分かれているに過ぎない。当然、物理・化学・生物・地学の知識が枝葉末節でなく、互いに有機的に連なった知識となってはじめて「自然科学」として身につくことになる。理科教師が「自然科学」を身につけてはじめて「個人が生きていくために必要な科目としての理科」を教えられる教師といえる。たとえば、「光」を取り上げれば、「屈折」、「レンズ」の話だけでなく、「人の目」との比較、「日食や月食」、「夕焼けや虹」、植物の「向日性」や「光合成」、「放射線」の仲間（電磁波）として理解し、「光化学スモッグ」や「光過敏症」、「皮膚がん」、「太陽電池」、「光触媒」などとの関連についても語ることができる教師でないと、子どもに興味をもたせ、分かりやすく説明できないし、子どもたちを「生活に役立つ科学」の世界に導くことはできないであろう。理科教師が「自然科学」を身につけていないことは、教員養成課程そのものに問題があると思われる。

　またJSTの同じ調査で、観察や実験の頻度について「週1回以上」行っていると回答した理科教員の割合は、2008年度と比較して低くなっている（2012年度：55％

2008年度：63％）。また、教職経験年数が5年未満の理科教員で最も低く49％であった。しかし教師の悩みの7割は、「実験準備や片付けの時間の不足」、「設備備品の不足」が6割、「消耗品の不足」「授業時間の不足」がそれぞれ4割であると報告されている。これは指導以前の問題で悩んでおり、中学校への理科設備備品費の増額や支援員の派遣も必要と思われる。

教師の理科離れを阻止するには、現教員の研修・再教育も大切だが、将来のことを考えれば、すでに述べた教員養成課程の見直しとともに、世界一低い日本の大人の「科学リテラシー」を養うためにも、高校及び大学での理科教育を根本的に見直す必要がある。2008年の学習指導要領の改訂で、高等学校では、物理、化学、生物、地学の4領域の中から3領域以上を履修できるように科目構成を見直し、「科学と人間生活」を含む2科目又は基礎科目（物理・化学・生物・地学）から3科目を履修することになったが、これと同じ条件で理科が大学入試必須科目にならないと、残念ながら教師も学生も理科の勉強には身が入らないのが現実である。やはり入試制度そのものを変えるべきであろう。

大学入試センター試験を廃止して新設する共通テストのあり方を検討してきた中央教育審議会は「新しい時代にふさわしい高大接続の実現に向けた高等学校教育、大学教育、大学入学者選抜の一体的改革について」の検討をはじめている。この入試改革によって、高校と大学の教育が大きく変化することが期待される。また学習指導要領の改訂（2020年度の小学校から順次、全面実施の見通し）では、理科教育に本来求められていた学習法である「アクティブ・ラーニング」（課題発見・解決に向けて主体的・協働的に学ぶ学習）を全教科で行うとして改訂が進められている。更に中央教育審議会の教員養成部会は「これからの学校教育を担う教員の在り方について」という報告をまとめている。このような改革によって、子どもの理科嫌い、教師の理科嫌いが解消できればすばらしいと思うのだが、楽観的過ぎるだろうか。

参考文献
毎日新聞科学環境部『理科白書―この国を静かに支える人達―』、講談社、2003年。
山下芳樹『理科は理科系のための科目ですか』、森北出版株式会社、2005年。
松田良一・正木春彦編者『危機に立つ日本の理科教育』、明石書店、2005年。

（内海博司）
（2016年1月20日記）

トピックス３．放射線とお化け

「見えぬけれどもあるんだよ。見えないものでもあるんだよ。」このフレーズは、夭折した童謡詩人「金子みすゞ」の「星とたんぽぽ」に出てくる。みすゞは、夜にならないと見えない「昼間の星」や、土から抜かないと分からない「たんぽぽの根」についてうたっている。教師が「たんぽぽの根」を生物学の知識で教えることは易しいと思う。しかし、「昼間の星」を教えるには物理の知識や地学の知識が必要で、「たんぽぽの根」より難しいだろう。眼に見えるものしか信じない現代人に、五感で感じられない「放射線」について教えることは更に難しいと思われる。

福島事故前には、小中高及び大学教育においても、「放射線」や放射線を出す「放射性物質」を身近に感じるような教育（教科書や実験など）はされていなかった。実社会では、放射線が医療分野で使われていることは知られているが、ペットボトルの殺菌や、プラスチック工場の生産過程でポリマー（重合体）合成（放射線重合）に使われていること、新しい品種を生みだすのに、或いは害虫駆除などのために農業分野などでも多用されていることは、ほとんど知られていない。この「放射線」を利用できなくなると、近代文明社会は維持できなくなるだろう。当然、放射線は、理科で教えるべき知識であるのに、残念なことに社会科で、恐ろしい「原爆」というキーワードを通じての情報しか与えられていない。多くの人達が「放射線＝原爆＝恐ろしい」と感じるのは当然だと思う。その上、福島事故後、さまざまな分野を自称する専門家や学者がマスコミに出て来て、てんでばらばらの意見を述べるのだから、一般大衆は学者さえ信じなくなるのは当然だと思う。

さて福島の事故後に、中学の教科書がどのように改訂されただろうか。記述内容の歯止め規定が撤廃され、教科書の資料化が進み、Ｋ社の教科書もＴ社も100ページ以上も増加している。放射線は１社を除き中学３年３学期に配当されている。しかし３学期は高校受験を控えていることもあり、十分な授業は難しいと聞く。しかも「放射線」は、「科学」としてではなく、エネルギーとの関係、つまり「原子力発電」との関係で出て来るだけである。「放射性物質」は出ていない。これでは福島の事故の教訓は全く生かされていない。

やはり、「放射線」や「放射性物質」は、科学の基礎知識として物理・化学の中で、教えるべきである。「放射線」はα線などの粒子線を除いて、電磁波として物理の基礎（光や電波の仲間）として、「放射性物質」は原子の構造として化学の基礎（周期律表の中の放射線同位体）として教えなければ、「放射線」は、これまで通り「お化け」の仲間から抜け出せず、科学とはいえないし、高校の理科へと繋がらないだろう。

現在高校の理科の教科書には、放射線関係の学術用語があまりにも多く詰め込まれている。高校物理基礎（K社の教科書）には、原子、原子核、電子、陽子、中性子、原子番号、質量数、同位体、核分裂、連鎖反応、核融合、原子力エネルギー、核エネルギー、臨界、原子力発電、放射線、崩壊、壊変、放射能、放射性物質、放射性同位体、α線、β線、γ線、中性子線、半減期、ベクレル、グレイ、等価線量、シーベルトが出ている。そして、高校化学基礎（K社の教科書）には、原子、原子核、電子、陽子、中性子、電気素量、原子番号、質量数、同位体、放射性同位体、放射能、α壊変、β壊変、γ壊変、半減期という用語が出ている。現在の高校の理科教員のほとんどは「放射線」「放射性物質」のことは学んでいないので、これだけの知識ばかりでなくヒトを含めた生物への影響も含めて理解して教えられるとは思えない。

　高校の理科の授業では、実験や観察の時間が極端に少ないことが知られている。理科の授業で実験や観察を「週1回以上」行っているのは、小学校が63.3％、中学校が64.0％だったのにたいして、高校は2.9％に過ぎない。これでは、高校で本来の科学としての「放射線」や「放射性物質」を習っても、所詮座学であって「お化け」からの脱出は無理かと思われる。

　実験や観察の時間が比較的多い小学校や中学校で、「放射線」や「放射性物質」などが身近に存在することを、科学的に認識させる必要があるだろう。「お化け」の存在を確かめる方法はないが、放射線は物質を透過して写真を写す能力（レントゲン写真）があること、ガイガー・カウンターを用いれば、音の大小やどの方向から音が聞こえてくるかによって、何処にどれ位の量の放射性物質が存在するか等を知ることができる。更に霧箱を使うと、放射線（が通った飛跡）を観ることができて、放射線の存在や種類さえも知ることができる。このような観察・実験によって「放射性物質」が、「見えぬけれどもあるんだよ」そして「放射線」は「見えないものでもあるんだよ」と理解することができる。

　私自身も2014年に京大博物館の「夏の学習教室：知っていますか、放射線」で、小学生とその保護者に、お話しと放射線の測定実験や霧箱の観察実験を行ったが、子どもたちは眼を輝かせて放射線を測定し、霧箱で放射線を観て興奮していた。小学生でも十分に「放射線」や「放射性物質」を理解することができるのは明らかである。小中学生の時期に、このような観察・実験をすべきだと思う。

参考資料
秋津裕・内海博司「知っていますか、放射線」、『環境と健康』、Vol.27. No.4、共和書院、2014年、443 ～ 458頁。

（内海博司）

（2016年1月20日記）

第 10 章　ICT を活用した学習環境のデザイン
——21 世紀に求められる能力の育成

久保田賢一

本章のねらい

　急速なテクノロジーの発展は、21 世紀の社会に大きな変化をもたらした。テクノロジーの導入で労働形態は大きく変化しつつあり、情報通信技術（ICT）は日常生活においても欠かせないものになってきた。近代化を推し進めるためには、定型的な仕事を効率的にこなす能力が求められたが、21 世紀の社会では知識や技能を習得することに加え、コミュニケーションや協働的な活動をする社会的な能力や新しいことに挑戦する意欲など、全人的な能力が求められるようになってきた。このような「新しい能力」は、他者と友好な関係を作り、協働して課題解決をしていくアクティブ・ラーニングを通して身に付けることができる。ICT ツールが組み込まれた学習環境は、学習者が社会のさまざまな課題に立ち向かうための活動を進めていくうえで不可欠であり、教育方法の改革とセットになって初めて学校教育を変えていくことができる。たとえば、生徒 1 人に 1 台のタブレット端末を用意し、ネットにいつでもどこでもアクセスできる環境を整えることで、教室の中の学びだけでなく、教室の外に開かれた活動を展開することができ、さまざまな学びを経験できるようになる。本章では、学習者が自律的にアクティブ・ラーニングを実践していくための学習環境をどうデザインしていくか、国や世界の動向と併せて検討を加える。

1 テクノロジーの発展と社会の変化

　テクノロジーの発展、とくに情報通信技術（ICT）や人工知能（AI）の開発により、私たちの生活は大きく変わってきた。情報ネットワークは、産業・流通をはじめ社会のあらゆる活動に変革をもたらしている。たとえば、ネットバンキング、ネットショッピングをはじめ、生産者から消費者へモノやサービスが直接届けられるようになってきた。スマートフォンは私たちの生活の中に入り込み、もう私たちの生活にはなくてはならないものとして身体化されている。また、AIやロボット技術の進歩により、従来の仕事が機械に置き換わりつつある。すでに手工業や単純労働（定型的な身体労働）は、人間の代わりにロボットが仕事を担うようになってきた。自動運転の車はすでに実現し、法律上の問題を解決すれば実際の路上を走行するようになる。そうなれば、トラックやタクシーの運転手は不要になる。

　ホワイトカラーの仕事である認知的な労働や非定型的な部分においてさえも、コンピュータが処理できるようになった。たとえば、医療分野において数百万件の医療データを比較し、個々の患者の症状や薬歴を分析し、最適な治療計画を作ったりすることが実現している。裁判の数千件の判例をコンピュータで精査し、過去の判例に見合った適切な弁護の方法を提供できる。これまで人力でデータを分析、解析していたものがコンピュータに置き換わりつつある。最近では、サービス産業の分野にもICTやロボット技術が導入されてきた。ホテルのフロントなど対人的な労働もロボットに置き換わろうとしている[1]。

　それでは、人間はどのような仕事を担うのであろうか。私たち人間には、問題発見、研究、デザインなど高次の思考をしたり、異質な他者との協働・交渉、マネジメントなど複雑なコミュニケーションをしたりする、創造的な仕事への参加が求められる。しかし、創造的な仕事をこなすためには、働く側に高度な能力が要求される[2]。

　それでは、学校教育は社会のこのような変化や要求にたいして答えているだろうか。これまで学校教育では、知識を習得することに重点が置かれてき

たが、新しい時代に求められる能力は単に知識習得をするだけでは足りない。知識を活用し、さまざまな人々と協働して、実際に起きている問題に取り組み、解決していく能力が求められているからである。現在の学校教育は、このような能力を獲得するための仕組みが用意できていない。新しい能力の獲得は、ICTの活用とセットになっているが、ICTツールが十分に学校に用意されてない。ICTを普段から活用することは、これから求められる能力を身に着ける上において欠かすことのできない部分である。

本章では、子どもたちが21世紀に求められる能力をどのように学んでいくのか、それを保証する教育システムはどのようなものか検討する。そして、21世紀に求められる能力を獲得するために、ICTツールの活用を教育にどのように取り入れ、教育プログラムをデザインしていくべきか提案していく。

2 21世紀に求められる能力

21世紀に求められる能力とは、どのようなものなのだろうか。これまでさまざまな組織が、さまざまな呼び名で「新しい能力」を提示してきた。たとえば「新しい能力観（文部省）」「生きる力（文部科学省）」「キー・コンピテンシー（OECD）」「21世紀型スキル（ATC21S）」「21世紀型能力（国立教育政策研究所）」など、さまざまな呼び名がつけられた。

従来の学校教育では、知識や技能を習得することに主眼が置かれてきた。しかし、それでは急速に変化する現代社会の課題を解決することはできないと見なされるようになった。単に知識や技能を習得するだけでなく、実際の場面において、それらの知識や技能を活用できないといけない。現実社会の課題は、一人では解決することが難しい。周囲の人たちと協働したり、自分と違う文化や能力をもっている人と協調したりして、多面的な角度から課題をとらえて、情報を収集し解決策を探っていくことが大切なのである。それには従来の知識・スキルに加え、コミュニケーション力などを含む社会的能力、学び続ける意欲など情意的な側面を含む全人的な能力を育成する必要がある。

新しい能力の一例として、北米を中心に展開している「21世紀型スキル」

を取り上げる。21世紀型スキルは、4つの領域から成り立ち、それぞれの領域にはいくつかのスキルが示され、**表10－1**に示すように10のスキルで成り立っている[3]。これらのスキルは、幅広く大局的なものになっているため、スキルを習得するには、子どもの具体的な行動へと落とし込む必要がある[4]。

21世紀型スキルは、創造性、批判的思考、問題解決など高度な認知能力に加え、社会的なスキルや市民としての意識など幅広い能力が含まれる。ICTの活用という観点から、「6. 情報リテラシー」「7. ICTリテラシー」があげられているが、これらのスキルは、単に情報を利用・管理したり、メディアを制作したり、コンピュータを操作したりすることだけでなく、「思考の方法」や「働く方法」、「世界の中で生きる」との関連でスキルを習得していく必要がある。「働くためのツール」は他の領域のスキルとセットになって初めてその意味が生まれてくる。

表10－1　21世紀型スキルの4つのカテゴリー[5]

領域	スキル
思考の方法	1. 創造性とイノベーション 2. 批判的思考、問題解決、意思決定 3. 学び方の学習、メタ認知
働く方法	4. コミュニケーション 5. コラボレーション（チームワーク）
働くためのツール	6. 情報リテラシー 7. ICTリテラシー
世界の中で生きる	8. 地域とグローバルの良い市民であること（シチズンシップ） 9. 人生とキャリア発達 10. 個人の責任と社会的責任（異文化理解と異文化適応能力を含む）

もう一つの新しい能力として、経済協力開発機構（OECD）により提唱された「キー・コンピテンシー」を取り上げる（**表10－2**）。それは、「道具を相互作用的に用いる」、「異質な集団で交流する」、「自律的に活動する」の三つの広いカテゴリーに分類され、変化する社会の中で、課題に柔軟に立ち向かうために、道具を駆使し、さまざまな背景をもった人たちと協働して、社会文化的な文脈の中で、計画、実践していく能力をさしている。その中核となるものとして「思慮深さ」が位置づけられ、ある具体的な場面において状

第10章　ICTを活用した学習環境のデザイン　217

表10－2　キー・コンピテンシーの3つのカテゴリー

キー・コンピテンシー	内容
1. 道具を相互作用的に用いる。	A. 言語、シンボル、テクストを相互作用的に用いる能力 B. 知識や情報を相互作用的に用いる能力 C. 技術を相互作用的に用いる能力
2. 異質な集団で交流をする。	A. 他人と良好な関係を作る能力 B. 協働する能力 C. 争いを処理し、解決する能力
3. 自律的に活動する。	A. 大きな展望の中で活動する能力 B. 人生計画や個人的プロジェクトを設計し実行する能力 C. 自らの権利、利害、限界やニーズを表明する能力

(ライチェン&サルガニク，2006年より作成。)

況に合わせて、思慮深く思考しながら協働的に活動に取り組み、複雑なニーズや課題に応えていくことが求められる。この能力の中にも「C.：技術を相互作用的に用いる能力」という、さまざまな機器を状況に応じて使い分け、活用する力が含まれている。そして、この力は他者と協働し、自律的な活動を行うための手段として使われる[6]。

21世紀型スキルやキー・コンピテンシーでは、これまで学校教育においてあまり重視されてこなかった他者と協働したり、自律的に活動したりする力の重要性が強調されており、それらの力を獲得するための手段として、ICT活用が欠かせないとされている。学校教育において、新しい能力を学ぶ新しい学習方法が求められているといえる。

3　アクティブ・ラーニング

教師の指導のもと、教室で教科書を使って学ぶことは、従来の知識習得の方法である。しかし、21世紀型スキルやキー・コンピテンシーなどの新しい能力を獲得するには、それだけでは不十分である。単に教師の話を傾聴したり、本からの知識を吸収したりすること以上の幅広い学びが求められる[7]。たとえば、他者と友好な関係を作ったり、協働して問題解決したりする活動を取り入れたりする社会的なスキルの習得である。そのようなスキルを身に付けるには、一斉授業だけではなく、学習者の主体的な学びを促進す

るアクティブ・ラーニング（active learning）を導入することである。アクティブ・ラーニングは一般的に「能動的学習」と訳されるが、文科省は「課題の発見と解決に向けて主体的・協働的に学ぶ学習」[8]と説明し、より積極的な意味づけをしている。もともと高等教育で使われていた用語であったが、文科省の大臣が中教審へ諮問したことによって、次期学習指導要領に取り入れられることが期待されている。しかし初等・中等教育において頻繁に使われるようになったが、従来の学習との違いが明確に示されていないため、現場では混乱を招いている状況もある。

　アクティブ・ラーニングの導入は、「何を知っているか」だけではなく知識を活用して「何ができるか」への教育の転換である。課題解決をするために学習者は積極的に知識や技能を活用し、課題に取り組むプロセスの重要さが示されている。21世紀型スキルやキー・コンピテンシーは、アクティブ・ラーニングを取り入れた授業を通して習得されるが、ICTの活用はこの活動には欠かせないだけでなく、ICTを活用する力は新しい能力の構成要素の一つにもなっている。そのためアクティブ・ラーニングは、生徒が能動的に学習に取り組むための活動として、すべての教科に取り入れられることが求められている[9]。主体的、協働的な学びを実践するには、ICTを使った学習活動は欠かすことができない。これからの学校教育での学びは、多くの知識を記憶することにあるのではなく、知識を獲得するプロセスに参加し、ICTツールを活用して深い理解に至らせることにある[10]。

4　未整備なICT学習環境

　アクティブ・ラーニングを実践するには、それを支援するICT学習環境が整っていないといけない。タブレット端末やパソコンなどのICTツールを操作したり、情報を収集、加工したりする技能は、自律的に学習する力と意欲的に学びたい内容があって初めて意味のある活動につながる。それはコミュニケーションのための英語力と通じるものがある。たとえ英語で話をすることができても、伝えたい思いや内容をもっていなければ、相手の心に響かな

い。ICT の活用は、課題を解決することの重要性を認識し、熱意をもって課題に取り組む態度があって、初めて生きてくる。つまり、達成すべきことは、そのための方法と切り離すことができない。それが、知識を記憶するだけの学習と 21 世紀に求められる学習との違いである。環境や貧困、人権、紛争など地球規模で解決すべき課題に取り組むためには、ICT を活用して情報を取り出し、編集し、発信していく活動が含まれる。そして、その課題解決に向けて、プロジェクトを設計し、チームで協同的に取り組むことを通して、成果が生まれる。

　この学習活動の前提として、ICT を組み入れた学習環境を学校に用意していく必要がある。電気や水道を使うのと同じくらい当たり前に ICT を使う環境があって初めて、子どもたちは創造的な活動をすることができる。もちろん現状では、コンピュータの数も十分ではなく、無線でインターネットに接続できる場所も限られている。また、インターネットに接続できても、利用したいアプリケーションが使えなかったり、アクセス制限がかかり必要な情報が入手できなかったりする状況もある。

　学校での ICT 環境の整備が不十分である一方、多くの子どもたちはスマートフォンを所有するようになってきた。2015 年 6 月の時点で、「未成年者の携帯電話・スマートフォンの利用実態調査」[11]によると、10 歳から 18 歳の子どもの 67.3 % はスマートフォンを利用しており、社会の急速な変化に学校教育は十分に対応できていない状況にある。学校の外では、子どもたちはスマートフォンをもち、自由にネットにアクセスし、情報のやり取りを行っているが、ほとんどの学校では現実社会の状況を学校内にもち込まない指導をしている。学校では携帯電話の利用は禁止である。教師は LINE やフェイスブックなど、子どもたちが日常的に利用しているアプリケーションに触れようとしない。どのような ICT 学習環境を学校が用意するべきか、新しい能力を育成するための環境についてさらなる議論を進めていく必要があるだろう。

5　ICT活用の負の側面

　学校内のICT学習環境の未整備と実社会でのスマートフォンの高い普及率という大きなギャップは、子どもにさまざまな問題を引き起こしている。デジタル・ネイティブと呼ばれる現代の子どもたちは、物心ついたころからゲーム機や音楽プレーヤー、スマートフォンなどのICTツールに触り、日常的に違和感なく使用している。しかし、ICTツールの適切な利用方法を学ぶことなく使っているために、友人関係のトラブルや犯罪に巻き込まれたりする状況がある[12]。

　第一に、ICTツールに依存しすぎるためにさまざまな問題が起きている。ケータイやスマートフォンなどを1日1時間以上使用している小学生は30％であるが、中学生になると60％に増加している。1日3時間以上ICTツールを使用する中高生は25％以上で、5時間以上使っている中学生は8％、高校生は9.3％おり、これらの中高生は学校にいるときと睡眠中以外はほとんどICTツールを離せない「依存状態」といえる。その結果、バーチャルな世界での短い文章やスタンプでのコミュニケーションが重視され、相手の目を見て表情豊かに自分の言葉で伝える対面でのコミュニケーション能力を養うことができにくくなってきた。ネット依存の子どもは食事中や入浴中もICTツールを手放すことができない。また、歩きながら、自転車を乗りながらケータイ・スマホを使用することで事故を起こしたりしている。このような依存状況は、日常生活に大きな支障をきたすようになってきた。

　第二に、ネットを使った誹謗・中傷・いじめが広がっていることである。LINEをはじめブログや掲示板などさまざまなアプリの中で、差別的な発言がされたり、悪質ないじめが行われたり、多くの子どもが被害にあっている。

　第三に、個人情報の流出である。SNSや掲示板に個人情報を書き込み、本人の知らない間に拡散し、嫌がらせを受けたり、犯罪に巻き込まれたりする。個人的にやり取りをしたプライベートな動画や写真も無断で公開されたり、根拠のない噂が広がったりするが、いったんネット上にあげられたこれらの情報を簡単に消去することは難しい。

第四に、出会い系サイト、アダルトサイト、薬物サイトなど有害サイトに簡単にアクセスすることができることである。安易にアクセスをして、法外なお金の請求を受けたり、見知らぬ人と会うことで性的被害にあったり、覚せい剤に手を出してしまったりする。

　このほかにも高額な支払いを請求するメールが届いたり、気楽な気もちで投稿した写真やつぶやきが、社会的に大きな問題になったり、ICTにかかわるトラブルは広がっている。子どもたちがこのようなトラブルに巻き込まれる原因は、ICTツールを適切に活用する方法を学ばないままに、使用していることにある。企業と学校、家庭が連携し、子どもたちにインターネット利用に関する知識や態度を育成していくことは重要である。とくに学校と連携して家庭内で親子のコミュニケーションをしっかりと取り、フィルタリングをすることと、ICTツールの利用時間や利用場所を決めて、けじめのある利用を進めていくことである。

6　教育の情報化ビジョン

　政府は、子どもたちが抱える問題の解決に向けてさまざまな取り組みを行い、ネット社会の問題点を解決するために活動を行ってきた。「e-Japan戦略」「IT新改革戦略」「i-Japan戦略2015」など、教育分野を含め、ICTに関するさまざまな国家戦略を打ち出してきたが、教育の情報化については、これまで打ち出された政府の目標が十分に達成できたとはいえない。また、他の先進国に比べても後れを取っているのが現状である。

　教育の情報化を推し進めようと「教育の情報化ビジョン」[13]は2011年に策定され、10年後の2020年に向けた教育の情報化に関する総合的な方策を提出した。その流れの中で「学びのイノベーション事業」がはじまり、実証実験に基づきICT活用の指導モデルの開発が進んでいる。すべての教員がICTを効果的に活用した授業を実践できるようにするためには、どのようなICTツールやデジタル教材が必要なのか検証が進んでいる[14]。

　この政策は、キー・コンピテンシーの育成を目指した教育を推し進めよう

とするものであり、1人1台の情報端末を使った教育を実現することで、次の3つの側面から教育の質の向上を目指している。

① 情報教育（子どもたちの情報活用能力の育成）
② 教科指導における情報通信技術の活用（情報通信技術を効果的に活用した、分かりやすく深まる授業の実現）
③ 校務の情報化（教職員が情報通信技術を活用した情報共有によりきめ細かな指導を行うことや、校務の負担軽減）

　教育の情報化ビジョンの方向性の中で、第2期「教育振興基本計画」が策定された。それによると2017年までに教育用コンピュータ1台当たりの生徒数3.6人を目指し、各教室には電子黒板や実物投影機を配置し、超高速インターネット接続や無線LANの整備を目指している。そして、教師には1人1台のパソコンを支給し、教育クラウドの導入やICT支援員の配置を促している[15]。

　全国的にICTを活用した教育は広がりを見せているが、地域間格差が大きい[16]。たとえば、ICT教育環境整備計画を作っている地方自治体は3割にとどまっている。パソコン1台当たりの生徒数は、2014年度の時点で全国平均は6.4人である。目標を達成した佐賀県ではパソコン1台当たりの生徒数は2.6人であるが、愛知県は1台当たり生徒数8.4人である。デジタル教科書の整備状況は、佐賀県が96.1％でトップであり、最低の北海道が9.8％となっている。ICT活用の研修を教師が受講した割合は、佐賀県が最高で96.4％、岩手県12.0％で最低である。このように佐賀県は教育の情報化に力を入れているが、その他の県は政策が異なり、学校のICT学習環境は大きく異なることが示された[17]。

　佐賀県武雄市や岡山県備前市などでは、2020年を前に、先進的に一人一台のタブレット端末を導入しようとしている。全小中学校に1人1台のタブレット端末を導入し、ICTを活用した授業を開始したが、さまざまなトラブルに見舞われているという報告もある。学校のサーバーから生徒が一斉に教

材をダウンロードしようとすると接続ができないトラブルが発生したり、機材の不具合や故障が見つかり、授業が中断されたりしている。また子どもが乱暴に扱い壊してしまったり、事前に充電ができていないため機器が使えなかったりすることなども起きている。このようなトラブルには迅速な対応が求められるが、導入当初は戸惑いも多い。継続的に利用することで、ハードのトラブルは次第に解消していくことが見込まれるが、人的な支援が不十分なことも否めない。

　予算的な確保も重要である。1人1台の端末は、一度導入したら継続的に維持していく必要があり、そのためには、毎年機器を購入する予算を確保しなければならない。機器に不具合が生じるのは当然であり、その対応策も十分に用意していくことが大切である。また、ICT支援員を雇用し、教師の支援に入ることも求められる。十分な予算を確保できるかどうかは、地方自治体にとって大きな課題である。

7　世界のICT教育の潮流

　キー・コンピテンシーや21世紀型スキルなど新しい能力の育成に向けて、ICT学習環境を整備することは世界的な共通認識になっている。まだ社会にICTが十分に普及していない時代には、「なぜICTを教育に取り入れるのか」という議論がされた。インターネットの利用やスマートフォンが普及してきた現在、ICT抜きでは社会活動が成り立たなくなってきた。現実社会ではICTを抜きに社会活動は進まないと同じように、学校教育においてもICTはなくてはならないものになってきている。議論は、「なぜICTを使うのか」ではなく「どのようにICTを教育で使うのか」に移ってきたといえる。

　このような状況の中、情報教育が最も進んでいる国の一つである韓国は2010年に、小中学校の「情報端末の1人1台」政策を打ち出し、デジタル教科書を開発するなどICT学習環境を推し進めている。北米ではアメリカ、カナダ、メキシコ、欧州ではスペイン、ノルウェー、スウェーデン、アイルランド、ポーランド、ポルトガル、南米ではペルー、ウルグアイ、アルゼン

チン、パラグアイ、ガイアナ、ホンジュラス、パナマなどの国々でも一人一台のタブレット端末を用意しようと政策が進んでいる。

　この動きは、先進国だけでなく、アフリカなどの開発途上国にも広がりつつある。マサチューセッツ工科大学 (MIT) を中心に、低価格のパソコンをアフリカなどの開発途上国の子どもたちに提供するプロジェクト (One Laptop Per Child: OLPC) がはじまった[18]。この低価格パソコンは、途上国における学校教育を変える可能性を秘めている。アメリカ、韓国などは、電気のない学校でも情報端末が使えるような支援を始めている。ルワンダでは、サムスン電子が太陽光発電によるコンテナ教室を開発し、無償提供した。教室はコンテナでできており、屋根の太陽光パネルで発電し、無線によるインターネット接続が可能なパソコン15台を利用できる。このコンテナ教室は、ほかにも南アフリカ、ケニア、ナイジェリア、セネガル、スーダンの5カ国に広げられている。

　先進的な教育改革を進めているオーストラリアの事例を取り上げる。オーストラリアでは政府が2008年に「デジタル教育革命 (Digital Education Revolution)」というプログラムを開始し、学校にパソコンを配置、ハイスピード・ネットへの接続、新しい教え方・学び方の啓発など、学校教育へのICT活用を支援することを総合的に推進してきた[19]。それは単に、ICTツールを設置したり、ネットへのアクセスを強化したりするだけでなく、カリキュラムに沿った学習リソースの制作、ICTを活用した教え方・学び方の教員研修など、教育改革に必要な各要素が有機的に結びつくような総合的なシステムアプローチになっている。学校教育だけでなく、学校外の活動ともつなげる努力がはらわれている。町の図書館、博物館、公民館などで行われる活動、学芸員、芸術家、専門家の協力を仰ぎ、学校と地域をつないだ学習活動を展開している。ICTの活用は、これらの学習活動をシームレスにつなぐ役割を担っている。政府が行うトップダウンの取り組みだけでは十分ではない。それぞれの学校がその地域に見合った独自の取り組みを行い、企業や地域の人たちとつながっていくボトムアップの活動との両方が取り入れられている[20]。

　オーストラリアでは、子どもたちがもっている個人所有のモバイル端末を

活用する方法を推奨している。"bring your own device"（BYOD）、つまり学校が機器を用意するのではなく、「個人所有の端末を使って学ぶ」という観点からICT教育のシステムが考えられている。子どもたちは多様な機種をもっているので、機種の違う端末を子どもが学校に持ってきても使える環境を用意する。とくに、総合学習において、調べ学習、プロジェクト学習、問題解決学習、デザイン学習など、子どもたちの計画性、創造性、自律性を発揮できる取り組みに、BYODは重要な要素になる。そして学校の外では、個人が保有する端末を使うことになるわけであり、学校内と学校外で、自分の端末を自由に使いこなす力をつけることができれば、インフォーマルな学習にも弾みがつく。

8　ICTを活用した学習環境をデザインする―長期的な展望

21世紀型スキルやキー・コンピテンシーなどの新しい能力を育成するには、ICTを活用できる学習環境の重要性が明らかになった。デジタル・ネイティブと呼ばれる現代の子どもは、生まれた時からタブレットやスマートフォンに囲まれて育ち、ICTを活用することはあまりにも当然のことであり、生活に欠かすことのできない部分になっている。だからといって、子どもたちに自由に使わせておけばよいというわけではない。ネットいじめ、ネット依存、ネット犯罪など、適切な社会規律を知らないため、ICTに関するさまざまな問題が起きている現状もある。子どもたちがICTをうまく使いこなしていくには、適切な指導の下、現実社会の課題に気付かせ、解決に向けて協働的な取り組みができる力を育てていく必要がある。そのためには、ICT活用の技能を取り出して教えるのではなく、ICTはあくまでも問題解決の手段（道具）として実践活動の中に埋め込むデザインが必要になる。子どもたちが、実際の社会の課題を解決するために取り組む実践に、ICTを活用できる環境を用意していくことがデザインするうえで重要になる。

Fullan & Langworthy[21]は、ICTを活用した教育改革において「深い学び（deeper learning）」を実現するデザイン原則について説明している。「深い学

び」とは単に知識を記憶して取り出すことではなく、知識を批判的に捉えなおし、現実の課題に知識を活用して対処できる力をつけることである。「深い学び」を達成するというゴールに向けて、明確なビジョンを提案している。そして、このビジョンを共有し、改革に向けて「教育方法」、「テクノロジー」、「知識の創造」の三つの要素が相互にかかわりながら、教育の枠組み全体を変革していくことが可能であると主張している。それぞれの要素について検討していこう。

(1) 教育方法

　ICTが学校の中に入り込み、インターネットにアクセスできる環境が整ってくると、教師は従来からの「知識を伝える人」という役割では立ちいかなくなる。教師が知識を独り占めにして、細切れにした知識を生徒に伝達するような教育は時代遅れになってきた。領域によっては、生徒は教師以上に知っている。教師から知識を得なくとも、生徒はさまざまなところから必要な知識を手に入れる方法を知っている。このような環境下での教師の新しい役割は、生徒の学びを活性化させることであり、深い思考を引き出すために働きかけることである。そのために、教師は生徒との信頼関係を構築し、パートナーとして共に学ぶ関係を作り出す必要がある。

　教室の中で教科書をもとに学ぶ学習から、教室という枠組みをこえ、現実世界の課題に取り組むために、ICTを活用してほんものの相手と協働して課題解決に取り組む活動を進めることである。必要とされる知識を覚えることではなく、生徒自身が計画を立てて、実行していくことを自立的にできる力を育て、自身の能力を広げることに関心を示せるように、教師は学習環境を整えることが求められる。誰も解決方法を事前に知っているわけではない課題に取り組むことは勇気がいるが、生徒にはそれに果敢に立ち向かう態度が求められる。

(2) テクノロジー

　ICTツールやデジタル教材などの学習リソースは、学校教育の中で普及し

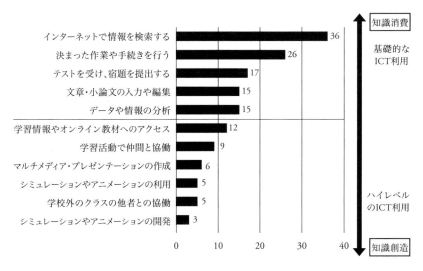

図10－1　ICT活用と知識創造
（Fullan & Langworthy, 2014より作成。）

はじめている。しかし、これまでの研究によると、テクノロジーが学習に及ぼす影響はあまり大きくないことが明らかにされてきた[22]。なぜなら、単に従来の教育方法にテクノロジーを付け足しただけでは、その効果は十分に発揮されないからである。MOOCSやカーンアカデミーはネットを使って学ぶという点では新しいが、その教育方法は伝統的なものである。もちろん、これまで学習コンテンツにアクセスできなかった人たちは、ネットを活用することによりその恩恵を受けることができるが、伝統的な教育システムにICTが付け加わるだけでは、投資に見合った学習成果が上がらないという批判は当然出てくる。

　ICTを活用することで、以前ではイメージできなかった教育方法を取り入れた学びを促進することが求められる。ICTの活用と教育方法がうまくマッチして初めてその効果を発揮することができるからである。伝統的な教育方法の上にテクノロジーを加えても効果は少ないにもかかわらず、ほとんどのデジタル教材は、ドリル練習かゲーム形式のものである。このような教材を生徒に使わせるだけでは、学習効果が高まらないのは当然である。ICTは高

度な思考を促したり、創造性を発揮したりする学習に適しているが、授業においてまだ十分に生かされていない。

図10-1は、教師が授業でどのような使い方をしているか、ICT活用の調査結果である。図10-1の上の部分の活動は、伝統的なICT活用方法として、授業中に最もよく使われている。下の部分は、知識創造を目指した活用方法であるが、その利用の割合は高くない。

知識創造に向けて、ICTを活用していくには、教育方法の変革に基づき、学習の目標を明確に描き、どのようにICTを授業に組み入れていくか、全体像を描いていくことである。ICTの活用を通して、1) 新しい内容知識の発見と習得、2) 協働的でつながりをもつ活動、3) 現実の課題に立ち向かう、4) 自律性のある活動を通して自己調整的な力をつけることである。

(3) 知識の創造

「深い学び」は知識の習得以上のことを求める。生徒は新しい知識を作り出し、現実世界の出来事につなげていく。ビデオ、マルチメディア、統計データなど、ICTを活用し必要に応じて情報を取り出し、編集していくことで、レポートやプレゼンテーションなど知識創造の成果として生み出していく。そして創造した知識は、単に教師に提出するのではなく、現実世界で活用することでさらに深い学びにつながっていく。

プロジェクト学習は、ICTを活用した新しい教育方法を実践するための一つの方法である。たとえば、学校の近くの川で水質汚染について調べる学習を取り上げよう。川の上流、中流、下流に出かけ、それぞれの場所での水質を検査する。その汚れ具合から汚染の原因を特定したり、汚染の結果どのような問題が起きたのか調査をしたりしてクラスで発表する。クラスの仲間に河川の汚染を意識してもらい、状況の深刻さを理解してもらう。そして、具体的な解決策を考え、それを実行に移すために、寄付金を募ったり、フリーマーケットで収益を得たりして、課題解決のための資金を集める。あるいは、ケーブルテレビ局を利用して、地域の課題についてメディアを通して訴える。プロジェクト学習を通して、生徒は多くのことを学ぶだけでなく、協働する

こと、社会に働きかけることの重要性について身をもって感じることができるようになる。

このような試みは、少しずつではあるが実現しつつある教育実践である。ICTは、生徒が新しい学びを進めていくための支援をしてくれるとともに、教師との協働性をつくりだし、知識創造に向けて学習を加速させてくれる。

9　まとめと展望

本章で取り上げた新しい学びは、とくに目新しいものではない。これまでヴィゴツキーやデューイなどの心理学・教育学の先達が、すでに何十年も前に理論化したものである。しかし、これらの理論を実践するのは、近代に作られた学校システムでは整合性がとりにくいものであった。そのため学校教育において、これまで実践していく上で困難がともなった。

ICTの発展により社会が大きく変化し、学校の中にさまざまなICTツールが導入されるようになり、新しい学習が広がる環境が整ってきた。もちろん、ICTを学校に配置しさえすれば、直接的に学習効果が上がるわけではない。テクノロジーを教育改革の最初におくことでは成功するのは難しい。ICT活

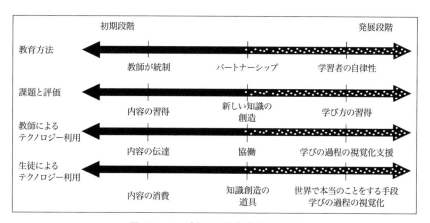

図10−2　新しい教育方法の効果
（Fullan & Langworhty, 2014 より作成。）

用と教育方法をセットにし、教師と生徒の関係性をとらえなおす中で、知識が創造されるようになっていく。

実践の中に新しい学びを取り入れた時、それがどの程度実現できているのか、必要に応じて評価していかなければならない。**図10-2**には、そのための指標として4つの観点を示した。新しい学びは突然に起きるのではなく、従来の学びから連続的に変化していく。右側へ移行するほど、高次のステージに移行すると考える。学習者は自律的に活動を展開しながら、学び方を習得していく。その活動は異質な他者との協働で行われ、ICTを活用することで成長のプロセスが周りに見えるようになる。

注

1 日経ビッグデータ編『この1冊でまるごとわかる！人工知能ビジネス（日経BPムック）』、日経BP社、2015年、7頁。
2 石井英真『今求められる学力と学びとは―コンピテンシー・ベースのカリキュラムの光と影』、日本標準、2015年、16頁。
3 松尾知明『21世紀型スキルとは何か：コンピテンシーに基づく教育改革の国際比較』、明石書店、2015年、110頁。
4 グリフィン・マクゴー・ケアー（三宅なほみ監訳）『21世紀型スキル：学びと評価の新たなかたち』、北大路書房、2014年、205～211頁。
5 TrillingB., FadelC. *21st Century Skills: Learning for Life in Our Times.* Jossey-Bass. 2009, p.176.
6 ライチェン D. S., サルガニク L. H.（立田慶裕監訳）『キー・コンピテンシー：国際標準の学力をめざして』、明石書店、2006年、105～121頁。
7 溝上慎一『アクティブラーニングと教授学習パラダイムの転換』、東信堂、2014年、7頁。
8 文部科学省『初等中等教育における教育課程の基準等の在り方について（諮問）』、平成26年11月20日。
http://www.mext.go.jp/b_menu/shingi/chukyo/chukyo0/toushin/1353440.htm（2015年11月1日確認）
9 VanderArk, T. & Schneider, C. *How Digital Learning Contribute to Deeper Learning.* 2012.
http://www.educause.edu/library/resources/how-digital-learning-contributes-deeper-learning（2015年11月3日確認）
10 松下佳代『ディープ・アクティブラーニング』、勁草書房、2015年、37頁。

11 「第 8 回未成年者と保護者のスマートフォンやネットの利活用における意識調査の発表会」、デジタルアーツ株式会社
http://www.daj.jp/company/release/common/data/2015/070601_reference.pdf（2015 年 12 月 17 日確認）
12 ケータイ・スマホの正しい使い方　http://www.pref.okayama.jp/kikaku/joho/keitai/（2015 年 12 月 18 日確認）
13 文部科学省『教育の情報化ビジョン：21 世紀にふさわしい学びと学校の創造を目指して』、2011 年。
14 高浜行人「デジタル教科書、検討へ　来年度中に結論　文科省」、朝日新聞（2015 年 4 月 25 日）。
15 文部科学省『平成 24 年度学校における教育の情報科の実態に関する調査結果』、2013 年。
16 文部科学省「学校における ICT 環境の整備状況」http://www.mext.go.jp/a_menu/shotou/zyouhou/__icsFiles/afieldfile/2015/10/30/1361388_01_3.pdf（2015 年 11 月 2 日確認）
17 文部科学省「平成 25 年度 学校における教育の情報化の実態等に関する調査結果（概要）」（平成 26 年 3 月現在）http://www.mext.go.jp/a_menu/shotou/zyouhou/__icsFiles/afieldfile/2014/09/25/1350411_01.pdf　（2015 年 11 月 9 日確認）
18 ベンダー・ケイン（松本裕訳）『ラーニング・レボリューション：MIT 発　世界を変える「100 ドル PC」プロジェクト』、英治出版、2014 年、16 〜 40 頁。
19 Digital Education Advisory Group. *Beyond the Classroom: A New Digital Education for Young Australians in the 21st Century*, 2013, p.1-62.
http://apo.org.au/node/34413（2015 年 11 月 3 日確認）
20 The National Digital Learning Resources Network（NDLRN）のホームページ
http://www.ndlrn.edu.au/default.asp (2015 年 11 月 2 日確認)
21 Fullan, M. & Langworthy, M. *A Rich Seam: How New Pedagogies Find Deep Learning*. Pearson, 2014, p.21.
22 キューバン，L.（小田勝己他訳）『学校にコンピュータは必要か：教室の IT 投資への疑問』、ミネルヴァ書房、2004 年、31 頁。

● 関連文献紹介
① 松尾知明『21 世紀型スキルとは何か：コンピテンシーに基づく教育改革の国際比較』、明石書店、2015 年
　　21 世紀のグローバルな知識基盤社会の中で必要とされる能力として、21 世紀型スキル、キー・コンピテンシーなどを取り上げ、新しい能力観がどのように作られてきたのかの流れについて説明している。新しい能力は、「何を知っているか」で

はなく、知識を活用して「何ができるか」への教育の転換について説明している。アメリカ、ヨーロッパ、オセアニアに加え、韓国、香港、シンガポールなどの教育改革について検討し、日本の教育改革にどのように参考になるか考察をしている。

②**グリフィン・マクゴー・ケア（三宅なほみ監訳）『21世紀型スキル：学びと評価の新たなかたち』、北大路書房、2014年**

　　グローバル化した社会が急速に進む中、働き方に大きな変化が生まれている。しかし、学校教育はその社会の変化に対応しきれていないということが本書の問題意識である。定型的な仕事をきちんとこなす能力よりも、批判的思考やエキスパートの思考力、複雑なコミュニケーションができる力、テクノロジーを効果的に活用するなど、新しい能力が21世紀には求められる。身に着けることが求められる新しい能力の学習とその評価についてまとめている。

③**森敏明『21世紀の学びを創る：学習開発学の展開』、北大路書房、2015年**

　　アクティブ・ラーニングを取り入れた新しい学びに焦点を当て、従来の教育からの脱却を主張している。学校教育にとどまらず、生涯学習の観点からさまざまなところに学びの場を作ったり、学習支援システムを構築したりすることが課題である。ICT活用の部分は全体に比べ大きくないが、ICT活用はすべての教科において適切に行うべきことが強調されている。

④**中川一史・寺嶋浩介・佐藤幸江『タブレット端末で実現する協働的な学び：xSync シンクロする思考』、フォーラム・A、2014年**

　　タブレット端末を授業に活用する実践を紹介する本は多く出版されるようになった。本書もその一つである。第一部では、ICT環境を生かした協働的な学びに焦点を当て、小学校から大学までの16の事例を紹介している。とくに協働場面で活用できるICT環境と授業実践、学習者の様子に着目した事例を紹介している。第二部では、協働的な学びを成立させるために、自己評価のあり方、ICTを活用したコミュニケーション、教師のふるまい、ICT環境の4つの観点から整理している。

第 11 章　美術教育の新しい創造性に向けて
―― 文化芸術立国中期プランから考える

山野てるひ

本章のねらい

　わが国では、2001 年に文化芸術振興基本法が制定され、文化芸術を重視する新たな文教政策の時代が到来したといっても過言ではない。そして現在、東京オリンピック開催決定を機に「文化芸術立国中期プラン」のもと、日本が世界の中で成熟社会のモデルとなるべくさまざまな文化、教育施策が打ちだされている。その一方で学校教育に目を向けると、芸術教育、美術教育の授業時間数は戦後最低の基準まで削減され、教員の勤務時間の増加も加わって図画工作科や美術科における教育はきわめて厳しい環境に置かれている。この背反するように見える文化状況は、実はイギリスを範とした国や地方行政の産業政策から生み出されている。

　本章では、文部科学省が掲げる「文化芸術立国中期プラン」施策に着目し、イギリスの産業政策の中で重視された「創造都市」や「創造性教育」の日本への影響を俯瞰することによって、日本の美術教育の現状を明らかにする。この「創造性教育」の中から導き出された "Art in Education"（AIE）の考え方は、アートのもつ力を教育全体に適応させようとするもので、近年では欧米ばかりでなくアジア諸国でも広がりつつある。今後グローバル化がますます進展する社会で、日本の文化芸術施策は今一度、教育学的な視点に立ち返らなくてはならない。そして、子どもたちが豊かに成長していくために学校美術教育はどのようにデザインされるべきかを "Art in Education" と戦後美術教育の理念の基盤であった "Education through Art" の考え方との相違を手がかりにしながら探っていきたい。

1 はじめに

　2014年（平成26年）3月、下村博文前文部科学大臣は、前年に2020年オリンピック・パラリンピックの開催が東京に決定されたことを受け、開催年をターゲットイヤーとして「文化芸術立国中期プラン」[1]を打ちだした。2020年を単に五輪開催の年とするのではなく、世界に誇る日本各地の文化力を発揮させ、新しい日本の飛躍と創造の年にするというのがねらいである。
　具体的にはリオデジャネイロ五輪（2016年）終了後、全国で日本の伝統や地域の文化芸術活動の特性を生かした文化体験プログラムを実施し、世界中の人々のプログラムへの参加を通して対話や交流を深め、新たな文化の創造や発信を行う。そして先進国が目指すべきモデルとして、国としてのアイデンティティが文化芸術に支えられた「成熟社会の新モデル」を全世界に提示するという。いうまでもなく、下村大臣の私案が今回の五輪開催決定にいたって唐突に浮上してきたわけではない。遡って2001年（平成13年）には文化芸術振興基本法[2]が制定されており、文化芸術を創造性と国民共通のよりどころとする意義の下に、その振興に関する総合的な施策に着手している。この前後から、国際的にも注目を浴びる大規模なビエンナーレやトリエンナーレと呼ばれる芸術祭も多く開催されるようになってきた。2006年（平成18年）には文化芸術で国づくりを進めるとして、この「文化芸術立国」というスローガンも掲げられた。いわゆる「創造都市」（後述）を掲げる自治体を中心に、すでに日本各地で地域に根ざした市民参加型の文化芸術活動の取り組みが活発に行われてきている。
　このような文化芸術を重視する国の施策は、国や地方自治体の教育施策と連動して実施されるのが当然のことと思われる。たしかに、文化芸術振興基本法の中には青少年や学校教育における文化芸術活動の充実を支援する条文が盛り込まれ、十数年にわたり鑑賞活動やアーティストを学校に招いて授業を行うなどの新たな実践もなされてきた。ところが、その小学校、中学校の芸術教科の実態に目を向けると、1998年（平成10年）の学習指導要領改訂を境として図画工作科・美術科、音楽科の授業時間数は戦後最低の基準とな

り、現在も教科の目標やねらいを達成するのは容易ではない状況が続いている。数年後に控える指導要領改訂でも芸術教科の時数回復は見込めないであろう。日本が「文化芸術立国」を標榜するのであれば、教育機会の公平性から小・中学校という全国的教育の中核部分においてこそ、国民のアイデンティティが文化芸術に支えられるような資質を育てることが重要なはずである。

　本章では、まず現在の日本の文化、教育施策の領域で起こっているさまざまな事象や矛盾を、政府が範としているイギリスの産業政策を参照することによって整理し、俯瞰したうえで、これからの図画工作科や美術科はどのようにあるべきかを展望する。

2　文化芸術立国中期プランと小・中学校の図工・美術教育の現状

(1) 文化芸術立国中期プランとは

　下村前文部科学大臣のもとで2020年東京五輪を文化の祭典としても成功させて[3]、日本の文化力を世界にアピールすることを目的に掲げ、開催までの6年間を文化施策振興のための基盤整備計画強化期間と位置づけて策定、公表されたのが「文化芸術立国中期プラン」である。そこでは文化芸術が、①豊かな人間性を涵養し、創造力と感性、コミュニケーション能力など重要な資質を形成する、②共生社会の基盤形成や新たな需要を生み出す質の高い経済活動を実現する、③国際協力のソフトな基盤となる[4]と認識されている。

　そして、その文化力強化のための目標を以下の4つの大きな項目で示している[5]。

 1) 人をつくる
  ・文化芸術による「創造力・想像力」豊かな子どもの育成
  ・芸術教育者(ファシリテーター[6])・専門人材(アートマネジメント人材など)の育成と活用
  ・高度な芸術家の育成、伝統芸能などの後継者・伝承者の養成
 2) 地域を元気にする

- 文化財保存修理の抜本的強化
- 地域の文化資源を生かしたまちづくり
- 創造都市ネットワークからの発信

3）世界の文化交流のハブとなる
- 日本の伝統的な工芸、芸能や生活文化（衣・食・住）の海外発信の強化
- 海外での日本文化の総合的な紹介イベントの開催

4）施設・組織、制度の整備
- 国立文化施設（美術館、博物館、劇場）の機能強化や文化拠点づくりの推進
- 著作権制度の改善や国語施策の充実

　上記の具体的計画の中で、第一にあげられた「人をつくる」の項目は、さらに次の6つの施策によって構成されている。①文化芸術による「創造力・想像力」豊かな子どもの育成—子どもの文化芸術体験を充実させる、②専門人材の育成支援、③高度な芸術家育成、④芸術教育の充実、⑤多様な芸術活動の推進と世界水準の実演芸術の振興、⑥大学を活用した文化芸術の推進、である。

　政府は国の文化力強化のために、何よりも最初に「人づくり」をあげ、子どもたちの「創造力や想像力」を高めるために多彩で優れた芸術や伝統に根ざした生活文化を鑑賞したり体験したりする機会を充実させることを掲げている。

　こうした一連の計画で留意すべきは、「地域や学校における芸術教育の充実（傍点筆者）」をあげながら「『創造力・想像力』豊かな子どもの育成」をはかる主体として期待されているのが、美術館や博物館、地方公共団体の自主事業、芸術系大学の実践、日本在住の外国人芸術家の活用などであって、学校自体がもつ教育力に言及されていないことである。もちろん、学校の教育は外に向かって開かれている。地域の人々やさまざまな機関と協力し、すなわち社会教育と連動させながら子どもを「共育」するのが、学校教育の目指す姿である。しかし、それは学校自体にも確かな芸術教育の土壌があって、

外部との連携や協力による相乗的な教育効果が実現する。現在の学校における芸術教育の実態を見るなら、このような施策は芸術教育の生涯・社会教育へのアウトソーシング化、空洞化というほかはないと思われる。

(2) 小学校図画工作科・中学校美術科の現状

　冒頭でも触れたように、現在、小・中学校の芸術教育の授業時間数は戦後最低の水準にある。1947年（昭和22年）の試案にはじまる学習指導要領改訂の変遷の中で、それまで少なくとも週2コマ（1コマは小学校で45分、中学校50分）は保障されてきた芸術教科の授業時数が、1998年（平成10年）に大きく減じられた。この1998年の学習指導要領には、いわゆる「ゆとり教育」の実現のために学校5日制と「総合的な学習の時間」が導入されている。教科内容を3割減らすことによってほとんどの教科の授業時間数が約10％削減された改訂でもあった。しかし芸術教育の削減の比率は他の教科に比して大きく、小学校図画工作科で15％、中学校美術科では約30％もの縮減となった。これは週の授業時間に換算すると小学校高学年では1.4コマ、中学校2・3学年では僅か1コマである。

　芸術教科の中でも図工科、美術科など美術の学びは、材料、用具に自ら主体的に働きかける体験を通して行われるもので、テキストなどによる概念操作では果たせない。必ず材料、用具の準備や後片付けに要する時間があるため、2コマ連続する授業時間が確保できなければ題材の選択にも大きな制約がかかってくる。従って教育現場では、子どもたちが集中して制作活動に取り組めるように2コマ連続する時間割をやりくりしたり、1コマでも実践できる内容を工夫してきた。しかし、このような教師の工夫や努力だけでは、繰り返しの体験の中で達成される教科の目的を実現することは難しい。

　その後も、学力低下論争から「ゆとり教育」が批判され、先の2008年の学習指導要領改訂では国語科、算数科、理科を中心に教科の時間数が増加されたが、音楽科、図画工作科、家庭科は据え置かれた。

　授業時間数の縮減の影響は教材内容の選択における制約ばかりではない。多くの科目を一人の教師が指導する小学校では、教師個人の教科にたいする

意識に軽重をもたらす。図画工作科の教材や授業研究は疎かになり[7]、美術教育力の低下に拍車がかかっていく。

3　文化芸術立国施策の背景

　前節で見てきたような文部科学省の文化芸術施策と学校現場の芸術教育の状況の乖離は、なぜ起こるのだろうか。

　政府が「科学技術創造立国」に並んで「文化芸術立国」という耳目をひく言葉を用いて文化政策を強く打ちだしてきた背景には、日本のバブル崩壊後の経済成長の著しい鈍化と超少子高齢化社会、都市と地方格差、グローバル化への対策などの政策課題がある。わが国が目指す「文化芸術立国の姿」の一つにも「文化芸術関係の新たな雇用や産業が現在よりも大幅に創出されている」[8]ことがあげられて、経済効果にたいする企図が明確にうかがえる。同時に、教育再生と文化芸術立国、スポーツ立国を目指すことが、経済の好循環の拡大と中長期の発展に向けた重点課題として盛り込まれた「経済財政運営と改革の基本方針2015」も閣議決定されている。要するに文化芸術立国プランは、低下した日本の経済力の復活を呼び起こす鍵とすることに重心が置かれているのである。

　そこで本節では、そのモデルである欧州の「創造都市（クリエイティブシティ）」（Creative City）と「創造産業（クリエイティブ産業）」（Creative industries）、「創造性教育」（Creativity Education）を整理して参照することによって、現在の日本の芸術教育（美術教育）を取りまく状況を俯瞰したい。

(1)「創造都市（クリエイティブシティ）」（Creative City）

　21世紀に入って「創造都市」という概念が、世界で都市政策の中心課題の一つとして捉えられるようになってきた。その現代の都市政策に直接的な影響を与えているのが、チャールズ・ランドリーの『創造的都市』（Creative City 2000年）やリチャード・フロリダの『クリエイティブ資本論』（The Rise of the Creative Class 2002年）の「創造都市論」である。

ヨーロッパでは日本より一足先に工業化による繁栄と衰退を経験したが、多くの都市では1970年代ごろよりかつて重工業で栄えた諸都市が深刻な過疎を引き起こし、それを文化政策によって見事に再生する事例が見られるようになった。ランドリーの創造都市論は、長年彼自身がいくつもの都市再生計画にかかわってきた調査と分析から導かれている。都市の重要な資源は、そこに住む人々の「創造性」であり、立地や自然資源、市場アクセスの代わりとなる。彼は創造性を「芸術家に特有な領域であるとかイノベーションは大部分技術的なものであるという考えを超えて、社会的・政治的な創造性やイノベーション」[9]と捉え、そのような考えをもつ必要性を多様な都市再生の事例から示した。そしてそれらの事例研究の多くには、1985年にはじまるEC（European Community）の「欧州文化首都」制度の成功がある。

現在の日本の文化施策に少なからぬ影響を及ぼし、文化芸術立国中期プランの具体的施策の文言においても前提となっている「創造都市」の思潮に触れていく。

1）「欧州文化首都制度」

「欧州文化首都」とは、政治的統合を目指す欧州連合（EU）が真の統合を実現するために実施している都市文化政策である。当初「欧州文化都市」と呼ばれていたこの事業は、EC加盟国の中から1年間主役となる都市を選び、その都市の遺産、財産、歴史などを広く一般に公開することによって、EC加盟国の諸民族を政治経済のみならず文化によって結合することを目的として、1985年にアテネを最初の指定都市としてはじまった。そこで催される文化イベントは、それぞれの都市文化がもつ共通性と多様性がもたらした豊かさを広く知らしめることとしている。初めは加盟国を巡回する形で行なわれたが、やがて多くの観光客を誘引するなど経済効果が大きい事業として注目されるようになった。

1993年には欧州連合条約が発効され、政治的統一を目指すEUが設立された。EUへの加盟国も増加し、開催都市の成功を受けてこの事業の希望都市は増え続けていった[10]。そして指定された都市が、その年の欧州における

文化の「主役都市」という意味を込めて、2005年に「欧州文化都市」から「欧州文化首都」と改称された。

2） ユネスコ創造都市ネットワーク

ユネスコ創造都市ネットワーク（Unesco Creative Cities Network）[11]は、ランドリーの「創造都市論」の考えをもとにユネスコ（国連教育科学文化機関）が2004年に開始したプロジェクト事業である。文学・映画・音楽・工芸・デザイン・メディアアート・食文化の創造産業7分野から、世界でも特色ある都市を「創造都市」として認定する。世界各地の都市が、グローバル化の進展にたいして文化の多様性を保持するとともに、各地の文化産業が潜在的にもつ可能性を都市間でパートナーシップを結ぶことによって文化産業を強化し、都市の活性化及び文化多様性への理解増進をはかることを目的としている。

2015年の時点で認定された都市は世界で116都市に上るが、日本では2008年に初めてデザイン分野において神戸市と名古屋市が登録された。続いて金沢市が工芸分野、メディアアート分野で札幌市（2013年）、音楽部門で浜松市（2014年）、食文化部門で鶴岡市（2014年）、工芸部門で篠山市（2015年）の7都市が認定されている。それぞれがその分野において工夫を凝らしながら独自の事業を展開するとともに、「創造都市ネットワーク日本」による結びつきが目指されている[12]。

3） 文化庁「文化芸術創造都市」

文化庁は、上記のような「欧州文化首都」や「ユネスコ創造都市ネットワーク」の「創造都市」を参考に、2007年から文化芸術振興基本法に基づき「文化芸術創造都市」[13]部門を創設した。文化芸術のもつ創造性を市民参加のもとに地域振興、観光・産業振興等に領域横断的に活用し、地域課題の解決に取り組む地方自治体を「文化芸術創造都市」と位置付け顕彰する仕組みである。初年度には、横浜市や後にユネスコに認定される金沢市など四都市が表彰されており、毎年三、四都市が顕彰されている。文化庁は続いて創造都市推進事業（2009年度〜）、創造都市モデル事業（2010年度〜）

第 11 章　美術教育の新しい創造性に向けて　241

などを導入し、創造都市への支援取り組みを漸次強化してきている。

　こうした「創造都市」の生成や持続、発展と不可分となっているのが、旧都市がそれまで依存してきた重工業や製造業に変わる「創造産業」という産業概念である。そしてその創造産業政策の中で重視され、注目を浴びるようになったのが、個々人の創造性の伸長をはかる「創造性教育」と呼ばれる教育形態である。

(2)「創造産業（クリエイティブ産業）」（Creative industries）と「創造性教育」（Creativity Education）

　2011 年（平成 23 年）に日本の経済産業省の中にクリエイティブ産業課が新設された。同課はファッションやデザイン、コンテンツなどの知的創造分野に特化する部署である。現在は政策項目の中にクールジャパン／クリエイティブ産業として表記され、両者が一体として取り扱われているのが分かる。「クールジャパン」は、テレビ番組名にもなり日常にも浸透してきた言葉である。経産省は、「日本の魅力」という事業展開によって、自動車、家電、電子機器などの従来型産業に加えて、「衣」「食」「住」やアニメ、ドラマ、音楽等をはじめ、日本の文化やライフスタイルの魅力を付加価値に変え、新興国の旺盛な需要を獲得して経済成長に繋げるという[14]。

　この「クールジャパン」や「クリエイティブ産業」自体が、周知のようにいずれもイギリスのブレア政権における「クール・ブリタニア（Cool Britannia）」というキャッチフレーズや政策をモデルとしている[15]。ブレア首相就任直後に設置された「クリエイティブ産業特別委員会（Creative industries Task Force）」が、具体的データを示してクリエイティブ産業が英国産業に大きな貢献をもたらすと報告したことにより、「クリエイティブ産業」という概念が政策のセクターとして認識されるようになった。

　「クリエイティブ産業」は、イギリスの文化・メディア・スポーツ省（DCMS：Department for Culture, Media and Sports）では「個々人の創造性、技能、および才能に基づくものであり、知的財産の展開および利用によって富と雇用を創出する可能性がある産業」と定義され、13 分野に分類されている[16]。

それは、①広告、②建築、③美術及び骨董品市場、④デザイナーファッション、⑤映画・ビデオ産業、⑥音楽産業、⑦舞台美術、⑧出版、⑨ソフトウエア、⑩コンピューターゲーム及びビデオゲーム、⑪テレビ・ラジオ放送、⑫工芸、⑬デザインで、広くアートにかかわるものが選ばれているのが分かる。

1）「クリエイティブ・ブリテン」と創造性教育対策「才能発見」

　そして、これら「クリエイティブ産業」がイギリスの経済発展の原動力になりえるとして、クリエイティブ産業の現状と課題の分析を行い、2008年にDCMSは8テーマにわたる19の課題とその対策を26に整理した系統的な政策「クリエイティブ・ブリテン（Creative Britain）」を発表した。

　この政策ではⅠからⅧに及ぶ8つのテーマがあり、そのうちのⅠ、Ⅱ（一部Ⅲ）が教育に関するものである（表11－1）。DCMSは「Ⅰ.すべての子どもたちにクリエイティブ教育を施す」「Ⅱ.能力を才能に変える」という2つのテーマにたいし5つの〈課題〉と7つの〈対策〉を打ち出した。クリエイティブ教育つまり「創造性教育」による産業施策である。

　とりわけ注目されるのは〈対策〉の1.「才能発見 "Find Your Talent"」と名づけられた小・中学校で週5時間の文化教育を行うパイロット事業である。これは政府が示した国家カリキュラムの最重点必修科目である「英語」の週の標準授業時数が初等段階（5～11歳：キーステージ1・2）で6時間、前期中等段階（11～14歳：キーステージ3）で3時間であることを考えるといかに大きな時数かが分かる（1時間は60分換算）。

　2008年に公表された「クリエイティブ・ブリテン」は、「クリエイティブ産業」の初めての包括的な政策であるが、それに先駆けて個々の省庁による多くの政策が実行されていた[17]。教育政策においても全国統一テストを実施して競争原理を導入し、基礎学力（リテラシー）の向上に力を入れるという国家管理を強化するとともに、移民が多く多様な文化背景をもつ人々が能力を生かして共生する多文化教育の視点からも「創造性教育」は教育改革に取り入れられていった。

第 11 章　美術教育の新しい創造性に向けて　243

表 11 － 1　「クリエイティブ・ブリテン（Creative Britain）施策体系」の部分
※ 8 つの課題（Ⅰ～Ⅷ）から教育研究にかかわるⅠ、Ⅱの箇所のみを表示

8 つの戦略	19 の課題	26 の対策
Ⅰ.すべての子どもたちにクリエイティブ教育を施す	個人の創造性を確立	1. 週 5 時間の文化教育事業「才能を見つけよう」"Find Your Talent"を子ども・青年に実施　3 年間に 2,500 万 £ を投入
	早期に才能を見出す	
Ⅱ.能力を才能に変える	世界水準の才能を開発	2. 才能パスシステムの構築。クリエイティブ産業すべての分野の求職を支援
	必要とされる場所に才能を提供	3. DSMS と傘下の NBPB、産業界が協調して雇用先のさらなる多様化を実施
	すべての経歴にクリエイティブ産業を開放	4. クリエイティブ産業にたいして、より効果的に貢献できるためのスキルを教育機関が学生に提供できるよう研究開発実施
		5. 雇用者・教育訓練者が新たな革新的教育訓練の場を開拓することを支援
		6. 14 ～ 25 歳の若者に教育機関と産業が連携したより高いレベルのスキル教育を行う「アカデミック・ハブ」"Academic Hab" の効果を検証
		7. 2013 年までにクリエイティブ産業において 5,000 人規模の研修制度を設立

太下義之「英国の『クリエイティブ産業』政策に関する研究」、2009 年、127 ～ 128 頁より部分引用、筆者作成。

2）　教育報告書『私たちみんなの未来：創造性、文化、未来』(1998年)

　教育政策において「創造性教育」の起点となったのは、1998 年に創造性・文化教育審議会（National Advisory Committee on Creative and Cultural Education）から出された報告書『私たちみんなの未来：創造性、文化、未来（All, Our Futures : Creativity Education）』[18] である。この報告書には、急激な変化と不確実性に直面する来世紀において読み書き能力と数量的思考能力の技能の支援だけでは十分ではなく、個人の適性を生かす創造性の教育が企業と経済にとっても、個人にとってもますます重要となってくると述べられている。そして、それはアーティストや特定の人々のためのものではなく、すべての子どもたちの異なった才能を認識してやる気を起こさせ、その能力を開発するための広範囲で柔軟な創造的な教育を意味しており、学校カリキュラムがこ

れを反映する必要があると提言している。

3) プログラム事業「クリエイティブ・パートナーシップ」(2003年)

『私たちみんなの未来：創造性、文化、未来』の提言を受けて「創造性それを見つけよう！伸ばそう！（Creativity find it! Promote it!）」（2002年）などの教育プログラムが実践されていくが、特筆される事業として教育技能省（Department for Education and Skills: DfES）の「クリエイティブ・パートナーシップ（Creative Partnership: CP）」がある。クリエイティブ・パートナーと呼ばれるアーティストや実務家を学校に派遣し、子どもたちの創造性を育成する学習プログラムの実行を通して、学校のカリキュラムや教師の教育力を創造的なものに改革していこうとする試みである。イングランド芸術協会の主導で2002年から2011年まで経済的社会的問題を抱える地域を中心にイングランド全土で実践された。プログラムは100万人以上の子どもたちと、そしてイングランドの8,000以上のプロジェクトの9万人の教師が参加して成功を収めた。しかし、2010年の総選挙で保守党へ政権が移ったことにより、CPのための英国政府資金提供は2011年9月に終わっている[19]。2014年に改訂された新しいナショナルカリキュラムでは、資質・能力（スキル）よりは教科の知識を重視する振り戻しが起こり、創造性教育には停滞が見られるという。

4　日本の子どもの芸術活動の様相

3節で述べたように、現在の日本の芸術立国施策にはとくにイギリスを中心とする「創造都市論」や「創造産業政策」と緊密に絡み合う「創造性教育」施策の強い影響がある。前節のイギリスの状況を参照して、日本の「創造都市」にかかわる「創造性教育」の様相を見ていくことにする。

(1) 学校外芸術教育の主要ファクター

わが国では、学校教育外での公的な芸術教育（美術教育）は、1980〜90年代に飛躍的に増加した美術館（全国に550館以上）を中心にはじめられた

といってよいだろう。その時代は学校中心の教育から学習者を主体とする生涯学習体系への移行という文教政策の変革期でもある。美術館で企画展や常設展示作品のギャラリー・トークばかりではなく、アートワークショップ、学校へのアウトリーチ、作家を中心とするイベントなど展覧会活動以外の多様な教育活動が行われていく。90年代はそれまで一般的だった一方向性の強い講座型の芸術教育から、参加者との協働による参加型、応答型芸術体験活動へと移行していった時代である。「創造性教育」の方法の特徴である子どもを対象としたワークショップ型（参加型、応答型、協働型）の芸術体験活動の方法論は、そこで日本でも早くから蓄積されていった。その牽引役となった事例として、とくに1987年に開館した東京都目黒美術館や1989年に開館した横浜市美術館子どものアトリエなどが知られている。このような美術館のあり方が2000年に入って、創造都市における子どもの芸術活動の環境を用意していたことは間違いない。

　さらに欠かすこのできない大きな要素は、1998年にはじまるアートNPOの設立である。同年に施行された特定非営利活動促進法により、市民が行う自由な社会貢献活動としての芸術活動を行政が支援することになる。この特定非営利活動法人は生涯教育、社会教育での芸術教育に大きな変化をもたらした。2014年度の文化庁の文化芸術関連データ集では、2003年に531に過ぎなかったアートNPOの数が2008年の5年間で3,551に増大する。今や創造都市や地方自治体の文化芸術教育プログラムになくてはならない存在感を示してきている。アートNPOが市民の生涯教育、社会教育の領域ばかりでなく、政府が推進する学校教育の新しい芸術活動の重要な担い手となっているのである。

(2) 創造都市（地方自治体）企画、提供される「創造性教育」

　2001年の金沢創造都市会議を皮切りに、日本でも各地で「創造都市」の取り組みがはじまった。創造都市では、その都市の自然環境や伝統、地域産業が紡いできた人々の暮らしとその時代に応じたテーマによる大小の芸術祭が催される。したがって芸術祭も日本で2000年以降から活況を呈し始める。

写真11－1　京都国際現代芸術祭2015
蔡國強「子どもダ・ヴィンチ」の作品によるインスタレーション（筆者撮影）

　大地の芸術祭、ヨコハマトリエンナーレ、神戸ビエンナーレ、にいがた水と土の芸術祭、あいちトリエンナーレ、札幌国際芸術祭等など、近年は国内で年間に7、8カ所の大規模な国際芸術祭が開催される状況となっている。そこでは、必ずといってよいほど子どもを対象としたワークショップ型芸術プログラムが企画実践されている。

　また、このころより美術館以外の地域のさまざまな文化施設においても文化芸術団体やNPOが主体となって、子どもの芸術体験プログラムを盛んに提供するようになった。たとえば、京都市の文化芸術センターは、その最も早い事例の一つであろう。市中の就学人口の減少で廃校となった小学校跡を京都市民と芸術家達の間の交流をはかることを目的に、2000年に京都文化芸術センターとして再生した。2006年には京都市も京都文化芸術都市創生条例を公布し、〈子どもの感性を磨き、表現力を高めるための施策〉の条項をつくっている。現在、市が行っている「子どもが文化芸術に親しむ取り組み」は、2007年からスタートした学校に芸術家を派遣する「ようこそアー

ティスト文化芸術授業」、「子ども感動応援ステージ」「夏休み、冬休み芸術体験教室」などであるが、芸術センターを運営している公益財団法人京都市芸術文化協会が市から事業を受託している。

(3)「文化芸術による子どもの育成事業」と「コミュニケーション能力向上事業」

　文部科学省は 2002 年（平成 14 年）に文化芸術の振興に関する基本的な方針を公表して「青少年の文化芸術活動の充実」と「学校教育における文化芸術の充実」の項を設けた。これを受けて文化庁では子どもたちの豊かな創造力・想像力や、思考力、コミュニケーション能力などを養うとともに、将来の芸術家や観客層を育成し、優れた文化芸術の創造に資することを目的として、①小学校・中学校等において一流の文化芸術団体による巡回公演を行う「巡回公演事業」、②芸術家を派遣し、芸術家による表現手法を用いた計画的・継続的なワークショップ等を実施する「芸術家の派遣事業」を開始した。

　その後、2008 年（平成 20 年）の指導要領改訂では、「生きる力」の学力観から子どもたちのコミュニケーション能力の育成が大きな課題となった。そこで同省は、2010 年（平成 22 年）にコミュニケーション教育推進会議を設置して、具体的な方策を協議したが、その一つが芸術表現を通したコミュニケーション教育の推進[20]である。具体的には文化庁の「芸術家の派遣事業」と同じもので実践家やアーティストが学校でワークショップ型の授業を行い、子どもたちの創造性やコミュニケーション能力を育むと同時に、教師自身の指導方法の改善や学校教育の活性化をはかる機会としている。

5　子どもの芸術活動の実態から見えてくるもの

　学校における教科教育以外で行われている今日の日本の子どもの芸術教育や体験活動の状況を把握するために少し詳しくみてきたが、そこから次の三つの事柄が見えてくる。
　一点目は、報告される教科教育外のこれらの子どもの芸術体験活動は、

教育的な視点に基づく施策としてよりも都市政策、産業政策の枠組みの中で行われていることである。そのため、多くは不特定多数の子どもを対象とする単発的、羅列的芸術体験活動となり、子ども一人ひとりの芸術体験が中長期的な視野で計画されることはない。

　二点目は、一見多様な場や主体においてに個々に展開されているかのように見受けられる芸術体験活動であるが、文部科学省、文化庁、各自治体の施策の内容はまったくといってよいほど重複しており、いずれもイギリスなどの創造性教育施策を参考にした、①子どもたちが優れた実演芸術を鑑賞する、②アーティストや学芸員などの専門家の感じ方や考え方から触発される応答型、協働型の芸術活動を行う、という二つの方法である。

　三点目として、子どもの芸術活動の物理的な場は、創造都市施策にまつわる芸術祭の会場や美術館、各地の文化施設、学校施設などで、その事業主体は国や自治体、芸術団体、アートNPOや大学であるが、大抵単独ではなくパートナーシップによって実践されている。従って、多彩に華やかに展開されている子どもたちの芸術体験活動のほとんどは、物理的施設や事業主体、アーティストやファシリテーターがクラスターとなって連携できるような、政令指定都市やある程度の規模をもつ都市部で行われていると考えられる。

　このような日本の学校外の芸術教育の特徴にたいして、イギリスにおける創造性教育でとくに成果をあげたとされる「クリエイティブ・パートナーシップ」は、学校教育の中で継続的、計画的に取り組まれている。一つのプロジェクトに半年から長ければ1年半の時間をかけ、芸術家ばかりでなく科学者やエンジニア、アスリートも含むクリエイティブな専門家と協働ですべての教科で授業を行い、子どもたちに創造的な能力を身につけさせようとするものである。何よりも家庭の収入や居住地域にかかわらず、すべての子どもに公平に創造性教育を受ける機会を提供することを目的として、学校教育の改革に主眼が置かれていた[21]。しかしながら、わが国の文化芸術立国施策は、学校教育よりも創造都市政策を中心に生涯・社会教育の中で行われることにより、そのような場に子どもと積極的に参加できる家庭とそうではない家庭の文化資源の格差、都市部と地方の教育機会の格差はますます広がることに

なるのではないだろうか。

　また、学校教育における芸術体験においても、文科省が発表している「文化芸術による子どもの育成事業」に係る舞台芸術体験や芸術家等派遣の実施回数からその実態をうかがうことができる。これは2007年に、2011年度までに義務教育期間中に2回提供することを目標として、文科省はその年度の目標基準値なるものを設定した[22]。それによれば、2007年度の目標基準値は、本物の舞台芸術体験事業812公演、学校への芸術家等派遣事業756公演としている。実際には、2007年度において本物の舞台芸術体験事業で1,331公演、学校への芸術家等派遣事業で906カ所を実施したので、目標基準値を上回り、アンケート調査結果の分析も加えて文科省は「児童・生徒に与える効果」、「実施公演数・支援件数」とも想定した以上の成果をあげたと報告した。直近の2014年度文科省白書[23]では、文化芸術団体による巡回公演は1,797公演、学校への芸術家派遣は2,853カ所で実施したとされるので、たしかに7年をかけてこれらの事業は徐々に増加してきている。

　しかしながらこの数字は、2015年度の学校基本調査で国公私立すべてを含む小学校数が20,601校、中学校が10,484校、高等学校が4,939校であることを考慮すれば、驚くほど少ない実施実績である。また同省が示す実践事例においても一つのプログラムについての実施回数は平均3回で多くても5回であることから、学校外教育で行われている子どもの芸術活動と同様な珍しいイベント的プログラムの感は拭えず、学校教育の充実や改革にはまだ質的にも程遠いといわざるをえない。

6　明日の学校美術教育をデザインする―"Art in Education"を手がかりに

　以上のように、日本の文化芸術立国の文化政策が一見多様に活発に展開しているように見えながら、創造都市政策を中心とする一定の規模をもった都市部に集中していること、また学校教育の充実をはかる実演公演鑑賞やアーティスト派遣事業も、自治体によって実施実績に大きな落差があり、全国的にみるなら実施されているのは学校全体の10％程度に過ぎないことが

浮かび上がってきた。

　現今の深刻化する家庭の収入による教育力格差の広がりや都市部と地方の格差問題を考えるなら、教育機会の最低限の公平性を担保するために学校教育において美術教育の役割を再構築することが必須であろう。

(1) "Art in Education" とクロスカリキュラム

　文化庁文化審議会の文化政策部会委員や文科省コミュニケーション教育推進会議委員を併せて継続的に務め、イギリスを中心とする欧米の文化施策を紹介して学校にアーティストを派遣するという施策導入の立役者と考えられる吉本は、アートの教育や福祉にたいする有効性を高く評価しつつも、これまでの文化施設や芸術団体による狭義の芸術教育や芸術体験の発想や方法には限界があることを示唆している[24]。そこで、より教育の側に立った視点による芸術のもつ力の教育への適応を、「AIE、教育における芸術の活用」"Art in Education" というキーワードを用いて提言している[25]。吉本が疑義を呈しているのは「芸術教育」"Art Education" にたいしてであるが、そもそも美術教育の目的には、美術そのものを教える文化伝達としての「芸術の教育」"Art Education" と、美術することを通して全人的な人間教育をはかる「芸術による教育」"Education through Art" の二つの側面がある。後者はいうまでもなくハーバート・リード（Herbert Read, 1893-68）の有名な芸術教育論の著作『芸術による教育（Education through Art）』に論拠しており、戦後の学校美術教育が単線的なものでないにしてもその思想は多大な影響を与えた。リードが『芸術による教育』を著した1943年は第二次世界大戦の最中で、第一次世界大戦に出征した経験をもつ彼の中には近代市民社会の深い人間疎外の認識と平和への希求、それを実現するための民主主義教育の視座があったとされる。リードは、教育はすべての子どもたちが生得する自発的「創造性」を開放し、奨励して育てることにより個性を形成するとともに、個人の独自性と社会的統一の調和であるところの人格の統合の過程でなければならないと考えた。そして、その教育の基礎に芸術を据えたのである[26]。

　日本の普通教育における美術教育の目的は、この『芸術による教育』に軸

足を置いていることは共通に理解され、国際的な認識でもある。

したがって、学校美術教育では、子どもが美術することは、ある文脈の中で解の定まっていない自分自身の目的や主題（非定型的問題）を見つけて発想し、それを実現するための具体的な方法、用いる材料や技術、活用する空間などについての手順を考えて構想し、実行において失敗と修正を繰り返しながら工夫を重ねて解決していくという自己表現と自己実現の「創造過程」であると捉えてきた。そして自己表現と自己実現のうちに形成される自己の独自性がゆえに、その個人の価値が所属する社会的集団の有機的な結合と調和され、統合されることが可能となる。美術することの過程が「創造性」や人間性（人格の統合）を培う教育の課程そのものなのである。おのずと、問題解決型、批判的思考型、意思決定型となることから、現代の日

写真11－2
造形遊びの授業風景「クスノキを塗りつぶせ！」
京都市立K小学校3年生　2008年
指導：M氏

本の教育課題である「生きる力」の「思考力・判断力・表現力」の育成やATC21Sの「21世紀型スキル」やOECDの「キー・コンピテンシー」で主張される理念や考え方が、すでに教科の実践内容や方法の中心となっている。また、子どもたちの自発性、創造性をより重視し、クリエイティブ・パートナーを指導者ではなくファシリテーターとして捉え、造形活動を子どもと協働でつくり上げていくというワークショップ型の教育形態も、実は図工科教育において早くから「造形遊び」[27]という領域の中で取り入れられた（**写真11−2**）。

　このように見るなら、吉本がキーワードとする"Art in Education"のイギリスの創造性教育の思潮には、戦後日本の創造主義教育と同様、リードのすべての子どもたちがもつ生得的な創造性へ信頼があるのであり、両者は根を同じくしていると考えられる。

　それでは、この"Art in Education"（AIE）と"Education through Art"との違いはどこにあるのだろうか。

　筆者は、その最も大きな差異を、イギリスのＣＰが全教科で行われたようにAIEの土壌には教科間の内容を結びつけるクロスカリキュラムの教育手法が根づいて内容に広がりをもつのにたいし、これまでの日本の"Education through Art"が、あくまで文化領域の狭義の「美術」を内容として閉じられていることであると考える。

　リードは"Education through Art"の中で、当時の教育省の諮問委員会による報告書や公立小学校の教員を対象とした手引書を批評し、一定の評価をしながらも、それらがカリキュラムの教科間の相互関係に触れていないことを指摘し、美的な基準が数学や歴史、科学それ自体に入っていくこと、学校生活のあらゆる社会的、実際的な側面に入ることを説いている[28]。

　たとえば、アメリカのAIEの事例を見るならば、カーネギーホールのワイル音楽教育研究所は、「グローバル・エンカウンター」"Global Encounters"という社会科や英語など他教科と関連づけた学校向けの音楽教育プログラムを提供しているし、ニューヨーク・シティセンターでもミュージカルの学校教育プログラムを他の主要教科と関連づけている。双方の教育担当者は獲得

すべき基本的知識を学びながら他の学習と関連づけることが重要であり、そのことによってより深い学習ができると捉えている[29]。「芸術を通して学ぶ」"Learning through Art"プログラムで知られるグッゲンハイム美術館の「アーティスト学校配置プログラム」も同様である[30]。

(2)「図画工作科」・「美術科」から「視覚言語科」へ

　戦後、日本の図画工作科教育、美術科教育は児童中心主義、創造主義の視点から子どもの自己表現に重きを置きつつも、手段とした教科内容は明治期に受容された西洋を中心とする狭義の「美術」を対象とした。しかし、西洋文化において長く視覚メディアの中心的位置を占めてきた絵画や彫刻は、20世紀から今世紀にかけての技術革新によってそのメディアとしての価値は大きく後退し、人々の生活の中で実感の乏しいものとなっている。勿論、教科書には、そのようないわゆるハイカルチャーに取って代わってきた産業デザインや写真、映像、漫画まで幅広く扱われている。しかし、教科内容としているそれらの視覚メディアの形式も今後加速しながら変転し、我々の意識も変化していくに違いない。「美術」の概念は動態的である。

　さて、一体何が美術教科の不易で本質的な固有の価値なのだろうか。決して新しい考え方ではないが、それは「視覚（造形）言語のリテラシー能力の育成」であると考える。「図画工作科」や「美術科」は、人間の視覚世界を構成する色、形、素材、空間、運動などの造形要素が発する情報を読み取って認識し、それらを操作（想像と統合）して新たな秩序（意味）を創り出し、表現する教科なのである。現代の生活は旧来の「美術」概念の枠組みを超えた膨大な図や画像といった視覚情報に取り囲まれ、そこから感性や情操にまで大きな影響を受けている。にもかかわらず「図画工作」や「美術」の概念はそのような今日の状況を包摂できなくなってきている。「美術」を含む一切の視覚事象を対象として認識し、批判的に思考し、能動的に操作する造形能力（視覚リテラシー）を育成する教科としての役割が求められるのではないだろうか。そのためには「図画工作科」や「美術科」の教科名は再考される必要があり「アート」とする考えもある[31]が、内容を表す教

科名は広範な議論による熟考を必要とする。

そこでここでは仮に「視覚（造形）言語科」としておく。「視覚（造形）言語科」が育成する視覚リテラシー（visual literacy）は、言語リテラシー（literacy）や数量的リテラシー（mathematical literacy）に並ぶ、人間が思考を形成するうえで基本的な能力である。従って表現教科であると同時に国語科や算数科と同じく基本の用具教科でもある。すべての教科の中に関連する内容が見出され、汎用されることによって、それぞれの教科の内容の理解を深めるとともに、「視覚（造形）言語科」の学習をより広がりのある領域の文脈の中で進めることができる。

図11－1は、現行の学習指導要領が示す各教科の内容の範囲内で図画工作科と他教科の内容の関連を筆者が選び出し、作成したものである。視覚的、造形的問題がすべての教科内容に見出せることが分かる。ICTは機器の操作技術と三つの基本的なリテラシー能力が生み出す効果、作用と考え次元の異なるカテゴリーとして解釈しているが、今日視覚表現のメディアとしてコンピュータは欠かせず、操作技術の習得は「視覚言語科」の基礎知識や基礎技術にもなっている。

(3) クロスカリキュラムと制度整備

1998年（平成10年）に導入された総合学習は探求するテーマやトピックを学習者の主体的な関心によって選定し、その解決のために必要な教科内容がかかわってくるという学習方法であるので、必ずしも各教科が扱う基礎的知識や技能を定着させる機会になるとは限らない。子どもたちが学校教育の中で視覚リテラシーの重要性と汎用性に気付きその能力を獲得するには、2科目以上の複数教科間で他教科と内容の関連を考えながら指導計画を立案する教科間関連カリキュラムであるクロスカリキュラムが相応しい。かかわる複数の教科の基礎的な知識や技能を計画的に配置しながら、そこに造形的な視点を見出すことによって関連に実感をもつことができ、相互の教科でより深い理解や学びが得られることが期待できる。それには、教科領域の見直しや、基礎的知識や技術の精査も課題である。

第 11 章　美術教育の新しい創造性に向けて　255

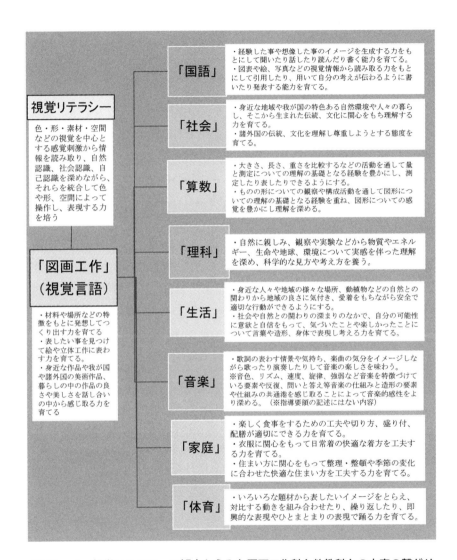

図 11 − 1　視覚リテラシーの観点からみた図画工作科と他教科との内容の繋がり
(現行の学習指導要領をもとに筆者作成。)

そして、単にカリキュラムを改善すれば実現できるわけではなく、連動した制度の改善が不可欠である。教員養成におけるクロスカリキュラムに対応する教育課程の設置や、とくに小学校においては視覚リテラシーや造形の専門性をもたない教員と協働してクロスカリキュラムの開発や授業研究に従事する教育学的な訓練を受けたアーティストを常勤で配置することが必要である。

　また、イギリスのナショナルカリキュラムが学校カリキュラム全体の50%程度にとどまっているように、学習指導要領で細部まで規定せず、学校や教師が弾力的に運用できる裁量の範囲を広げなければクロスカリキュラムの実現は難しい。但し、裁量範囲の拡張は入学試験制度改革や修了資格試験導入などの改革と対で行わなければ、受験準備に転用されることは明らかである。

　視覚言語による表現の世界は、言語を用いない領域であるがゆえにより普遍性をもつ第二の言語として多くの人々を結びつけることができる。言語表現が不得手な幼児や特別支援を必要とする子どもたち、高齢者、民族の違いを超えた相互理解の有効な媒体となることはあらゆる場で実証されてきている。学校教育の中ですべての子どもたちに視覚言語による表現能力を育成することは、これからの共生社会を実現するのに欠かせない教育の使命であろう。

注

1　文部科学省「文化芸術立国中期プラン〜2020年に日本が『世界の文化交流のハブ』となる〜」2016年　http://www.bunka.go.jp/seisaku/bunka_gyosei/hoshin/pdf/plan_2
2　文化庁　文化芸術振興基本法（平成13年12月7日法律第148号）（平成13年12月7日公布）、http://www.bunka.go.jp/seisaku/bunka_gyosei/shokan_horei/kihon/geijutsu_shinko/
3　たとえば、2012年のロンドン大会では、大会の4年前からイギリスのあらゆる地域で、音楽、演劇、ダンス、美術、映画、ファッションなどの英国文化の魅力を紹介する文化プログラムが実施され、約18万件の文化イベントに約4千340万人が参加したといわれている。日本は東京五輪に向けて、史上最大規模であったこのロンドン大会を上回る20万件の文化プログラム開催を目標値として掲げ、我が国の文化芸術の魅力を国内外に発信して、日本が「世界の文化交流のハブ」となることを目指している。

4 前掲1、5頁。
5 前掲1、5〜16頁。
6 Facilitator。「促進する」「助長する」といった意味のfacilitateの派生語。中立的な立場で集団活動が円滑に進むように、参加者の意見や発想を引き出したり、問題解決や合意に向けて論点を整理するなど組織全体を支援し、最大の成果を引き出す役割の人。
7 降旗孝は、平成21年度と22年度に実施した山形県の教員免許状更新講習の実際とその考察から、小学校教師の実態として教職年数に比例して研究授業の経験数が増えているが、図画工作科の研究授業の実施経験は限りなく少なく（教員経験10年前後から30年のベテラン教員の回答にもかかわらず74％が一度もないと答えている）、参観経験さえ一度もないという回答が実に45％に上るという現状を明らかにしている。降旗孝「小学校・図画工作を指導している教師の意識と実態―山形県・教員免許状更新講習から―」、山形大学紀要（教育科学）第15巻第2号、2011年、193〜195頁。
8 文化庁「文化芸術の振興に関する基本的な方針―文化芸術資源で未来をつくる―（第4次基本方針）」http://www.bunka.go.jp/seisaku/bunka_gyosei/hoshin/kihon_hoshin_4ji/index.html
9 チャールズ・ランドリー（後藤和子監訳）『創造都市―都市再生のための道具箱』、日本評論社、2003年、xvii頁。
10 財団法人自治体国際化協会（パリ事務所）「欧州文化都市制度―欧州市民としてのアイデンティティ確立と文化振興の一手法」、1994年、1〜6頁。www.clair.or.jp/j/forum/c_report/pdf/091-1.pdf
11 Creative Cities | Creative Cities Network – Unesco，http://en.unesco.org/creative-cities/home
12 Creative City Network of Japan 創造都市ネットワーク日本、http://ccn-j.net/
13 文化芸術創造都市／文化庁、http://www.bunka.go.jp/seisaku/bunka_gyosei/chiho/creative_city/
14 クールジャパン／クリエイティブ産業　経済産業省 http://www.meti.go.jp/policy/mono_info_service/mono/creative/
15 太下義之「英国の『クリエイティブ産業』政策に関する研究〜政策におけるクリエイティビティとデザイン〜」、『季刊 政策・経営研究2009』Vol.3、2009年、121頁。
16 同上、123〜124頁。
17 同上、135〜136頁。
18 All Our Futures: Creativity, Culture and Education - Sir Ken Robinson sirkenrobinson.com/pdf/allourfutures.pdf
19 Creative Partnerships | Creativity, Culture and Education www.creativitycultureeducation.org/creative-partnerships
20 コミュニケーション教育推進会議審議経過報告『子どもたちのコミュニケーション

能力を育むために〜「話し合う・創る・表現する」ワークショップへの取り組み〜平成23年8月29日』、文部科学省、2011年。
21　吉本光宏「クリエイティブな教育改革で英国の未来を切り拓く―Creative Partnershipsのチャレンジ」、『地域創造』vol.23、財団法人地域創造、2008年、64〜71頁。
22　文部科学省実績評価書－平成19年度実績―施策目標　芸術文化の振興　標達成目標12-1-3 http://www.mext.go.jp/a_menu/hyouka/kekka/08100104/058.htm
23　『平成26年度文部科学白書』(第9章文化芸術立国の実現　第4節子どもたちの文化芸術活動と地域における文化芸術の振興　1　子どもたちの文化芸術活動の推進) http://www.mext.go.jp/b_menu/hakusho/html/hpab201501/detail/1362005.htm
24　吉本光宏は、ニッセイ基礎研究所(日本生命のシンクタンク)の芸術文化部門で研究理事を務める。
25　吉本光宏　「"アート"から教育を考える―国内外のチャレンジから―」、『ニッセイ基礎研REPORT』、2007年。
26　ハーバート・リード(宮脇理・岩崎清・直江俊雄訳)『芸術による教育』、フィルムアート社、2001年、26頁。
27　「ゆとりと充実」をスローガンに「教育の人間化」を目指した1977年(昭和52年)の指導要領改訂で、図工科教育も文化領域の伝達や作品主義に陥っていた状況にたいし、遊びの自発的能動的特性を教育の中に生かし、児童の表現の原理から造形感覚の育成をはかるとして初めて低学年に導入された内容である。素材や場所のもつ特徴から発想し、協働性や過程を重視する問題解決型の学習形態を特徴とし、現在では高学年まで一貫した領域内容となっている。
28　前掲26、244〜247頁。
29　財団法人地域創造『文化・芸術による地域政策に関する調査研究　資料編③〔海外事例調査〕』、2010年、191〜195頁及び205〜212頁。
30　小池研二「欧米の美術館における鑑賞教育について―米，英，仏の美術館の調査から―」、『横浜国立大学教育人間科学部紀要』Ⅰ(教育科学)第14集、2012年、5〜8頁。
31　リード自身はすべての教育の基礎に置く芸術を非推論的な象徴化のすべてを含む述語として「Art」という単語を使うと述べ、「視覚的な」ものだけでなく音楽やとりわけ詩の言語の重要性を指摘し、「非言語的な過程」ともいわないと述べている。佐藤学も、「アートの教育」を「美術の教育」「音楽の教育」「詩の教育」「文学の教育」と教科や題材のジャンルごとにすることの無意味さを指摘している。また長町充家は「アート」は幼児の砂遊びに見られるように自然発生的に行われ、中学生や高校生になったとしても知識や巧緻性や技術の発達によって形態は変化するが、その本質は変わらない(「美術」とは呼べないかもしれない)人間の表現行為すべてを「アート」と呼ぶと説明している。

　　・ハーバート・リード(岩崎由紀夫訳)「『芸術による教育』のハーバート・リード自身の要約発表」、75頁。

・佐藤学・今井康雄『子どもたちの想像力を育む』、東京大学出版会、2003 年、23〜24 頁。
・竹内博他編著『アート教育を学ぶ人のために』、世界思想社、2005 年、110〜112 頁。

● 関連文献紹介
① チャールズ・ランドリー（後藤和子監訳）『創造的都市』、日本評論社、2003 年
　　創造都市論の重要な基本文献の一つである。ランドリー自身が 1978 年に都市創造コンサルタントのシンクタンクであるコメディアを組織して、ヨーロッパの多くの都市で都市再生にかかわってきた経験や先進国の事例の調査と分析から導かれており、そこに住んでいるすべての人々が最大の地域資源であるという視点は、これからの社会を形成していく「創造性」とは何かを考える大きなヒントとなる。
② 野田邦弘『文化政策の展開』、学芸出版社、2014 年
　　日本の創造都市政策の先駆けである横浜市の「クリエイティブシティ・ヨコハマ」の策定や「第 2 回ヨコハマトリエンナーレ」の担当者としての経験、現在の大学での文化政策の教育研究の立場から、文化政策の歴史や現在の課題を豊富で具体的な事例を示しながら説いている。多くの文化政策の関連図書が出版されている中で概論書として平明で初心者にもわかりやすい文献である。
③ アンソニー・ウィルソン編著（弓野憲一・渋谷恵監訳）『英国初等学校の創造性教育（上）（下）』、静岡学術出版教養新書、2009 年
　弓野憲一編著『世界の創造性教育』、ナカニシヤ出版、2005 年
　　前者は、イギリスにおいて創造性教育が第二の波として起こった 1990 年代から、現在の第三の波までの思想の歴史的概観と初等教育の実践研究の要約を 4 部から構成したものである。創造性教育を専門とするイギリスの 15 名の大学の研究者が執筆したものを翻訳しているため少しわかりにくい箇所もあるが、コア科目と基礎科目のすべての科目における創造性教育の内容が紹介されており、その内実を知るのに役立つ。後者は、前者の編者でイギリスの創造性教育研究の第一人者である弓野が日本の「総合的学習の時間」における創造性教育を課題として、世界の教育改革の中で各国がどのように取り組んでいるのかを明らかにすることを目的として編集されており、イギリスの創造性教育の要点が把握できる。
④ 杉山貴洋編集、高橋陽一監修『ワークショップ実践研究』、武蔵野美術大学出版局、2002 年
　高橋陽一『美術と福祉とワークショップ』、武蔵野美術大学出版局、2009 年

上記二冊は 1990 年代より学校教育、社会教育の場で盛んに行われるようになった美術教育の中心的な活動形態であるワークショップについて、早くから大学として取り組んできた実践研究の成果をまとめたものである。ワークショップとは何かを実践を通して教育構造の中で問うことによって、逆に学校教育のあり方も照射される。ワークショップという教育のあり方から教育の全体像について深く考えさせられる報告である。

⑤「特集アーティスト・イン・スクール」、『ART in EDUCATION：教育美術』第 76 巻第 9 号、2015 年

　アーティストが学校に出向いて授業に参画する 6 つの事例を紹介し、そのさまざまな形態や内容から意味や課題を考える特集となっていて、最近の学校における具体的な実践例を知ることができる。ちなみに、『教育美術』は 1935 年に創刊された美術教育の専門誌で、2012 年 6 月号から雑誌名を『ART in EDUCATION』と英語表記するようになった。

第 12 章　学校体育の将来像
── 子どもの体力向上と健康の増進を目指して

森　博文

本章のねらい

　体力・運動能力の低下に加え、生活習慣病をはじめとする子どもの健康問題への対応が喫緊の課題となっている。
　2002 年（平成 14 年）から全面実施された学習指導要領以降、「生きる力」が学校教育のキーワードとなっているが、それを根底で支えるのは子どもの体力や健康であり、その意味からも学校教育において体育科が負うべき責任は重い。
　1872 年（明治 5 年）の学制発布とともに体術科（以後、体操科→体錬科→体育科）として学校教育に位置づけられた体育科は、常に時代の要請とともに目標や内容が方向づけられ、今日にいたっている。具体的には、「身体の教育」として国家に奉仕する従順な国民育成を意図した体育、「運動による教育」として運動を通して民主的な人間形成を意図した体育、「運動の教育」として運動やスポーツそれ自体の教育的価値を重視する体育への変遷を経て現在にいたっている。この間、人々の生活は豊かになり、子どもの生活環境も大きく向上している。しかしながら、冒頭に述べたように子どもの体力や健康の現状は、皮肉にも危機的ともいえる状況を招いている。
　本章では、こうした子どもの体力・運動能力に加え、病気や怪我の実態をもとに体育科における課題設定を試みるとともに、課題解決への具体的なアプローチのあり方を検討する。なお、本章でいう子どもとは、主として幼児・児童を、体育（科）とは小学校体育科を念頭においている。

1 子どもの体力や健康をめぐる現状

(1) 体力概念の多様性

本論に先立ち、本章のキーワードの一つである「体力」について意味内容を整理しておく。

体力は大きく「身体的要素」と「精神的要素」に分けられ、それぞれ行動体力と防衛体力から構成される（図12-1）。身体的要素の行動体力のうち、身長や体重などの形態としての体力が、体格や姿勢である。一方、身体的要素の行動体力のうち、機能としての体力が、調整力や筋力、瞬発力など、一般に体力要素と呼ばれるものであり運動能力に相当すると考えてよい。

防衛体力とは、端的には病気にたいする抵抗力・免疫力の強さの程度である。体力は一般的には身体的側面から捉えられることが多いと思われる。しかし、図のように体力概念は広く、精神的側面を含めて体力と捉えることが多い。精神的要素についても、行動体力と防衛体力から構成されている。個人の意志の強さの程度や判断力などの行動体力と精神的なストレス等にたいする抵抗力である防衛体力から成る[1]。

後に詳しく検討するが、近年、形態としての体力である子どもの体格の伸びはめざましい。しかし、機能としての体力（運動能力）をはじめ、生活習慣病や心の病を抱える子どもが増加しており、体力全般にわたり危惧される状況にある。

(2) 近年の子どものからだの異常

1945年（昭和20年）の終戦以降、わが国の復興はめざましく、人々の生活状況も大きく様変わりしている。三度の食事に事欠き、生きること（生命保持）に汲々としていた時代から飽食の時代と形容されるように人々の食生活は劇的な変化を遂げた。住環境や労働環境についても同様である。加えて、情報化社会の到来は地理的距離を一気に縮めることとなり、都市と地方の区別なく均質な生活環境を提供している。

本来こうした状況は、大人はもとより、子どもたちに大いなる幸せをもた

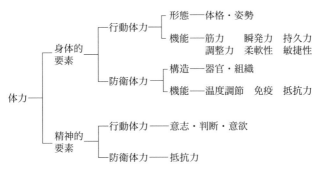

図12-1 体力の構成
(猪飼道夫『日本人の体力』日本経済新聞社、をもとに筆者作成。)

らすはずであった。しかしながら、子どもの体力や健康は異常ともいえる現状にある。

本節では、各種のデータをもとに子どもの体力や健康をめぐる現状について確認する。

1) 運動機能低下に起因すると思われる子どもの異常

〈靴のひもが結べない〉

新生児以降の人間が獲得する運動機能の特徴として、「粗大運動から微細運動へ」、「体幹から末梢へ」の原則がある。新生児の運動は原始反射とよばれる生得的な運動及び粗大運動(全身を使った大雑把な運動)である。その後、成長とともに次第に微細運動(手先の細かな動き)へと発達するが、手先の細かな運動機能を獲得するには、生後一定の学習が必要になる。近年、「靴のひもが結べない」、「鉛筆をうまく削れない」など、微細運動機能の発達の遅れを指摘する声が多く聞かれる。

〈転んでも手が出ない〉

新聞報道やテレビニュースでもたびたび取り上げられているように、転んだ際に顔面をかばうための手が出ない子どもが増えている。保育現場の先生方からもそうした声をよく聞く。その結果、転倒時に手で顔をかばう動きができない幼児がふえたことから、顔面を負傷するケースが多く報告されてい

る。元来、幼児は5〜6頭身のプロポーションで、重心が高く転びやすいが、それに加えて、顔をかばう動作ができないために顔や頭部の怪我がふえている。

〈ボールを顔面で受けてしまう〉

先にあげた「転んでも手が出ない」ことにも共通するが、自己の身体を守るための動きができない子どもが多くなっている。通常ボールは手や胸で受けるが、そのためには目と手の動きの協調（協応動作）が必要である。

マイネル[2]によれば、5歳ごろにはボールを投げたり、捕球したりする動作が安定するが、近年そうした能力も低下している子どもが多い。

こうした運動機能低下による各種の事象は、つまるところ慢性的な運動不足が主要因になっていると考えられる。

文部科学省「平成26年度 全国体力・運動能力、運動習慣等調査」では、子どもの運動習慣の二極化が危惧されている。

たとえば、小学生の「1週間の総運動時間」のデータをみると、週あたりの運動時間が60分未満という極端な運動不足の子どもが男子6.3％（うち運動時間ゼロが46.3％）、女子13.3％（同、37.4％）もいることが分かる[3]。

日常の歩行動作をみても、1980年（昭和55年）頃の小学生の1日の平均総歩行数が27,600歩程度であったのにたいして、2000年（平成12年）頃には約17,500歩程度と大幅に減少している[4]。

図12－2、12－3は、1964年（昭和39年）にはじまった体力・運動能力検査（握力・50m走・ソフトボール投げ・反復横とび）の結果及び体格の年次推移である。

子どもの体格については、一貫して向上を続けてきたが、1990年代後半以降は横ばいの状態である。一方、体力・運動能力については、反復横とびはピーク時の1985年（昭和60年）に比べて向上傾向が認められるが、他の3種目については1985年（昭和60年）頃と比べて低い水準にある。とりわけ、ソフトボール投げについては、低下の一途を辿り、依然として低水準のままである。

新体力テスト後の推移をみると、走・跳・投にかかる多くの項目で向上傾

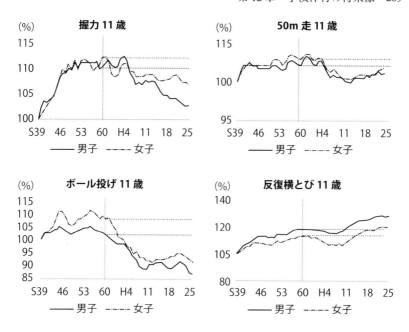

図12-2 体力・運動能力の推移

文部科学省「平成25年度体力・運動能力調査の結果について」、2014年。

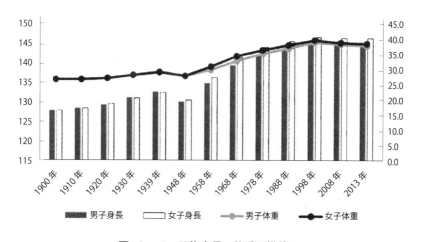

図12-3 平均身長・体重の推移

文部科学省「平成25年度体力・運動能力調査の結果について」、2014年。

向を示しているが、体力水準がピークであった1980年代半ばと比較すると、現状も低い水準にとどまっている。

　ところで、調査開始以来実施されていた「背筋力」及び「立位体前屈」が新体力テストへの移行にともない、1999年（平成11年）以降、測定種目から外れている。幅広い年齢層で測定が容易かつ怪我が少ない種目を優先した新体力テストの主旨に合致しないことが理由とされているが、計測中に怪我をする子どもが増えたことも理由であり、近年の子どもの体力低下の深刻さを物語る事態といえよう。

○体力・運動能力調査（通称；スポーツ・テスト）
　文部省が国民の体力・運動能力の現状を明らかにするとともに、体育・スポーツの指導と行政上の基礎資料を得ることを目的として、東京オリンピック開催年である1964年にはじめた調査で、小学生〜高齢者（〜79歳）を対象としている。
　ちなみに小学生の測定内容は、①握力、②上体起こし、③長座体前屈、④反復横とび、⑤20メートルシャトルラン（往復持久走）、⑥50メートル走、⑦立ち幅とび、⑧ソフトボール投げである。
　なお、1999年度から体格の変化やスポーツ医学・科学の発展、高齢化等を踏まえ、調査内容を全面的に見直して、「新体力テスト」へ移行している。また2008年度より、各国公私立学校、教育委員会が各児童生徒の体力や運動習慣、生活習慣等を把握し、学校における体育・健康に関する指導などの改善に役立てることなどを目的として、小学5年生・中学2年生を対象として、「体力・運動能力、運動習慣等調査」を導入している。

2）病気や怪我に関連すると思われる子どもの異常

　子どもの運動能力低下の主要因とされる運動不足は、肥満につながりやすい。肥満の全国平均をみると男子9.9％、女子7.8％と高く、肥満による弊害が指摘される現状においても改善されていないことが分かる[5]。

　秋田県では、2005年（平成17年）に子どもの生活習慣病予防健診を効果的に行うことを意図して、県内の小学生172人・中学生176人を対象として体

格状況及び血液検査結果を検討している。その結果、約20％が肥満傾向であり、全県的に肥満指導とともに血液検査結果の所見別の保健指導が重要で、小児期においても成人と同様に、「脂質検査」・「肝機能検査」及び「尿酸等の健診項目」を組み込んだ生活習慣病予防健診の必要性を指摘している[6]。

小学校4年生8,000人以上を対象とする大規模な小児生活習慣病検査を実施している香川県の検診結果[7]によれば、肥満傾向男子10.7％、女子7.7％であった。脂質（総コレステロール、LDLコレステロール、HDLコレステロール、中性脂肪）異常の割合は、男子10.2％、女子11.5％にのぼっている。糖尿病に関連するHbA1c検査結果では、糖尿病の疑い、あるいは発症リスクの高い児童が、男子12.0％・女子10.9％という結果であった。肝機能（AST、ALT、γ-GTP）の異常についても、男子12.4％・女子9.5％という高い値であった。同時に調査した生活習慣との関連から、食生活とともに身体的遊び（運動）をあまり行わない子どもは生活習慣病のリスクが高いことが報告されており、運動習慣の重要性を示唆する結果となっている。運動不足は運動能力を低下させ、怪我の発生にも繋がっている。子どもの怪我の状況については、日本スポーツ振興センターが毎年発行している「学校管理下の災害」に詳しい。

幼児や児童の部位別の怪我では近年、頭部及び顔面の怪我の割合が高くなっている。幼児では全体の60％（児童は約35％）程度にのぼっている[8]。元来、子どもの重心は高いため、転びやすく顔面の怪我は多いが、最近はそうした身体的な特徴とともに顔をかばう咄嗟の動き（防衛反射機能）ができないことに起因する顔面の怪我がふえている（図12－4）。

子どもの怪我の状況については、近年、少しのことで思わぬ大怪我をする子どもがふえていることを保育・教育現場で聞くことが多い。とりわけ、骨折をする子どもが多くなっている。骨折は当然のことながら、骨の強度に関係するが、「骨の粘弾性が高い」ことや「軟骨成分が多い」ことが影響して子どもは骨折しにくいとされるが、近年、子どもの骨折が増加しており、20年前に比べて約1.7倍に増加というデータもある[9]。原因については、栄養の偏りやプロポーションの変化とともに、運動不足が指摘されている。骨の

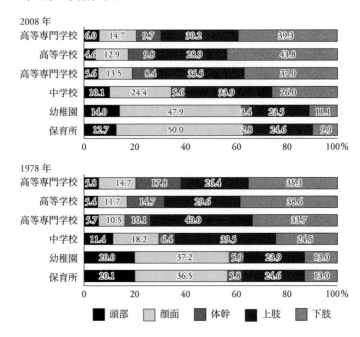

図 12－4　学校種別負傷部位

笠次良爾「学校管理下における児童生徒のケガの特徴について」、『Kansai 学校安全』6 号、2006 年。

成長には運動による骨への一定の負荷が必要であることから、運動不足が丈夫な骨の成長を妨げていると考えられる。

3）教師が実感する子どものからだの異常

子どものからだの異常について、1978 年（昭和 53 年）以降、6 回にわたり保育現場の実感を集約した報告がある[10]。

直近のワースト 5 をあげると、「アレルギー」、「授業中、じっとしていない」、「背中ぐにゃ」、「視力が低い」、「すぐ疲れたという」であった。

報告では、そうした事象から予想される問題（実体）として、「免疫異常」、「集中力の欠如」、「意欲・関心の低下」、「疲労・体調不良」、「抗重力筋の緊張不足」、「体感筋力の低下」、「視機能の発達不全・低下」、「意欲・関心の

低下」、「疲労・体調不良」をあげるとともに、前頭葉機能をはじめ、自律神経機能や内分泌機能などのからだの各種機能の低下を指摘している。こうした機能低下の原因のすべてを運動不足に求めることはできないが、その影響はことのほか大きいと推測される。

2　学習指導要領の変遷と学校体育

　前節では、近年の子どもの体力や健康をめぐる現状を検討した。その結果、運動不足に起因して、体力・運動能力だけではなく、生活習慣病の増加に見られるように子どもの健康面に関しても大きな課題があることが明らかになった。

　学校教育において、こうした課題解決に直接的な責任を負う教科は体育科であり、今後、どのように体育科教育を推進するかをあらためて問い直す必要があろう。そのためには、学校体育がどんな目的・内容で実践されてきたかを跡づける作業が必要になる。

　本節では、学校体育のねらいや学習内容を方向づけてきた学習指導要領の変遷を概観することで、体育科の課題について検討する。

(1) 体育における理念の変化
1)　身体の教育

　1872年（明治5年）の学制発布と同時に「体術科」としてスタートした体育は、現在にいたるまで大きく3度にわたり、その理念を変化させてきたが、1945年（昭和20年）の敗戦までは、体術科→体操科→体錬科と名辞を変えながらも、一貫して「身体の教育」として存在してきた。

　明治期には国家に貢献する従順な臣民育成を目指して、富国強兵の国策に貢献できる強い身体を形成することが重視された。ただし、明治初期の就学率は低く、1902年（明治35年）になって、ようやく男女合計の就学率が90パーセントを超えるようになった。

　1907年（明治40年）には小学校令の改正により、尋常小学校の修業年限

が6年に延長され、学制発布以降の義務教育もようやく本格化している。ちなみに、同年に改正された尋常小学校5、6年男子の体操科の内容は、「普通体操」、「遊戯」、「兵式体操」で構成され、週あたり3時間の配当時間であった。

　大正期の体操科は、1913年（大正2年）に公布された「学校体操教授要目」により規定され、体操中心の内容であった。同年改正された小学校令・同施行規則によると、尋常小学校体操科3〜6年の内容は、「体操」、「教練」、「遊戯」であり、週あたり3時間の配当であった[11]。

　国民スポーツに目を向けると、1912年（大正元年）のストックホルム・オリンピック参加や1917年（大正6年）の第3回極東選手権東京大会開催など、大正期に日本のスポーツは国際進出を果たしている。その結果、以降の学校体育にもスポーツの影響が見られるようになる。体操中心の体育から、スポーツ（遊戯）中心の体育への移行であり、1926年（大正15年）の学校体操教授要目の改正にも影響を与えたとされる[12]。

　その一方で満州事変や日中事変が勃発したことから、文教政策にたいする国家統制が強まっていく。1941年（昭和16年）には国民学校令・同施行規則が公布され、戦時下教育へと舵を切ることになった。それにともない、長く親しまれてきた体操科の名称が体錬科へと変更されている[13]。

　体錬科の目的は、「体錬科は身体を鍛錬し精神を錬磨して闊達剛健なる身心を育成し献身奉公の実践力に培うを以て要旨とす」と示され、「体操」、「教練」、「遊戯競技」、「衛生」の4領域から構成され、戦時下の影響を強く受けた内容になっている[14]。

2）運動による教育（前期）

　学制発布以降、長期にわたり「身体の教育」を理念とする体育が続いたが、1945年（昭和20年）の敗戦を契機に大きくその理念も変化することになった。1946年（昭和21年）に出された「日本教育制度ニ対スル管理政策（G.H.Q）」及びアメリカ教育視察団報告書は、戦後の日本の学校教育に大きな影響を与えることになり、翌年には文部省が「学校体育指導要綱」を公布し、戦時

に使用されていた「体錬科」の名称も「体育科」へと変更された。

学校体育指導要綱では、経験主義教育を基盤とするアメリカの「新体育」という体育思想を導入して、体育科は教育の全体目標を達成するために、国家主義的学校体育から民主的な人間形成を標榜する教科へと転換がはかられた。

その結果、戦中の体錬科教授要目における統制的性格が取り除かれ、自主的なカリキュラム作成が奨励されるなど、教育の民主化が推し進められることとなった。

体育の目標は、「①身体の健全な発達、②精神の健全な発達、③社会的性格の育成」の主要目標と37の具体的目標から構成されている。とりわけ、「社会的性格の育成」という社会性の育成が強調され、民主的な人間形成をねらいとする体育への転換が強調された[15]。

こうした体育理念の転換により、取り上げる教材や学習方法も大きく変化することとなる。すなわち、体操中心の教材からスポーツ中心の教材へとシフトするとともに、教師の一斉指導から子ども中心の問題解決学習へと変化している。

先の学校体育指導要綱は、戦後の新しい学校体育の方向性を示したが、一方で具体的な問題については未解決な事項が多く残されていた。また、指導要領としての体裁が整っていないことから、早期に学習指導要領を示す必要があった。そうした中、1949年（昭和24年）に「学習指導要領小学校体育編（試案）」が作成・出版されている。

①健康で有能な身体を育成する、②よい性格を育成し教養を高める、という2つの目標とともに、「身体均整に発達させる」、「責任感を高め、完工（ママ）の態度を養う」など、計21の具体的目標から構成されている。

なお、この頃から体育と保健の関連性に関する議論が起こっているが、運動と衛生（保健）の緊密な連携を謳（うた）いながらも、衛生（保健）の内容は本書から省かれている。ちなみに、中学校、高等学校の「体育科」が、この年から「保健体育科」に改められている。

なお、1947年（昭和22年）の学校体育指導要綱と同様に「学習指導要領

小学校体育編(試案)」でもアメリカ体育の影響は大きく、その意味では前の要綱と大きな変更はなかったといえよう[16]。

1952年(昭和27年)4月には、サンフランシスコ平和条約が発効し、連合国による占領状況から独立を回復した。よって翌年の「学習指導要領小学校体育編(改訂版)」は、日本が独立回復後はじめて示した学習指導要領となる。

体育科の一般目標は、①身体の正常な発達を助け、活動力を高める、②身体活動を通して民主的生活態度を育てる、③各種の身体活動をレクリエーションとして正しく活用することができるようにする、の3点から示されている。

この学習指導要領の特徴は、生活体育として運動の生活化をはかったことである。具体的には、「経験単元」や「行事単元」を取り入れて、低体力を指摘されていた当時の子どもたちの体力向上を主なねらいとしていた。

ちなみに、学習内容は、「力試しの運動」、「固定施設を使った遊び(低学年のみ)」、「徒手体操(高学年のみ)」、「リレー(中、高学年)」、「ボール運動」、「リズムや身振りの遊び(高学年はリズム遊び)」、「鬼遊び」、「水遊びや雪遊び(中・高学年は水泳、スキー、スケート)」であった[17]。

以上、この時期はアメリカ体育の導入とともに民主化政策につよく影響を受けた時期であった。

3) 運動による教育(後期)

学習の生活化をねらいとする経験主義が学校教育の主流をなしてきたが、基礎学力の低下が明らかになるにつれ、「這い回る経験主義」との非難が高まってくる。

体育科においても同様で、科学的な研究成果に基づく系統的な指導が求められることになり、子ども中心主義の生活体育にたいする批判が高まることとなる。

1958年(昭和33年)の学習指導要領では、系統的・効率的に知識や技術を身につけさせることが重視され、以下の目標が示された。

① 各種の運動を適切に行わせることによって、基礎的な運動能力を養い、心身の健全な発達を促し、活動力を高める。
② 各種の運動に親しませ、運動のしかたや技能を身につけ、生活を豊かにする態度を育てる。
③ 運動やゲームを通して、公正な態度を育て、進んで約束やきまりを守り、互に協力して自己の責任を果すなどの社会生活に必要な態度を養う。
④ 健康・安全に留意して運動を行う態度や能力を養い、さらに保健の初歩的知識を理解させ、健康な生活を営む態度や能力を育てる。

この要領の特徴は、目標の1番目に、「運動能力」に関する目標を掲げ、運動技能の向上を大きなねらいとした点にある。生活体育で子どもの経験が優先された結果、科学的・系統的な運動技術の指導が不十分であったことへの対応である。また、それまで具体的に明示されてこなかった保健や安全に関する目標も明文化されている。

内容は「徒手体操」、「器械運動」、「陸上運動」、「ボール運動」、「リズム運動」、「その他の運動（すもうや水泳など）」から構成されていた。

1964年（昭和39年）には東京オリンピックが開かれ、日本の戦後復興を広く世界に印象づけることとなる。国民のスポーツにたいする意識も大きく変化し、体育やスポーツへの関心も高まっていったが、オリンピックでの成績不振は、体育における基礎体力や基礎技能向上の必要性を迫ることになった。

1968年（昭和43年）告示の学習指導要領は、こうした社会状況を反映した内容になっている。すなわち、総則で学校教育活動全体を通しての体力向上を謳うとともに、体育科では体力向上を目標の1番目に掲げることで「体力づくり」を体育指導の中心に置くことを鮮明にしている。各学校では「体育朝会」や「行間体育（2時間目後の長めの休憩時間）」を設定して、精力的に子どもの体力向上に取り組むことになった。その結果、体力・運動能力検査の記録は1980年頃から半ばにかけて向上していくことになったが、一方で、

「スポーツ好きの体育嫌い」と称されたように、教師主導の体育的取り組みは、皮肉なことに子どもの体育嫌いを生むこととなった。

以上のように、「運動による教育」を理念とする学校体育は、運動の生活化→運動技能向上→体力向上とそのねらいを変遷させつつ、「運動の教育」と呼ばれる体育へと続くことになる。

ちなみに、1964年（昭和39年）に「体力・運動能力検査（通称；スポーツテスト）」がはじまり、以後50年以上にわたり貴重なデータを蓄積しつつ現在にいたっている。

4）運動の教育

1970年代に入り日本経済が復興を遂げると、国民生活も向上するとともにスポーツにたいする意識も変化していく。単に健康維持のための手段としてではなく、生活を彩る文化としてスポーツを捉え、生涯を通してスポーツ活動を享受しようとする生涯スポーツの理念へと発展していく。このようなスポーツにたいする意識は運動を手段とする捉え方から運動それ自体に価値を見出そうとする捉え方へと変化していくこととなる。体育科もそうした影響を受け、「運動による教育」から「運動の教育」へと理念を転換させていく。

1977年（昭和52年）の学習指導要領では「基礎的・基本的内容の重視」と「ゆとり」がキーワードとなる改訂が行われた。体育科では、「運動による教育」への反省から、子どもの自発的な活動を重視した内容へと転換がはかられ、「楽しい体育」と呼ばれる運動の楽しさや喜びを味わわせる体育が目指された。その結果、体育科の目標は体力向上よりも運動のもつ楽しさ経験（運動に親しませる）を重視する姿勢を明確にすることになる。

ところで、1984年（昭和59年）に設置された臨時教育審議会は、その後の日本の教育全般に多大な影響を与えることとなった。学校教育においては、学習の「個性化」・「自己学習能力」の育成が大きな課題となり、1989年（昭和64年）の学習指導要領では、戦後最大といわれる学習観の転換がはかられることになった。「基礎・基本の重視」、「個性を生かす教育」、「自己教育力の育成」という新しい学力観の提唱であった。

しかし、学力観の大転換は教師の戸惑いにもつながり、当初は多くの混乱を招く事態となった。体育科においても、「運動の楽しさ」、「個別化・個性化の重視」の意図が十分に浸透せず、放任ともとれる授業も散見されることとなり、運動の基礎的・基本的な内容の定着が課題となっていく。

1998年（平成10年）の小学校学習指導要領の改訂では、「生きる力」の育成を基本として、体育科では以下の要点にそって改訂がすすめられた。

① 生涯にわたる豊かなスポーツ実践の基礎を培うことを重視し、各種の運動に親しみ運動が好きになるようにする。
② 心と体を一体としてとらえ、運動の楽しさや心地よさを味わうことで体調を整え、自発的に体力を高めることができるようにする。
③ 適切な課題を設定するとともに、その解決を目指す活動が工夫できるようにする。
④ 個に応じた指導を充実させるとともに実態に応じて弾力的に運動を取り上げることができるようにする。
⑤ 自己の健康を改善・管理する能力を培い、健康なライフスタイル確立の観点から内容の改善をはかる。

内容については、高学年に「体力を高める運動」と「体ほぐしの運動」から構成された「体つくり運動」が新設された。また、高学年だけに配当されていた「保健」領域が、子どもの生活環境や健康状況の悪化に鑑み、中学年から配当されるようになる。

実はこの改訂において、はじめて「心と体を一体としてとらえ」という表現が取り入れられた。スペンサーの教育論（知育・徳育・体育の3育論）に強い影響を受けてきた日本の学校教育においては、身心二元論的な教育観が潜在していたと思われる。体育科においても、明治期以降、その影響を強く受けてきたと考える。しかし、1945年（昭和20年）の敗戦以降、そうした人間観、教育観は急速に弱まり、すでに二元論的な思想は実質的には過去の遺物であったが、この改訂にいたって、名実ともに身心を不可分とする体育

観が確立されたといえよう。

その後、2006年（平成18年）公布の新教育基本法や学校教育法（2007年公布）の改定を受け、2008年（平成20年）に新学習指導要領が告示された。21世紀を知識基盤社会と位置づけ、「確かな学力」、「豊かな心」、「健やかな体」の調和を重視し、引き続き「生きる力」の育成を目指している。

体育科の目標・内容も前回とほぼ同じながら、生涯スポーツへの対応を一層鮮明にしたことが特徴といえよう。

内容については、基礎的な「身体能力」の育成をはかり、指導内容の明確化・体系化がはかられた。改訂の背景には、子どもの体力や健康の現状にたいする危機意識があり、低学年から、体つくり運動を配当している。

ここまで「身体の教育」と呼ばれる明治以降の体育から、戦後の「運動による教育」及び「運動の教育」という日本の学校体育の流れを概観した。この間、体育の目標・内容はつねに時代の要請を受け、変遷しながらも一貫して子どもの体力や健康の保持・増進に貢献することを求められてきた。しかしながら、学校現場の教師はもとより、関係する人々の努力にもかかわらず、近年の子どもの体力や健康の危機的状況は先に見た通りである。こうした状況を招いた要因は学校体育だけにあるのではなく、家庭や社会の負うべき責任も大きい。しかし、子どもの体力や健康に直接かかわる教科として、学校体育が子どもの健康問題にいかに対応すべきかを問い続けることが必要である。

○子どもの「身体活動」国際比較

日本を含む世界20カ国の11歳児の「活動的な身体活動（1回30分以上、心拍数（脈拍）120拍以上）＋平日2日以上」調査（ユネスコ）によると、日本は男子37％、女子27％で最下位であった。ちなみに、1位：オーストリア（同89％、83％）、2位：ドイツ（同83％、74％）、3位：アメリカ（同74％、65％）、4位：フランス（同80％、54％）であった。

宮下[*]はVincentらのアメリカ、スウェーデン、オーストラリアの子ども（6〜12歳児）の歩行数調査の結果を紹介している。それによるとアメリカの子

どもの歩行数が最も少なく、男子 12,554 〜 13,872 歩、女子 10,661 〜 11,383 歩であり、BMI による過体重の割合が最も多い（男子：33.5％、女子：35.6％）ことを報告している。一方、スウェーデンの子どもが最も活動的（同 15,673 〜 18,346 歩・12,041 〜 14,825 歩）で過体重の子どもの割合が最も少なかった。日本では近年、大規模な調査は行われていないが、笹川スポーツ財団（2011）によれば、10,000 〜 13,000 歩（11 歳児）でピーク時の 50％に減少している。国際的にみても日本の子どもの運動不足は深刻な状況にあるといえよう。

（＊　宮下充正『子どもに体力をとりもどそう』、杏林書院、2007 年、3 〜 7 頁。）

3　子どもの危機的状況への対応

　近年の子どもの体力や健康問題に体育科はいかに対応すべきか、本項ではその課題解決へ向けて若干の私見を述べたい。

　すでにみたように、子どもの体力不足や健康問題に関する事象は多岐にわたっているが、つまるところそうした事態は日常的な運動経験の不足に起因していると考えてよい。そうであるならば、子どもの体力不足や健康問題の解決には、日常的な運動経験の継続が有効となろう。しかし、運動実践の二極化が問題となっている現状においては、学校外での取り組みよりもまずは学校において取り組み可能な対応策を講じることがより現実的である。

　先にみたように、「運動による体育」と呼称された戦後の学校体育の時期にも「子どもの体力・運動能力」の向上をはかるために、さまざまな取り組みが実践されていた。教科としての体育科の時間だけでなく、全校での体育朝会や行間体育と呼ばれた学校あげての取り組みである。その結果、短期的には体力・運動能力検査の結果は向上したが、「運動嫌い」の子どもを量産し、その後の体力低下へと繋がったことを忘れてはならない。

　そこで、当面の対応策として、1983 年（昭和 58 年）にスイスではじまり、ドイツにも拡がりを見せている「動きのある学校」の導入を提言する。近藤ら[18]の報告によれば、基本理念は学校教育全般にわたり運動を取り入れながら

学習を進めることで健康や体力の保持増進をはかろうとするものである。具体的な取り組みとして、①動的な学習空間、②運動休憩、③動的な座位、④動的な授業、⑤動的な体育（スポーツ）授業、⑥教科外の運動機会の充実、⑦休み時間の運動の充実がある。実際の様子としては、キャスター付きの椅子や机が配置され、授業中でも子どもはグループ活動のために自由に動くことができたり、算数や国語等の授業の途中で簡単なストレッチやダンス、リラクゼーション体操を取り入れたりしている。また通常の椅子に代えてバランスボールを用いたり、座位姿勢だけでなく、立位姿勢や動きながら授業を進めたりしている。その他、校舎内にも遊びスペースを設けたり、放課後には地域の人材をスポーツ指導者として活用したりしている。

　日本の体力・運動能力向上の取り組みは、スポーツテストの点数アップにばかり目が向けられる傾向にあると思われる。しかし、真に重要なことは人並み外れた強靭な体力やスポーツ技能に長けた人材育成が必要なのではなく、アメリカのフィットネス教育の理念である「健康や日常的な身体活動の継続を重視する」ことを前提に、子どもの体力や健康問題に対応することであると考える。

　先にあげた7つの取り組みすべてを実践するには課題も多く、短時間で達成できるものではない。しかし、教師の意識を変えるだけで実践可能な取り組みも多い。子どもが学ぶとはまさに「身体を通して学ぶ」ことが基本であり、「動きのある学校」における取り組みは近年の子どもの体力や健康問題の解決に大きな示唆を与えている。加えて、当面の課題として保健分野の指導の充実を指摘しておきたい。

　高学年に加え、中学年においても保健の授業が必修化された。低学年においても運動指導時に保健に関する指導を行うことが求められている。先にみたように、子どもの生活習慣病が危惧される状況にあり、保健指導の充実は一層重要になっている。しかし、現実の学校現場ではいかほどの保健指導が行われているのか。具体的なデータはもち合わせていないが、小学校へいく機会が多いものとして、「ほとんど実践されていない」というのが実感である。「身体形成の科学を学ばせ、将来にわたるからだづくりの意欲を形成

する基本姿勢はわすれてはならない」[19]という体育の教育力に関する言説は、現在の体育指導のあり方への警鐘であるとともに、保健指導充実の必要性を指摘するものと解してよいであろう。

ところで、長期的なスパンで近年の子どもの体力や健康問題を考えると、上述した「動きのある学校」や保健指導の充実に加え、新たな方策もみえてくる。

戦後、数多の改訂を繰り返してき学習指導要領は、その時代の要請に応じて目標・内容を変遷させてきた。すでに、2014年（平成26年）11月には文部科学大臣から中央教育審議会へ次期学習指導要領の諮問がなされているが、文部科学省では子どもの体力・運動能力低下の原因として、大要以下の5点をあげている。

① 外遊びやスポーツの重要性の軽視
② 日常的な身体活動機会の減少
③ 「3間」(時間、空間、仲間) の減少
④ 指導者力量の不足
⑤ 生活習慣の乱れ

上記①については、依然として保護者には知識偏重の意識が潜在していることを示しており、その転換には相当な時間が必要であろう。その他、④を除いては、学校現場や教師の対応だけでは解決できない問題である。ただし、指導者力量については近年とくにスポーツ指導ができる人材（教師）不足が懸念されているが、外部人材を積極的に活用することで一定の解決をはかることができよう。

以下に本章のまとめにかえて、長期的な視点から学校体育を展望してみたい。

現行では、子どもの体力低下を受けて、小学校体育科の配当時間は第1学年：102時間、第2〜4学年：105時間、第5・6学年：90時間となり、前回の改訂時に比べ、低中学年で増加したが、子どもの体力や健康維持増進をはかるには配当された時間だけでは不十分である。ピーク時に比べて極

端に子どもの身体活動機会・時間が減少している現在、さらなる体育科の配当時間の大幅増が期待されるが、実現性はきわめて乏しいことから、以下の3点を提案したい。

① 体育科の配当時間を基本的にはすべて「体つくり運動」と「保健」の時間に充てる。
② 放課後にはすべての体育施設を開放して、1時間程度を子どもの自主的なスポーツ活動に充てる。
③ 社会スポーツの基点として、クラブハウスを備えた体育施設を新設して、すべての地域住民に開放する。

　現在の学校体育の考え方の根底には、小学校で各種の運動の楽しさ・喜びを味わわせることで運動への愛好的態度を育て、中学校では自己に適した運動・スポーツを見つけ、高校でその運動・スポーツ活動を深めることで、生涯にわたるスポーツ実践者を育てるという暗黙の前提がある。また、幼児から児童前期は「基礎的運動の段階」といわれ、人間の運動発達をはかるうえで最も重要な時期であり、この時期の運動経験が成人以降の運動能力に決定的な影響を与える[20]。
　近年の子どもの体力や健康の危機的状況を考えるとき、体力向上や基本的動作の習得を主なねらいとする「体つくり運動」に体育の全配当時間を充てるとともに、保健指導を通じてからだづくりの意義を理解させることで基礎的体力や基本的な体の動きの習得が保障されよう。ただし、各種の運動・スポーツの経験が制限されることから、放課後の自主的なスポーツ活動として、各種の運動・スポーツの楽しさや喜びを体感させる。ここでいう「自主的な」とは、児童自ら参加するスポーツを選択するとの意味であり、自由参加ということではない。指導者については教師だけでなく、社会スポーツの指導者や地域の人材を有効に活用する。
　さらに、生涯スポーツを念頭に地域の社会体育の拠点として、新たに老若男女すべての地域住民が参加できるクラブハウス等を備えた施設の整備が

望まれる。欧米に比べて社会体育施設が見劣りする日本においては、今後一層の高齢化社会到来は避けて通れない。施設整備にかかる費用は嵩むことになろうが、長期的にみれば健康寿命の延伸をはじめ、豊かなスポーツライフの実現が期待されることからそのメリットは大きい。

　2015年（平成27年）10月、文部科学省の外局としてスポーツ庁が発足した。生涯スポーツ社会の実現へ夢が膨らむ想いである。一方で、現状における子どもの体力や健康の状況を思うとき、学校体育がスポーツ庁へ移管したことに一抹の不安を覚えるのは筆者だけであろうか。競技スポーツだけでなく、学校体育、地域スポーツが真に充実したものとなるようスポーツ庁の機能が十分に発揮され、日本の体育・スポーツが一層充実・発展することを強く期待したい。

○東京オリンピックと次期学習指導要領

　2020年夏季オリンピック・パラリンピックの東京招致決定時の興奮は、今も記憶に新しい。同一都市で二回の開催はアジアで最初であるため、ひときわその歓喜の声は大きかった。他方、次期学習指導要領は2020年から2030年頃を想定しており、オリンピック開催が当然視野に入ってくるであろう。

　前回東京オリンピック（1964年）の際には、文部省（当時）はオリンピックの基礎知識や国際親善・世界平和を盛り込んだ「オリンピック読本」を小中学生向けに作成・配布した。これから考えると次期学習指導要領でも体育（保健体育）だけでなく、国語や社会、英語等においてもオリンピックが取り上げられると思われる。

　体育（保健体育）においてはスポーツ離れが指摘される現状において、東京オリンピック・パラリンピック開催を機に、スポーツへの関心をより一層高め、「する、みる、支える」などの多様なスポーツとのかかわり方を学び、スポーツのもつ価値を広く普及させるようになるであろう。

　保健においては、現代的な健康課題（高齢化・疾病構造の変化など）の解決に役立つように、更なる学習内容の充実が求められ、課題解決的な学習や自他の健康の保持増進を目指した主体的・協働的な学習の充実等を図っていくことがその方向となろう。

注

1. 猪飼道夫『日本人の体力』、日本経済新聞社、1976 年、107 頁。
2. マイネル .K（金子明友訳）『マイネル スポーツ運動学』、大修館書店、1988 年、308-310 頁。
3. 文部科学省『平成 26 年全国体力・運動能力、運動習慣等調査結果報告書』、2014 年、118 頁。http://www.mext.go.jp/a_menu/sports/kodomo/zencyo/1353812.htm（11 月 12 日アクセス）
4. 中村和彦『子どものからだが危ない』、日本標準、2004 年、32 ～ 34 頁。
5. 文部科学省『平成 26 年全国体力・運動能力、運動習慣等調査結果報告書』、2014 年、114-115 頁。http://www.mext.go.jp/a_menu/sports/kodomo/zencyo/1353812.htm（11 月 12 日アクセス）
6. 髙階光榮ほか「児童・生徒の生活習慣病予防健診における健診項目に関する検討」、『秋田県公衆衛生学雑誌』第 4 巻 1 号、2006 年。
7. 香川県健康福祉総務課『平成 26 年度小児生活習慣病予防健診の結果の概要』、2014 年。http://www.pref.kagawa.lg.jp/content/etc/web/upfiles/w7apzy150608102728_f04.pdf（11 月 12 日アクセス）
8. 笠次良爾「学校管理下における児童生徒のケガの特徴について」、『Kansai 学校安全』6 号、日本スポーツ振興センター大阪支所、2006 年。
9. 大分県教育庁体育保健課『チャレンジ "おおい" 体力アップ―指導者用ハンドブック』、2011 年、7 頁。
10. 子どものからだと心白書 2013 編集委員会『子どものからだと心白書 2013』、ブックハウス・エイチディ、2013 年、56 ～ 59 頁。
11. 井上一男『学校体育制度史』、大修館書店、1971 年、75 ～ 76 頁。
12. 同上、89 ～ 90 頁。
13. 文部省『学制百年史』、帝国地方行政学会、1972 年、552 頁。
14. 井上一男、前掲書、124 ～ 125 頁。
15. 弘中栄子「新体育の出発」、前川峯雄・弘中栄子・高橋健夫編『戦後学校体育の研究』、不昧堂出版、1973 年、61 ～ 65 頁。
16. 井上一男、前掲書、161 ～ 164 頁。
17. 高橋健夫「新体育の出発」、前川峯雄・弘中栄子・高橋健夫編『戦後学校体育の研究』、不昧堂出版、1973 年、90 ～ 94 頁。
18. 近藤ほか「ドイツとスイスにおける『動きのある学校』の理念の拡がりとその事例について」、『体育学研究』Vol.58、2013 年、343 ～ 360 頁。
19. 岸本肇『体育の教育力』、大学教育出版、2006 年、35 頁。
20. ガラヒュー，D.L.『幼少年期の体育』、大修館書店、1999 年、69 頁。

●関連文献紹介

① 日本発育発達学会編『子どもと発育発達』、杏林書院（2003年4月以降、不定期刊行）

　子どもの体力や健康を多面的にとらえ、健康な発育発達を考えていく専門誌である。幼児・小学生の健康に関する時事的話題を中心に幅広い分野の情報を取り上げている。たとえば、子どもの体力を形態的な側面や機能的な側面にとどまらず、脳神経系の発達的側面や学校教育の側面などあらゆる分野の研究成果を取り上げている。加えて、幼児教育や初等教育指導者を対象に運動やスポーツ指導の具体的な指導法を連載するなど、実践に役立つ多くの情報を提供している。

② 子どものからだと心・連絡会議『子どものからだと心白書2013』、ブックハウス・エイチディ、2013年

　本書は、「生存」・「保護」・「発達」・「生活」の4観点を中心にして、子どもの「からだ」と「心」に関するトピックを取り上げている。また、日本国内にとどまらず、子どものからだや心に関する諸外国の動向はじめ、豊富な統計資料を提供している。さらには、各種の統計資料及び独自調査による資料を提供・分析しており、現代の子どもたちの問題や実態を読み解くことのできる一冊である。

③ 宮下充正『子どもに体力をとりもどそう』、杏林書院、2007年

　スポーツ科学・健康科学の第一人者である著者が、「学力」偏重をアンチテーゼとして、子どもの「体力」の重要性を主張する一冊である。諸外国を含む運動不足の実態、身体活動能力・基本動作・たくましさの発達をはじめ、体育の重要性や運動指導者の役割、遺伝と環境の相互作用、子どもの身近な存在である親や教師へのからだづくりの基本について、豊富な資料に基づき詳しく解説している。

④ ロジェ・カイヨワ（多田道太郎・塚崎幹夫訳）『遊びと人間』、講談社、1990年

　ヨハン・ホイジンガの「ホモ・ルーデンス」に影響を受けた著者が人間にとっての遊びの本質を追求した一冊である。遊びの基本的範疇を「アゴン（競争）・アレア（偶然）・ミミクリ（模倣）・イリンクス（目眩）」の4つに分類するとともに、すべての遊びは2つの相反する極「パイディア（統制されない遊戯）・ルドゥス（秩序だった遊戯）」の間に配置できるとする。

　子どもの遊びの本質を考える際に、彼の遊びの4分類論は大いに役立つ。「ホモ・ルーデンス」とともに、人間の遊びを人類文化の観点から捉えた名著である。

⑤ 河合美香編著『健康づくり政策への多角的アプローチ』、ミネルヴァ書房、2015年

　現代社会において、国民の健康維持は国民自身の関心として高まりをみせるとと

もに政府の健康政策としてさまざまな取り組みが実践されつつある。本書は現代日本における健康政策の具体的な課題について、社会環境（医療制度や教育制度）や自然環境などの多角的な視点から検討を加えており、高齢化社会を迎えた日本の健康づくりを考えるうえで多くの示唆を与えてくれる。

トピックス4．TOKKATSU

　TOKKATSUとは、「特活」のローマ字表記である。「特活」とは、「特別活動」の略称であり、学校教育の現場では、フルネームよりもこの略称が広く使われている。

　「特別活動」は、いうまでもなく、小、中、高等学校等の教育課程を構成する教育活動の1領域であり、教科、道徳、総合的な学習の時間、外国語活動とともに、「人格の完成」を目指す学校教育の重要な一翼を担っている。

　特別活動は、歴史的な成り立ちや活動内容、指導方法から見て、顕著な日本的な特色をもつ教育活動である。

　第一は、知的教育に偏らない全人教育を目指していることである。小原国芳著『学校劇論』（大正12年）や1951年に教科外活動の教育課程化がはかられた時の文部省の考え方に表れているように、教科の教育と教科外活動の指導とが相互に補完し、還流することによって初めて全人教育、調和的な人間形成が可能になるという考え方が特別活動を支えている。

　この理念が日本の教育の伝統になっている。

　第二は、望ましい学級集団や学校集団を形成することが目指されることである。手塚岸衛著『自由教育真義』（大正11年）では児童の自治と協同に基づく「学級王国」づくりの重要性が説かれている。

　第三は、児童・生徒の自主性が尊重されることである。自ら考え、判断し、行動する能力や資質の形成が目指される。

　第四は、今の生活をより良く変えていくための実践的活動を基軸にして学習が展開されることである。特別活動の原則は「なすことによって学ぶ」ことにある。

　歴史的にみると、現在の「特別活動」は、「課外活動」「自由研究」「教科以外の活動」「特別教育活動」などの名称で呼ばれてきた。しかし、それらを通底している教育活動としての特色は、全人教育、集団性・社会性、自主性、生活性・実践性という4点に求めることができる。そうした特色が、諸外国の学校教育には見られない日本ならではの独自な教育的伝統に基づく学校文化を形成してきたと見ることができる。

　標題に掲げたTOKKATSUは、現在の特別活動を「日本型」教育モデルとして捉えたうえで、その国際化をはかるために考案された名称である。端的にいって、諸外国は、日本の特別活動の理論や実践を自国の学校教育に取り入れることを望んでおり、日本政府はそれに対応して特別活動の海外への「輸出」をはかる方策を検討している。その両者の共通の用語としてTOKKATSUが使われているという構図である。

　こうした動向を象徴的に現している国際シンポジウムの事例を紹介すると、2015年12月5日に、東京大学において、「21

世紀教育モデルの構築　『日本型』教育モデルの国際的可能性と課題を問う」と題するシンポジウムが開催された。主催は東大の学校教育高度化センターである。パネリストは、世界授業研究学会会長（シンガポール国立教育研究所）、JICAの専門員、OECD教育局シニア政策アナリストなどであるが、東大の恒吉僚子センター長が、「『TOKKATSU』の国際モデル化：『日本型』教育の可能性と課題」と題して問題提起をされていることが注目される。

呼びかけのための「シンポジウムの概要」には、次のような一文が見られる。

「『日本型』教育モデルを国際モデル化した第一段階が『授業研究』（lesson study）であるとすると、より人格形成的な色彩が強い実践が国際モデル化する第二段階が現在『特別活動』（tokkatsu）の国際化として展開されつつある。」

「日本型」教育の導入が進められつつある国として、JICAの関与によるエジプト、モンゴルがあげられている。インドやミャンマーでもTOKKATSUに強い関心が寄せられている。

JICAの報告によると、2014年には、特活など日本型教育の視察のために79ヶ国617人の海外の教育関係者が来日している。こうした動向に対応して、文科省では2016年度概算要求の中で「日本型教育の海外展開（新規）1億5千万円」を取り上げている。TOKKATSUは、そうした日本型教育の海外展開のための取り組みの最先端に位置しているとみることができる。

日本の特別活動の何が世界の注目を集めているのか、新聞報道などからは、小、中学校での清掃、給食、各種の当番活動や日直、クラブ活動や部活動、道徳心や規律、各種の自治活動等に関心が寄せられている様子が伝わっている。

現在、中教審で進められている次期学習指導要領の改訂のための「論点整理」においても、上に紹介したTOKKATSUをめぐる動向が、特別活動をより重視すべき理由として取り上げられている。

翻って、特別活動の理論や実践の実態を見ると、授業時数の確保、教員の意識のあり方、児童・生徒の活動への意欲のあり方等、実に多くの問題点や課題を内包している。内からみた、あるいは当事者意識に立った特別活動の内実のあり方が問われている。国際的な発信に値する内実をつくるための理論的、実践的な研究の広がりと深まりが期待されている。

（山口　満）

略歴一覧

村田　翼夫（むらた　よくお：序、第3章）　編者、奥付参照

上田　学（うえだ　まなぶ：序、第1章）　編者、奥付参照

岩槻　知也（いわつき　ともや：序、第5章）　編者、奥付参照

谷川　至孝（たにがわ　よしたか：第2章）
　1956年生まれ。京都女子大学教授。専攻は教育行政学。
　主要著書
　　「『子どもの貧困』対策から『子どもの社会的包摂』へ：家族主義＝自己責任論を乗り越える」、『佛教大学総合研究所共同研究成果報告論文集』、2015年。「福祉多元主義のもとでの英国教育政策の展開：ボランタリー・アンド・コミュニティ・セクターの活動」、『日本教育行政学会年報』34号、2008年。

井坂　行男（いさか　ゆきお：第4章）
　1961年生まれ。大阪教育大学教授。専攻は特別支援教育学（聴覚障害教育）。
　主要著書
　　編著『かずを学ぶ、りょうを学ぶ〜身体を通した学びの支援から知識を通した学びの支援まで』、明治図書、2008年。共著『はじめの一歩―聾学校の授業―』、聾教育研究会、2012年。「特別支援教育制度」（村田翼夫・上田学編『現代日本の教育課題―21世紀の方向性を探る』、東信堂、2013年、所収）。共著『特別支援教育総論―歴史，心理・生理・病理，教育課程・指導法，検査法―』、風間書房、2015年。

内海　成治（うつみ　せいじ：第6章）
　1946年生まれ。京都女子大学教授・兼京都教育大学大学院連合教職実践研究科教授。博士（人間科学）。専攻は国際教育協力論、ボランティア論。
　主要著書
　　『国際教育協力論』、世界思想社、2001年。共編著『ボランティア学を学ぶ人のために』、世界思想社、1999年。編著『初めての国際協力―変わる世界とどう向き合うか』、昭和堂、2012年。

堤　正史（つつみ　まさふみ：第 7 章）

1954 年生まれ。大阪成蹊大学教授。博士（哲学）。専攻は哲学・倫理学・道徳教育。

主要著書

単著『ヤスパースとハイデガー―形而上学のゆくえ―』、晃洋書房、2014 年。「道徳教育の現状と課題―慣習的道徳と反省的道徳を共に生かす教育」（村田翼夫・上田学編『現代日本の教育課題―21 世紀の方向性を探る』、東信堂、2013 年、所収）。共著『現代哲学の真理論―ポスト形而上学時代の真理問題―』、世界思想社、2009 年。共著『道徳教育論―対話による対話への道徳教育―』、ナカニシヤ出版、2003 年。

宮崎　元裕（みやざき　もとひろ：第 8 章）

1975 年生まれ。京都女子大学准教授。専攻は比較教育学。

主要著書

共著『世界の宗教教科書』、大正大学出版会、2008 年。共著『世界の公教育と宗教』、東信堂、2003 年。

佐野　通夫（さの　みちお：第 9 章）

1954 年生まれ。こども教育宝仙大学教授。博士（教育学）。専攻は教育行政学。

主要著書

単著『子どもの危機・教育のいま』、社会評論社、2007 年。単著『日本植民地教育の展開と朝鮮民衆の対応』、社会評論社、2006 年。単著『アフリカの街角から』、社会評論社、1998 年。

久保田　賢一（くぼた　けんいち：第 10 章）

1949 年生まれ。関西大学総合情報学部教授。Ph.D. in Instructional Systems Technology (Indiana University).　専攻は教育工学、学習環境デザイン。

主要著書

編著『高等教育におけるつながり・協働する学習環境デザイン：大学生の能動的な学びを支援するソーシャルメディアの活用』、晃洋書房、2013 年。共編著『大学教育をデザインする：構成主義に基づいた教育実践』、晃洋書房、2012 年。共編著『最適 (OPTIMAL) モデルによるインストラクショナルデザイン：ブレンド型 e ラーニングの効果的な手法』、東京電機大学出版部、2009 年。

山野　てるひ（やまの　てるひ：第 11 章）

1956 年生まれ。京都女子大学教授。専攻は美術科教育学。

主要著書

編著『表現エクササイズ＆なるほど基礎知識』、明治図書、2013 年。共著『子どもの心に語りかける表現教育』、あいり出版、2012 年。共著『美術教育の理念と創造』、黎明書房、1994 年。

森　博文（もり　ひろふみ：第 12 章）
1954 年生まれ。京都女子大学教授。博士（学術）。専攻は体育科教育学・体育教師教育。
主要著書
共著『健康づくり政策への多角的アプローチ』、ミネルヴァ書房、2015 年。共著『水泳の授業づくり』、教育出版、2012 年。共著『表現の文化と教育』、オブラ・パブリケーション、2007 年。

山口　満（やまぐち　みつる：トピックス 1・4）
1937 年生まれ。関西外国語大学特任教授、筑波大学名誉教授。専攻はカリキュラム研究。
主要著書
共編著『バイリンガル・テキスト　現代日本の教育』、東信堂、2010 年。共編著『改訂新版・特別活動と人間形成』、学文社、2010 年。編著『第二版　現代カリキュラム研究』、学文社、2005 年。

内海　博司（うつみ　ひろし：トピックス 2・3）
1941 年生まれ。京都大学名誉教授、（公財）京都「国際学生の家」理事長、NPO さきがけ技術振興会理事長、（公財）体質研究会主任研究員。理学博士。専攻は放射線生物学、放射線基礎医学。
主要著書
分担執筆『低線量・低線量率放射線による生物影響発現』（大西監修）、（株）アイプリコム、2003 年。『細胞培養から生命をさぐる』、裳華房、1992 年。「災害と理科教育―放射線の人体影響を考える」（村田翼夫・上田学編『現代の日本の教育課題―21 世紀の方向性を探る』、東信堂、2013 年、所収）。

索　引

【ア】

アーティスト・イン・スクール ……………… 260
アクティブ・ラーニング …………… 138, 209, 213,
　　　　　　　　　　　　217-218, 230, 232
アジア市民 ………………… 45, 48, 53, 55, 60, 65
新しい歴史教科書をつくる会 …………… 189-190
アフリカ教育研究フォーラム ……………… 122-133
安倍政権 ……………………… 143, 152, 190-192
新たな公共 ……………………………… 152, 164

【イ】

イギリスの宗教教育 ………… 167, 174, 180-181
育鵬社 ……………………… 189, 190-192, 197
異文化理解 ……………… iii, iv, 47, 49, 58, 216
インクルーシブ教育システム ……… 69, 76, 78-82,
　　　　　　　　　　　　　　　　84-87, 89-90
インターンシップ ………………………… 36, 39, 42,

【ウ】

ウィンドルトラスト ………………………… 128-130
運動能力 ………… 261-262, 264- 269, 273-274,
　　　　　　　　　　　　　　　　277-280, 282

【オ】

大津いじめ事件 ………………………………… 13

【カ】

外国語教育 ………………………… v, 45, 46, 48
外国人学校 ………………………………… viii, 64
開放制 ………………… 25-26, 28-29, 33-36, 39
科学リテラシー ………………………………… 209

画一的教育の是正 ………………………………… v
格差社会 ………………………………………… ii, vii
学習支援 ………… 91-92, 94, 99, 102-103, 105,
　　　　　　　　　　　107-110, 112, 232
学習指導要領 ………… i, 40, 46-47, 49, 59-60,
　　　　　62, 70-71, 74, 88, 137-138, 151, 164, 187,
　　　　　190, 202, 207-209, 218, 234, 237, 254,
　　　　　256, 261, 269, 271-276, 279, 281, 286
型の教育 …… 51, 139-142, 153-155, 160, 163,
　　　　　　　　　　　　　　　　　　　　252
「学級王国」 ……………………………………… 285
学校教育 …… iv, 19, 26, 51, 60, 64, 69-70, 72,
　　　　　75, 79, 83, 88-89, 92-94, 101, 107, 111, 124,
　　　　　129, 137, 147, 158, 180, 182, 185, 198, 202,
　　　　　209, 213-215, 217-219, 223-224, 226,
　　　　　229, 232-234, 236, 244-245, 247-250,
　　　　　252, 254, 256, 259-261, 269-270,
　　　　　272-278, 283, 285-286
課程認定制度 …………………………………… 29
カリキュラム・マネジメント ……………………… 138
慣習的道徳 …… 40, 139-141, 154-158, 163, 288,

【キ】

キー・コンピテンシー ……… 215-218, 221, 223,
　　　　　　　　　　　　　　225, 230-231, 252
規制緩和 …………… 10, 59, 139, 148-149, 151
基礎的環境整備 …………………… 82-84, 86-87
教育委員会法（昭和 23 年） ……………… 8, 22-23
教育基本条例（大阪府） ………………… 12, 23
教育基本法 …… 8, 22, 70, 142-144, 152, 169,
　　　　　　　　　　　　　　　190-191, 276
教育再生実行会議 …… 142-144, 148, 151-152

教育の自由·················· 27-28, 32, 67
教育の情報化················ 221-222, 231
教員の質向上······················· viii
教員養成···· i, vii, viii, 25-36, 38-43, 158, 161, 208-209, 256
教科外活動························ 285
教科書········ 7, 10, 60, 64, 128, 134, 137, 141, 158, 160, 164-165, 170-171, 174-177, 181-183, 185-187, 189-202, 205, 208, 210-211, 217, 222-223, 226, 231, 253, 288
教科書採択制度················ 194, 200
教師教育······ 30, 32, 41-43, 161-163, 165, 289
教師の理科離れ················ 207, 209
教師養成塾···················· 36-38, 40
共生教育の確立······················ v
共生社会······ ii, 45, 47, 66-67, 69, 75, 79, 80-81, 85, 89, 235, 256
共同体験の促進····················· vii

【ク】

グローバル化社会················ v, 45, 65

【ケ】

経済的支援························ 25, 39
「芸術教育」························ 250
「芸術による教育」··················· 250
「芸術を通して学ぶ」················· 253
気仙沼················ 115, 117-119, 133
ケニア······ 115-116, 124, 127-130, 132, 224
健康········· iii, 66, 83, 106, 109, 211, 261-263, 266, 269, 271, 273-284, 289
言語文化··························· 137
現代の国語························· 137
検定基準······················ 192-193
検定教科書··········· 187, 189, 192-193, 197
県費負担教職員····················· 9, 19

【コ】

公共········ 10, 64, 137, 142-144, 148, 152, 154, 161, 164, 169, 178, 196, 236
高校中退者························· 101
高校物理基礎······················· 211
公民教育刷新委員会················· 141
合理的配慮···················· 79-87, 89
国際人権 A 規約···················· 63
国際理解教育········ 45-47, 53, 66-67, 180
国定教科書··················· 186, 189, 196
国連防災世界会議················ 116, 133
国家統制················ 25, 28-29, 38, 270
子どもの権利条約···················· 48, 63
子どもの生活習慣病················ 266, 278
子どもの貧困対策の推進に関する法律····· 110
子どもの理科離れ····················· 2073
子ども・若者育成支援法················ 110
コネクションズ・サービス········ 107, 109, 112
個別の教育支援計画······· 69, 74-77, 82, 84, 86

【シ】

市制・町村制（明治 21 年）················· 7
持続的発展······················ iv, vi
「師範タイプ」······················ 25, 28
市民性······················ iii, iv, 65
社会的困難を有する若者········ vii, 91-94, 99, 105, 111
社会的排除············ 93, 106, 109, 111, 113
若年無業者（ニート）············ vii, 92, 95-96, 105-106, 111-113
ジャスト・コミュニティ········ 139, 158,-160, 164
就学先決定···················· 79, 81-82, 89
宗教学習························ 173, 181
宗教教育············· i, 167-175, 178-184
宗教知識教育······· 167, 169-170, 180-181, 183
宗教的情操教育················· 169, 181

宗教文化教育 ················ 167, 174, 178, 179-181
自由社 ·· 189
修士レベル化 ················ viii, 25-26, 30-34, 39
宗派教育 ······························· 169, 172, 181
ジュネーブ大学 ···················· 129-130, 132-133
障害者の権利に関する条約 ······ 69, 78, 79, 82, 88, 90
少年院 ··· 101-102
情報教育 ···································· i, 222-223
情報通信技術（ICT）······· 130, 208, 213-232, 254
情報リテラシー ····································· 216
人格の尊厳 ··· 158
人工知能 ····································· 214, 230
新自由主義 ·········· 139, 142, 144, 148-154, 158, 160-161, 164-165
新保守主義 ········· 139, 142, 144, 148-149, 151, 153-154, 158, 160, 163

【ス】

スポーツテスト ······························ 274, 278
スマートフォン ······· 214, 219-220, 223, 225, 230

【セ】

正史 ····························· 139, 185-187, 196, 288
成人基礎教育 ······························· 107-112
青年海外協力隊 ···························· 122-123
専修免許状 ····································· 30-33
全人教育 ···································· 137, 285
センター的機能 ······························ 75, 84
専門性 ··········· 14, 25, 27-32, 38, 41-42, 70, 79, 81, 83-84, 90, 107, 196, 256

【ソ】

「造形遊び」··· 252
創造産業 ····················· 238, 240, 241, 244
創造主義教育 ····································· 252

創造性教育 ····· vi, vii, 233, 238, 241-245, 248, 252, 259
創造性教育の普及 ·································· vi
創造都市 ······ 233-234, 236, 238-241, 244-245, 248-249, 257, 259

【タ】

体育科教育 ································ 269, 289
体格 ······································ 262, 264, 266
大学における教員養成 ············· 25, 28, 32, 38, 41-42, 161
体力 ························· 261-266, 268-269, 272-283
多元的教育システム ········· v, viii, 45, 58, 60, 62
タブレット端末 ······· 213, 218, 222, 224, 232
多文化教育 ·········· 45-46, 50, 53, 64, 66, 167, 172-174, 180, 242
多文化共生教育 ············· vi, 45-46, 56, 62, 64
単一的教育システム ··························· 58, 60

【チ】

地域史 ····································· 185, 203-204
地域内の教育資源の組合せ（スクールクラスター）······································· 84-85
違いを尊重する姿勢 ···················· 167, 181-182
地球市民 ·············· 45, 48, 60, 65-66, 183
地方教育行政の組織及び運営に関する法律（昭和31年）······················ 9, 14, 22-23
地方教育当局 ·························· 21-22, 108
「地方の時代」·································· 10, 17
地理総合 ·· 137

【ツ】

通級による指導 ············ vi, 71-72, 76, 82, 86
通信制高校 ······························ 100-101, 104

【テ】

適応教育 ···························· vi, 45, 50-51

デジタル教科書 ················222-223, 231

【ト】

東京オリンピック ·············233, 266, 273, 281
道徳の時間 ·················140, 144, 158, 162
特別活動················ vii, 47, 53, 285-286, 289
特別支援教育コーディネーター ········69, 74-77, 85, 87
特別な教育的ニーズ ················ 72-75, 87-88
特別な教育的ニーズ・コーディネーター
··75, 87
特別の教科　道徳 ······················ 144, 160

【ナ】

難民キャンプ ········115-116, 124-125, 127-131
難民を助ける会（AAR） ·········125, 126, 127, 129, 130

【ニ】

21世紀型スキル ············· 215-218, 223, 225, 230-231, 252
日本会議 ································ 191-192
「日本型」教育モデル ······················· 285
日本の前途と歴史教育を考える若手議員の会
····································· 190-191
認定特別支援学校就学制度 ·················· 69

【ハ】

反省的道徳 ·····················139, 141, 163, 288

【ヒ】

東日本大震災 ·············· 54, 115-117, 120, 133
美術教育 ········· i, 233, 235, 238, 244, 249-251, 260, 288
非正規雇用者 ······················· 97-98, 100
肥満 ································ iii, 266-267

【フ】

福島事故 ································· 210
扶桑社 ···························· 165, 189, 195
フリーター ················ vii, 92, 94-96, 111-113
文化芸術立国中期プラン ·········233-235, 239, 256

【ヘ】

平成の大合併 ································ 20

【ホ】

防災科学科 ··························· 120-121
放射性物質 ··························· 210-211
放射線 ·················· i, 208, 210-211, 289
包摂 ············93, 106, 108-109, 113, 253, 287
ボランティア ········ i, vii, 36-39, 42, 47, 48, 64, 104, 108, 115-117, 120-121, 124, 132-134, 287

【マ】

学びのイノベーション事業 ···················· 221

【ミ】

南スーダン ···················· 124-125, 127-128
宮城県教育委員会 ····················· 121, 133
民主主義の教育 ·········139-142, 153-155, 158, 160, 163
民族教育 ················ viii, 45, 51-53, 62-63

【メ】

免許基準の引き上げ ············ vii, 25-26, 29, 38

【ユ】

有害サイト ································· 221
ユース・ワーカー ·························108, 110

【ヨ】

幼児教育 ……………………………………… 127, 283

【リ】

理科支援員 …………………………………………… 207
理科指導法 …………………………………………… 207
リテラシー …… 48, 100, 102, 111-112, 179-180,
　　　　　　　　183, 209, 216, 242, 253-256
理論と実践の融合 ……… viii, 25-26, 31, 34, 36,
　　　　　　　　　　　　　　38-40, 43
臨時教育審議会 · v, 29, 46, 47, 50, 58, 66-67,
　　　　139, 142, 144, 146-148, 150-153, 163, 274

【ル】

ルーテル世界連盟 …………………………………… 128

【レ】

歴史教育 ……………… i, 185-187, 190-191, 195,
　　　　　　　　　　　　197-199, 202-205
歴史総合 ……………………………………………… 137
連続性のある多様な学びの場 ……………… 82, 84

【ロ】

論理的思考力 ……………………………… 167, 181-182

【ワ】

ワークショップ …………… 245-247, 252, 258-260

【欧文】

ASEAN ………………… 45, 55-58, 65-66, 173, 183
BYOD ………………………………………………… 225
ICTツール ……… 213, 215, 218, 220-221, 224,
　　　　　　　　　　　　　　226, 229
JST（科学技術振興機構）……………………… 207
TOKKATSU ……………………………… i, 285, 286
UNHCR（国連難民高等弁務官事務所）
　　　　　　　　　　　　　　………………… 128, 129, 130

編者紹介

村田翼夫（むらた　よくお）
1941 年生まれ。筑波大学名誉教授、公益財団法人未来教育研究所特任研究員。博士（教育学）。専攻は東南アジアを中心とする比較国際教育学。
主要著書
共編著『現代日本の教育課題―21 世紀の方向性を探る』、東信堂、2013 年。共編著『南南教育協力の現状と可能性』協同出版、2013 年。『タイにおける教育発展―国民統合・文化・教育協力』、東信堂、2007 年。共編著『バイリンガル・テキスト：現代日本の教育―制度と内容』東信堂、2010 年。共編著『多文化共生社会の教育』、玉川大学出版部、2001 年。

上田　学（うえだ　まなぶ）
1947 年生まれ。千里金蘭大学教授、京都女子大学名誉教授。博士（教育学）。専攻は教育行政学。
主要著書
『日本の近代教育とインド』、多賀出版、2009 年。『日本と英国の私立学校』、玉川大学出版部、2001 年。シャープ『ある英国人の見た明治後期の日本の教育』（翻訳）、行路社、1995 年。

岩槻知也（いわつき　ともや）
1966 年生まれ。京都女子大学教授。博士（人間科学）。専攻は社会教育学・生涯学習論。
主要著書
共著『学力格差是正策の国際比較』、岩波書店、2015 年。共編著『家庭・学校・社会で育む発達資産―新しい視点の生涯学習』、北大路書房、2007 年。「社会教育分野の現状と課題―『新たなコミュニティ』の構築に向けて」（村田翼夫・上田学編『現代日本の教育課題―21 世紀の方向性を探る』、東信堂、2013 年、所収）。

日本の教育をどうデザインするか

＊定価はカバーに表示してあります

2016 年 6 月 30 日　初版第 1 刷発行　　　　　〔検印省略〕

編者Ⓒ村田翼夫、上田　学、岩槻知也／発行者　下田勝司　　印刷・製本　中央精版印刷

東京都文京区向丘 1-20-6　郵便振替 00110-6-37828
〒 113-0023　TEL 03-3818-5521（代）FAX 03-3818-5514
E-Mail tk203444@fsinet.or.jp　URL: http://www.toshindo-pub.com/

発行所　株式会社　東信堂

Published by TOSHINDO PUBLISHING CO.,LTD.
1-20-6, Mukougaoka, Bunkyo-ku, Tokyo, 113-0023, Japan

ISBN978-4-7989-1344-5 C3037 Copyright　　Ⓒ Y. Murata, M. Ueda, T.Iwatsuki

東信堂

アメリカ公立学校の社会史―コモンスクールからNCLB法まで	W・J・リース著 小川佳万・浅沼茂監訳	四六〇〇円
アメリカ 間違いがまかり通っている時代―公立学校の企業型改革への批判と解決法	D・ラヴィッチ著 末藤美津子訳	三八〇〇円
教育による社会的正義の実現―アメリカの挑戦（1945-1980）	D・ラヴィッチ著 末藤美津子訳	五六〇〇円
学校改革抗争の100年―20世紀アメリカ教育史	D・ラヴィッチ著 末藤・宮本・佐藤訳	六四〇〇円
アメリカ公民教育におけるサービス・ラーニング	唐木清志	三四〇〇円
現代アメリカの教育アセスメント行政の展開―マサチューセッツ州（MCASテスト）を中心に	竺沙知章	四八〇〇円
アメリカ学校財政制度の公正化	北野秋男編	四六〇〇円
［増補版］現代アメリカにおける学力形成論の展開―スタンダードに基づくカリキュラムの設計	石井英真	六五〇〇円
ハーバード・プロジェクト・ゼロの芸術認知理論とその実践―内なる知性とクリエティビティを育むハワード・ガードナーの教育戦略	池内慈朗	六五〇〇円
アメリカにおける学校認証評価の現代的展開	浜田博文編著	二八〇〇円
アメリカにおける多文化的歴史カリキュラム	桐谷正信	三六〇〇円
EUにおける中国系移民の教育エスノグラフィ	山本須美子	四五〇〇円
現代ドイツ政治・社会学習論―「事実教授」の展開過程の分析	大友秀明	五二〇〇円
現代教育制度改革への提言 上・下	日本教育制度学会編	各二八〇〇円
日本の教育をどうデザインするか	上田學・岩槻知也編著	二八〇〇円
現代日本の教育課題―二一世紀の方向性を探る	上田學編著	三八〇〇円
バイリンガルテキスト現代日本の教育	村田翼夫編著	三六〇〇円
人格形成概念の誕生―近代アメリカの教育概念史 アメリカ進歩主義教育の概念史	山口満編著	三八〇〇円
社会性概念の構築―アメリカ進歩主義教育の概念史	田中智志	三八〇〇円
グローバルな学びへ―協同と刷新の教育	田中智志編著	二〇〇〇円
学びを支える活動へ―存在論の深みから	田中智志編著	二〇〇〇円
教育の共生体へ―ボディ・エデュケーショナルの思想圏	田中智志編	三五〇〇円
社会形成力育成カリキュラムの研究	西村公孝	六五〇〇円
社会科は「不確実性」で活性化する―未来を開くコミュニケーション型授業の提案	吉永潤	二四〇〇円

〒113-0023 東京都文京区向丘1-20-6　TEL 03-3818-5521　FAX 03-3818-5514　振替 00110-6-37828
Email tk203444@fsinet.or.jp　URL:http://www.toshindo-pub.com/

※定価：表示価格（本体）＋税